老有所为

数字化时代老年人社会参与与老年健康

沈　燕◎著

中国经济出版社
CHINA ECONOMIC PUBLISHING HOUSE
·北京·

图书在版编目（CIP）数据

老有所为：数字化时代老年人社会参与与老年健康 / 沈燕著 . --北京：中国经济出版社，2024. 7. --ISBN 978-7-5136-7792-9

Ⅰ. D669. 6；R161. 7

中国国家版本馆 CIP 数据核字第 2024JF0243 号

责任编辑　郭国玺
责任印制　马小宾
封面设计　任燕飞

出版发行　中国经济出版社
印 刷 者　河北宝昌佳彩印刷有限公司
经 销 者　各地新华书店
开　　本　710mm×1000mm　1/16
印　　张　15. 5
字　　数　242 千字
版　　次　2024 年 7 月第 1 版
印　　次　2024 年 7 月第 1 次
定　　价　98. 00 元
广告经营许可证　京西工商广字第 8179 号

中国经济出版社　**网址**　http：//epc. sinopec. com/epc/　**社址**　北京市东城区安定门外大街 58 号　**邮编**　100011
本版图书如存在印装质量问题，请与本社销售中心联系调换（联系电话：010-57512564）

本书为
国家社科基金一般项目“数字化时代低龄老年人社会参与的内在机理与实现路径研究”（23BRK019）
湖北省社科基金一般项目（后期资助）“数字化时代老年人社会参与及其健康促进的内在机理与实现路径”（HBSK2023y093）
阶段性成果

目　录

绪论

第一节　问题的提出

一、研究背景

2022年年底，中国60岁及以上人口为28004万人，占比19.80%，其中65岁以上人口20978万人，人口结构即将迈入中度老龄化时代。与2021年相比，2022年60岁及以上人口增加1268万人，占比提高0.9个百分点；65岁以上人口增加922万人，占比提高0.7个百分点。据预测，2050年我国老年人口规模将突破4.8亿人，占比超过35%，人口结构老龄化将持续加深。与此同时，2022年，中国出生人口仅为956万人，死亡人口1041万人，人口减少85万人，自然增长率为-0.6‰，中国正式进入人口负增长阶段。人口负增长和人口老龄化并存带来的双重压力必将对经济增长、科技创新、社会保障、公共服务等方面提出新挑战、新要求。为了更好地推动经济高质量发展，提升民生福祉水平，党的十九届五中全会审议通过了《中共中央关于制定国民经济和社会发展第十四个五年规划和二〇三五年远景目标的建议》，首次明确提出实施积极应对人口老龄化国家战略，并结合我国人口老龄化面临的新形势、新挑战以及老龄工作发展进入新阶段等新机遇，中共中央、国务院先后印发《国家积极应对人口老龄化中长期规划》《关于加强新时代老龄工作的意见》《“十四五”国家老龄事业发展和养老服务体系规划》等规划部署和专项文件。党的十九届五中全会将积极应对人口老龄化国家战略提升为与科教兴国、乡村振兴、健康中国等战略同等的最高层级的国家战略，是在我国人口老龄化新态势、经济社会发展新形势下做出的重大战略部署，具有划时代的里程碑意义。

《中共中央 国务院关于加强新时代老龄工作的意见》明确规定，新时代老龄工作的主要任务包括健全养老服务体系、完善老年人健康支撑体系、促进老年人社会参与、着力构建老年友好型社会、积极培育银发经济等，其中促进老年人社会参与要求立足培育积极老龄观、充分发挥老年人积极作用，这是习近平总书记关于应对人口老龄化系列重要论述的重要部署。习近平总书记在主持中央政治局第32次集体学习时就老龄事业发展发表重要讲话，指出要积极看待老龄化社会，老年是人的生命的重要阶段，是仍然可以有作为、有进步、有快乐的重要人生阶段。这一讲话要求把“积极老龄观”“健康老龄化”理念融入经济社会发展全过程，用更加积极的理念、政策和行动来推动积极应对人口老龄化国家战略的落地见效，以此增强老年人的获得感、幸福感和安全感。这是基于我国人口老龄化趋势及其影响和我国老龄工作现状做出的重大判断和科学决策。从早期的“成功老龄化”概念，经过“健康老龄化”，发展到“积极老龄化”，标志着对老龄化的认识从单纯应对挑战转变为深入挖掘老年群体的潜在价值。这一演进不仅体现了理论视角的拓宽，也反映了社会对老年群体角色认知的根本变化，强调老年群体是重要的人力资源，其价值不仅在于已积累的知识和经验，更在于他们对社会的潜在贡献。“积极老龄化”的核心在于促进全要素参与，不仅限于经济活动，还包括社会、文化和政治生活的广泛参与。这一理念主张通过提供更广泛的参与机会，使老年人能够在保持身心健康的同时，继续以多样化方式贡献社会，从而实现其价值最大化。这种全面参与不仅有助于提升老年人的生活质量，增强其社会归属感和自我价值感，而且会为家庭和社会带来积极影响，促进社会和谐与经济发展。支持老年人的社会参与是老龄化社会治理的重要内容，是老年群体继续社会化度过高质量晚年生活的重要支撑，是推动老年人力资源开发、缓解老年照护压力、积极应对人口老龄化的重要举措。

在人口老龄化进程加速加深的同时，以数字化、信息化、智能化为特征的科技革命也正在根本性地重塑老年群体的生活方式和思维模式，为老龄化社会带来了前所未有的机遇和挑战。在这一背景下，技术创新推动了移动互联网的广泛普及，使得老年人或主动或被动地逐步融入数字化生活中。《中国互联网络发展统计报告》显示，截至2022年12月，我国60岁及以上老年网民规模为1.53亿人，占60岁及以上人口的54.6%。老年网民规模与2007年相比，提高了514%；与新冠疫情暴发前相比，提高了1.24倍。互联网在老年群体中加速渗透，老年网民规模持续扩大。科技革命和人口老龄化之间的交互作用意味着深层的社会结构变动和个体行为模式的转变。数字化时代，老年人信息获取、交流互动以及社会参与方式发生了根本变化，数字技术在为老年人提供新闻资讯、公共服务和社会支持等方面发挥着越来越重要的作用，成为老年人社会参与的新形式、新动力。以数字化推动老龄化社会转型，让老龄化融入数字化，提高老年人的社会参与能力，释放老年人口红利是当前亟待解决的重要问题。

数字机遇和数字红利也带来了数字不平等问题。鉴于老年人接受新事物的能力较差、适老化产品设计的数字化倾向等原因，老年群体在数字技术设备拥有程度、数字技术使用能力和数字技术知识素养等方面存在一定困难，更容易沦为“数字难民”，遭受数字化造成的“数字排斥”，进而形成新的社会治理难题——老年人“数字鸿沟”问题，这对社会政策制定者、技术开发者以及包括老年人自身在内的多方提出了新挑战。在探索老年人跨越“数字鸿沟”进程中，另一个容易被忽视的现象是，在老年人跨越“数字鸿沟”之后，陷入“数字沉迷”的隐忧也随之而来，许多老年人出现了数字化成瘾问题，比如网瘾老龄化、银发低头族等。这些现象不仅反映了老年人在数字融入过程中面临的挑战，也暴露了当前数字技术在促进老年福祉方面存在的不足。实现科技向善和数字助老是数字化时代积极应对人口老龄化的应有之义。推动数字技术反哺老年群体，赋予他们数字红利的共享权，将“积极老龄观”和“健康老龄化”理念融入数字经济秩序之中，确保科技发展的人文关怀和社会责任，将成为促进老年群体数字融入和享受数字化生活的关键。

二、研究目的与研究意义

（一）研究目的

我国从轻度老龄化迈入中度老龄化，但是老龄人口结构呈现低龄老龄化特征，根据第七次全国人口普查数据，我国 60 岁及以上人口为 26403 万人，其中 60~69 岁人口为 14739 万人，低龄老年人占全部老年人的比重为 55.8%。低龄老年人社会参与意愿和参与程度均高于中龄老年人和高龄老年人。第七次全国人口普查数据显示，60~64 岁、65~69 岁就业人口占同年龄组人口的比重分别为 34.4%、27.5%，而 70 岁及以上人口就业比例为 11.8%。这说明低龄老年人社会融入与社会参与方面有较高的活跃度。除经济参与外，老年人社会参与还涵盖公益、政治、娱乐等多个领域，但普遍存在高意愿、低参与度的现象。这种状况可能与老年人传统的老化观念、体制性障碍、资源配置、环境因素及自身能力等多重因素有关。挖掘老年人口的人力资源开发潜力，破除老年人社会参与障碍、打造老年人社会参与新格局是在当前中度老龄化社会阶段需要研究的新课题。现有理论和研究关于老年人社会参与的内在机理及其对老年健康的作用认识还不深入，影响机制有待考察，亟须探索这些问题以有效促进老年人社会参与，提升老年人健康水平。

数字经济和数字化生活方式是数字化时代老年人社会参与面临的新机遇和新挑战。数字技术的普及与应用，特别是人工智能技术的发展，为老年人提供了新的参与平台和渠道，增加了社会互动的机会。但是，数字包容是老年人社会参与权的重要条件，也是老年公民在数字社会实现自由的重要前提。当前，老年人面临的“数字鸿沟”、数字化技术能力薄弱、数字融入困境等已成为制约老年人融入数字化生活的主要障碍，导致老年群体无法充分享受数字技术的多重红利、无法平等获取参与数字生活的机会。为提高老年人数字素养与技能，加强数字包容性，国家出台了多项政策，比如 2020 年 11 月国务院印发的《关于切实解决老年人运用智能技术困难的实施方案》涉及方便老年人日常生活的出行、就医、消费等 7 个高频事项，之后的全国老龄办开展“智慧助老”专项行动、2021 年 4 月工业和信息化部印发的《互联网应用适老化及无障碍改造专项行动方案》等都从政策层面回应了如何有效解决老年人智能技术使用问题以及互联网适老化问题。

本书以积极老龄化、信息社会学、行为经济学等为理论基础，旨在深入分析我国老年人数字融入、社会参与与老年健康之间的内在机理。首先，本书重点考察老年群体在数字化时代的数字融入特征及其社会参与现状。比如，在数字化浪潮下，老年人数字技术使用呈现何种特征？老年人数字融入程度如何以及存在的困境是什么？其次，本书将利用微观数据和实证模型检验老年人社会参与的内在机理及其对老年健康的影响，综合认识老年人社会参与的有利条件和现实困难。最后，本书将进一步探索数字技术对老年人社会参与的影响及其作用机制，重点分析老年人社会参与在数字技术使用与健康水平之间的作用机制，以期通过提高老年人数字融合程度有效提升老年人的社会参与程度和参与质量，探究促进老年人社会参与的优化路径，为数字技术赋能老年人社会参与、提升老年人健康水平，贯彻落实“积极老龄化”国家战略提供科学依据和指导。

（二）研究意义

从理论层面，第一，在技术接受和使用理论的基础上构建老年人数字技术使用行为理论框架，探索老年人从数字技术使用困境到数字技术使用行为发生的实现路径，剖析老年人数字技术使用的影响机制，为跨越老年人“数字鸿沟”提供理论依据。第二，将数字技术融入老年人社会参与理论，系统梳理数字化时代老年人社会参与动机、参与能力、参与环境等特征，拓展了老年人社会参与理论的研究范围，丰富、发展了“积极老龄化”理论。第三，构建老年人社会参与的演化博弈分析框架，深入认识数字技术驱动下老年人社会参与的内在机理，为“数字化+老龄化”领域研究提供更加丰富可信的科学依据。第四，把握老年人社会参与的实现路径，探索适老化数字参与环境建设，推动老龄友好型社会理论的发展和完善。

从实践层面，第一，本书致力于准确把握现阶段老年人数字红利的多重需求及其在使用过程中存在的困境，构建促进老年人数字融入社会支持体系，激励老年人主动学习和使用数字技术，为有关部门解决老年人运用智能技术困难问题提供决策参考。第二，通过发现老年人社会参与的行为特征，探索支持老年人社会参与的积极因素，有利于推动老年人口的人力资源开发和利用，是培育“健康老龄化”理念、践行“积极老龄观”的有效路径，是落实积极应对人口老龄化国家战略的重要举措。第三，研究老年人社会参与的内在机理及其影响机制，探索数字技术赋能社会参与的有效办法，使老龄化对经济社会的压力转化为可持续发展动力，在老年人口红利的宏观层面和提高老年人生活质量、满足老年人美好生活向往的微观层面都具有极其重要的战略意义。第四，通过剖析老年人社会参与的健康促进机制，深刻认识社会参与对老年人健康的影响，探索新时期数字技术赋能社会参与进而促进老年健康的有效方法，为落实积极应对人口老龄化国家战略、"健康中国"战略下的老年人健康促进提供科学依据。

第二节　文献综述

本书基于数字化时代背景，重点考察老年人社会参与的内在机理及其对老年人健康的影响，深入剖析数字融入的影响因素及其对老年人社会参与的影响机制等，因此，本书将主要从老年人数字融入、老年人社会参与、老年人健康促进三个方面系统回顾和梳理现有文献，以更好地了解相关学术发展动态。

一、老年人数字融入的相关研究

（一）老年人数字技术使用现状

1990 年以前，应对老龄化的应用技术主要集中在针对老年人的人机工程学发展和维持身体功能发挥的辅助技术。20 世纪 90 年代以后，积极老龄化带动了老年福祉科技（Gerontechnology）发展，信息技术尤其是远程医疗、智能机器人和智能家居系统，在欧美国家、日本等发达国家和地区广泛应用于与老年健康相关的疾病预防、医疗保健、功能补偿等方面（Bouma et al.，2007；Piau et al.，2013）。随着"制造强国""网络强国""数字中国"战略的实施，我国数字技术逐渐应用于老年生活与护理、健康管理等方面（马俊达等，2014；党俊武等，2018）。

在技术需求方面，学者们梳理了老年人数字技术的需求类别，将其归纳为日常生活、社会参与和健康与安全（Lauriks et al.，2007），或归纳为居家和日常生活、沟通、健康、学习和娱乐 4 类技术需求（Chen and Chan，2014）。

黄鲁成等（2019）从居家与日常生活类、健康照护类、信息与沟通类、学习与娱乐类、行动与交通类等方面调查了老年人的科技产品需求，其中居家与日常生活类需求和健康照护类占比最高，分别为 33.28%和 25.50%。左美云等（2018）从马斯洛需求理论构建了老年人信息需求模型，涵盖衣食住行、医疗保健、亲友活动、自我和社会评价、知识技能等方面。

在技术供给方面，专门针对老年人开发的信息技术产品/服务（如传感器、可穿戴设备、老年智能轮椅、远程照护系统、智能家居等）为老年人提供健康监测、疾病预防、智能陪护等，有效缓解医疗资源压力，在降低老年人医疗和照护费用的同时有助于提高老年人健康水平（向运华和王晓慧，2019；夏恩君和张真铭，2020）。基于云计算、物联网等开发的老年人健康管理、远程照料、社区服务等信息系统，整合和共享老年健康数据，实现老年健康管理智能化（向运华和王晓慧，2020；雷晓康和汪静，2020）。在信息技术深入应用的基础上发展了智慧健康养老模式（席恒等，2014；左美云，2018）。信息技术为智慧健康养老提供支撑，促进养老服务模式创新（张博和韩俊江，2018），构建面向老年群体的智慧社区健康服务体系（徐孝婷等，2020），实现老年健康管理智能化，整合和共享老年健康数据，控制医疗支出（向运华和王晓慧，2020），促进智慧健康养老产业发展。多项老年人调查显示，我国老年人数字技术产品和服务主要集中于互联网、智能手机，用于人际交往、新闻资讯、视频娱乐等（中国老龄科学研究中心，2019；靳永爱和赵梦晗，2019；宋士杰等，2019），智能家居、远程照护、健康信息系统等信息技术产品的应用并不普遍，主要集中在发达城市的社区和养老机构，有待进一步推广。

（二）老年人数字融入困境

“数字鸿沟”指在群体之间信息技术获得、使用或影响方面的任何不均匀分布①，获得信息技术群体与没有获得信息技术群体之间的经济和社会差距现

① Digital Divide. Available online：https：//en. wikipedia. org/wiki/Digital_divide（accessed on 23 March 2020）.

象[①]，以及信息所有权阶层与信息非所有权阶层之间的差距。[②]《剑桥词典》将数字鸿沟定义为社会中的一些成员没有机会或知识来使用其他人拥有的计算机和互联网问题。[③] 当群体间差异达到一定程度就会产生“数字弱势群体”，老年人是信息技术使用中的弱势群体，韦斯利·弗莱尔（Fryer，2006）发表的《数字难民与桥梁》中将被数字技术所抛弃或遗忘的老年群体视为“数字难民”。范·戴克（Dijk，2005）将“数字鸿沟”称为“深度鸿沟”，分为动机接入、物质接入、技术接入、使用接入四个方面。伴随信息技术普及及其相关研究的深入，“数字鸿沟”已不再局限于硬件技术层面的接入问题，而需更多关注互联网的使用及其技能层面。

数字技术不平等不仅体现在同一国家不同群体之间，也体现在不同经济发展水平国家之间（胡鞍钢和周绍杰，2002）。数字技术使用的群体往往是年龄较小、受教育程度和收入水平较高的群体。数字技术容易导致社会层次较低的弱势群体“再边缘化”，使社会层次较低的人群无法追赶社会层次较高的人群，形成“阶层固化”（Ahmed，2007）。老年人数字技术使用困难主要包括老年人使用现代信息技术能力有限、互联网专业权威信息识别难度大、信息技术产品与老年人需求匹配度不高等方面（周裕琼，2018；黄鲁成等，2019；Jun，2020）。通过对1410位老年人的调查发现，只有27%的老年人使用过电脑，大多数使用互联网的老年人是白人和受过高等教育、收入较高的老年人（Cresci et al.，2010）。欧盟统计局调查数据显示，85%的欧洲人口会使用互联网，但是65岁及以上的人口使用互联网的比例只有55%。[④] 美国65岁及以上的人口也只有57%使用过互联网（Tsaiet et al.，2017）。2000—2013年，美国人使用互联网的比例从50%上升到86%，而老年人使用互联网的比

① Digital Divide. Available online：https：//terms. naver. com/entry. nhn? docId = 1201081&cid = 40942&categoryId = 32828（accessed on 23 March 2020）.

② Digital Divide. Available online：https：//terms. naver. com/entry. nhn? docId = 13800&cid = 43659&categoryId = 43659（accessed on 23 March 2020）.

③ Digital Divide. Available online：https：//dictionary. cambridge. org/ko/%EC%82%AC%EC%A0%84/%EC%98%81%EC%96%B4/digital-divide（accessed on 22 April 2020）.

④ Eurostat 2016b，A look at the life of the elderly in the EU today，https：//ec. europa. eu/eurostat/cache/infographs/elderly/index. htm，2016，accessed.

例从 14%上升到 59%，约 2/3 的美国人使用智能手机，但只有 27%的老年人使用智能手机（McDonough，2016）。安涛等（2024）使用数字鸿沟指数来测量韩国老年人与其他群体在信息获取、使用及其能力方面的差距，由数字接入水平、数字能力水平和数字利用水平三个方面加权得到，其他群体假定为 100，数字鸿沟指数越接近 100，意味着差异越小。2014—2019 年，韩国老年人数字鸿沟指数从 42. 4 上升到 64. 3，这说明老年群体数字技术使用水平得到改善，但是与其他群体的差距仍较大。不同国家之间老年群体的信息技术使用水平，以及老年群体内部不同老年人之间数字技术使用水平均存在较大差异。根据欧盟统计局数据，美国和澳大利亚老年网民占老年人口的比例分别为 42%和 35%，而在斯洛文尼亚、马其顿老年网民的占比相对较低，分别仅为 27%和 13%。[①] 欧洲部分国家 65~74 岁人口互联网使用差异较大，55%以上的老年人对互联网没有兴趣，27%的老年人声称不需要互联网，19%的老年人没有电脑，16%的老年人认为电脑太贵，15%的老年人不知道如何使用电脑，12%的老年人认为没有可以参加的培训。[②]

（三）数字技术使用的影响因素

技术接受模型（Technology Acceptance Model，TAM）是最早用于解释信息技术接受行为的理论模型（Davis，1989），随后技术接受和使用统一理论模型（Unified Theory of Acceptance and Use of Technology，UTAUT）（Venkatesh et al.，2003）、高级技术验收模型（Senior Technology Acceptance/Adoption Model，STAM）（Renaud and Ramsay，2007）等被广泛用于解释老年人认知和接受信息技术的过程（Renaud and Van Biljon，2008；刘炜，2015；李敏等，2017；贺建平和黄肖肖，2020），这些模型均强调使用意图、感知有用性、感知易用性、自我效能和结果期望等因素对技术接受和使用的影响。影响老年人接受和使用新技术的因素很多，内部特征包括老年人的年龄、性别、受教

① EuDiPro，2017，https：//ec. europa. eu/eurostat/statistics-explained/index. php？title=Population_and_social_conditions，Accessed November11th，2018.

② Eurostat 2016a，Digital economy and society statistics - households and individuals. https：//ec. europa. eu/eurostat/statistics-explained/index. php/Digital_economy_and_society_statistics_-_households_and_ individuals ，Accessed May 8th 2018.

育程度、社会地位、身体和认知缺陷、心理因素等（张硕和陈功，2013；Ronald et al.，2013；Shirley and Shalley，2014；周裕琼，2018；黄鲁成等，2019）；外部因素包括家庭因素、技术设备特征及其使用成本等。子女对老年人的代际技术支持对老年人使用新技术有积极影响（李敏等，2017；赵娜和邝木子，2018；贺建平和黄肖肖，2020）。已婚男性老年群体、经济实力较强的老年人对互联网的使用偏好更强（Gatto，2008；Choi，2011）。佩纳尔（Peral）等（2015）认为，心理变量包括认知年龄、技术焦虑、冒险倾向等，比社会人口特征具有更大的说服力。周裕琼（2018）通过量化分析老年人的微信使用行为，指出主观因素（如对微信特征和风行程度的感知）对老年人微信采纳与使用的影响大于客观因素（如人口特征变量）。全（Jun，2020）提出影响老年人"数字鸿沟"的3个要素：数字接入、数字能力和数字利用，强调数字能力对老年人"数字鸿沟"的影响。现有技术设计对老年人缺乏友好，不符合老年人身体和能力特征，缺乏数字包容感（Leonardi et al.，2009；Wakefield，2015）。黄晨熹（2020）指出，老年"数字鸿沟"是个人、家庭、社会、科技等诸多因素的共同作用，信息技术的家庭反哺、亲友互助和社会支持不足，造成老年人难以融入信息化社会，现代科技产品的设计在一定程度上影响了老年人对信息技术产品的接受和使用率。

（四）促进老年人数字融入的对策与路径

从宏观层面，学者们提出要发展老年民生科技，推动老年公共服务和健康养老产业智慧化升级（李志宏，2020），创新多元化的服务模式、提供个性化的服务（翟振武等，2016），搭建智慧养老服务平台和远程医疗合作平台，发展"互联网+"智慧养老模式（原新，2019），为老年群体营造良好的社区网络应用环境（杜鹏和汪斌，2020）。

从微观层面，可以通过家庭反哺、政府和社会支持等途径推动老年人数字能力提升（Cullen and Rowena，2001；Gatti et al.，2017）。数字反哺是不同代际群体在新媒体的日常传播实践中的互动，这种互动加强了亲子关系，促进了家庭和谐，是促进老年人数字融入的有效途径（赵娜和邝木子，2018；周裕琼，2018）。老年人数字教育培训计划在提高学习感知和技术使用自我效能方面有显著效果（Gatti et al.，2017）。由于信息技术使用技能和效率对获得电子保健、电子旅行、电子购物、电子政务或信息收集等服务形成阻力，美国出台了如 BTOP 项目（BTOP 2013）、欧洲创新与合作计划（EACEA-ERASMUS 2018）等政策来支持信息技术弱势群体获得或改善数字技术技能（Blažič et al.，2019）。许多学者都提出通过适老化技术产品和服务设计来提高老年人信息技术使用水平（Lee et al.，2017；林宝，2020）。也有学者提出要在简化指示、使用费用、舒适性、容易维修等方面加以改进（Opalinski and Laural，2001）。设计和界面友好可以实现老年人的电子包容（Leonardi et al.，2008）。对于仍存在数字接入问题的欠发达地区，可以从减少资费的角度降低使用互联网门槛，缓解区域间的"数字鸿沟"现象（彭希哲等，2019）。

二、老年人社会参与的相关研究

（一）老年人社会参与的内涵与模式研究

社会参与分为正式参与和非正式参与两类，正式参与包括参加会议、宗教活动、志愿活动等，非正式参与包括参加家庭活动、人际互动等（Utz et al.，2002；Alma et al.，2012；Ang，2018）。现有研究主要从角色扮演、社会互动、价值实现等角度定义老年人社会参与（Utz et al.，2002；Glass et al.，2006），包括在家庭、社区、社会层面所参与的有关经济、社会、政治和家庭等正式和非正式活动，以实现自身价值（邬沧萍等，1999；王莉莉，2011）。从社会参与活动类型、数量和频率等来划分社会参与模式（Chen et al.，2019；谢立黎等，2019）。布科夫（Bukov，2002）将社会参与定义为在社会层面上分享个人资源，包括集体性活动参与、政治参与、生产性参与等。李月和陆杰华（2018）提出只要老年人参与的活动同时具有社会性（与社会上其他人产生联系）以及互动性（与其他人有一定的交流互动），即可视为社会参与。莫罗-豪威尔（Howell）等（2014）利用美国健康与退休调查数据，将老年人的多项社会活动划分为低参与型、中参与型、高参与型、经济活动型和体力活动型 5 种类型。张文娟和赵德宇（2015）利用第三期中国妇女地位调查数据，将我国城市中低龄老年人的社会参与活动划分为工作型、社交型、休闲娱乐型、家务型和普通型 5 种类型。谢立黎等（2021）基于个人—家庭平衡视角，将老年人的社会参与模式划分为平衡性个人中心型、家庭中心型和低参与型。

（二）老年人社会参与的影响因素分析

年龄和健康水平对老年人不同时点的社会参与有显著影响，教育和职业资源决定老年人社会参与的深度（Bukov et al.，2002）；社会环境、文化等因素影响着不同队列老年人社会参与特点（Lalive et al.，2001；Agahi et al.，2005），街区或社区资源是影响老年人社会参与的重要因素（Richard et al.，2008；Buffel et al.，2013）。年龄、健康状况、受教育程度、社会经济地位等对老年人社会参与内容、强度有影响（Bukov et al.，2002；陆杰华等，2017）；家庭因素、社区资源、科技进步、宏观环境等会影响老年人社会参与特点（Buffel et al.，2013；彭青云等，2017；谢立黎，2017）。需要从发展多元化老年教育、搭建共享性信息平台、营造友好型社会环境等方面促进老年人社会参与（原新，2022）。

（三）数字技术对社会参与的影响研究

现有研究中关于老年人信息/数字技术与老年人社会参与的研究成果颇丰，但是关于两者关系的研究比较少。现有研究主要论证了互联网技术对老年人社会参与的积极效应，进而减少老年人的孤独感、提高身心健康水平。罗（Rowe）和卡恩（Kahn）（2015）通过纳入宏观社会变化的影响和未被探索的社会因素，从概念上扩展他们最初的 SA（Successful Aging）模型。技术创新是影响老年人社会参与和生活方式的最强大和最重要的宏观社会变化之一。互联网技术使用能够帮助老年人克服时间和距离的障碍，增加社会互动的频率，让老年人加强或者保持社会联系，扩大信息获取量，对老年人社会资本的增加发挥积极作用，进而降低老年人的孤独感并对其情绪产生积极影响，使老年人获得更好的心理状态（Cotten，2012，2013；Quan-Haase et al.，2017）。波克尔（Boekel，2017）对荷兰老年人互联网使用的研究再次验证了这一结论。也有研究显示，互联网使用并不能有效缓解老年人的孤独感，但是能够产生更好的社会联结，对老年人的身心健康具有积极作用（洪建中等，2015）。

互联网作为数字化媒介，已成为促进社会参与和社会交往的新渠道，是线下社会参与的数字手段和有效补充（Maximilian et al.，2019）。互联网技术为老年群体社会参与提供了便利的渠道或平台，增强了其社会参与度。以互联网为基础的新媒体，将老年人与其家人和朋友联系起来（Kelly，2015；Barbosa et al.，2017），促进参与社区活动（Levasseur et al.，2010；Satariano et al.，2014），获得社会支持（Millard et al.，2018；Winstead et al.，2013）。互联网使用是一种良好的交流方式，为老年人提供了便利的教育渠道（Hill et al.，2008），有利于提高老年人社会参与的动机和能力（Xie，2007；Neves et al.，2018），提高老年人独立生活的能力和自我赋能感。

也有研究认为，互联网使用可能会导致社会隔离（Nie and Erbring，2002）。替代效应论（Substitution Effect）和网络个人主义转向论指出，网络空间活动可能替代物理空间活动参与，网络时间增加会侵蚀老年人其他形式的社会参与（Nie，2001）。闲暇时间是有限的，将时间用于上网，必然会挤占与亲人、朋友见面或参与社会活动的时间。这些研究将互联网使用简化为使用时间，而不是将其视为一种有效媒介或数字手段，忽略了互联网使用背后的动机及其带来的不同互联网效应（Kraut et al.，1998；Hooghe and Oser，2015；Quinn，2016）。达万（Dhavan）等（2001）指出社交娱乐、消费生产、财务管理和信息交换等不同互联网使用动机对社会资本的影响也不相同，社交娱乐使用动机对社会参与有负面影响，而信息搜寻使用动机则有利于促进社会资本形成。互联网使用不同于传统媒介（如 TV），互联网技术应该被视为一种整合工具，促进社会联结和交往，是线下社会参与的增长手段和有效补充，而不是相互替代关系（Boulianne，2018；Maximilian et al.，2019）。因此，互联网使用对老年群体社会参与的作用不能一概而论，互联网技术作为数字化媒介，其作用发挥与使用群体的基本特征、使用动机、使用强度等都有密切关联。

三、老年健康促进的相关研究

（一）老年健康状况及影响因素研究

在快速人口老龄化的背景下，老年人健康问题被重点关注，老年人是否能维持较好的健康状态成为应对人口老龄化的关键（UNFPA 等，2012；WHO，2002，2015）。世界各国尤其是发达国家普遍存在“长寿不健康”的问题，且将来还会更加凸显和放大，给经济社会发展带来沉重的负担。随着人口老龄化和预期寿命不断延长，我国居民疾病谱从以急性病、外伤、传染病为主，向慢性病为主转变，目前老年人健康状况不容乐观，老年人失能率达到 18.3%，失能和半失能老人达到 4063 万人，老年人患有 1 种及以上慢性病的比例超过 80%（全国老龄工作委员会办公室，2018）。在老年人健康影响因素方面，医疗、护理和精神服务是决定性因素（Grossman，1972），性别、受教育程度、经济状况、居住安排与条件、社会保障、遗传基因、环境因素、日常生活方式等均具有显著影响（Merson et al.，2011；曾毅等，2014，2017；朱晓姝和郑晓瑛等，2020）。

（二）数字技术对老年健康的影响

国内外学者使用对照实验、实证模型等方法，探讨了可穿戴设备、社交辅助机器人、远程健康监测系统、互联网等不同信息技术对老年健康的影响，但是信息技术对老年健康影响的结论并不统一，大多数学者认为信息技术对老年人身心健康都有积极促进作用。在具体影响上，有学者认为通过认知训练、帮助克服身体障碍、防止跌倒、控制糖尿病和哮喘等慢性病等措施，有利于提高老年人的独立生活能力和居家安全，改善老年人的身体健康水平（Bemelmans et al.，2012；Brims et al.，2019；Nikou and Shahrokh，2020）。在发达国家，智能机器人、健康信息平台等信息技术产品的普及率远远高于发展中国家。

以往多数研究提出数字技术可以通过人际情感、信息搜索等机制影响老年健康（陆杰华等，2020）。数字技术通过提高人际情感来降低老年人的孤独感和抑郁感（Czaja and Lee，2007；Cotten et al.，2013；Pearlman - Avnion et al.，2020）。沙皮拉等运用随机实验方法发现，互联网可以通过人际交往进而提高老年人的生活满意度，提高老年人的生活质量，改善健康状况（Shapira et al.，2007）。科腾研究发现使用互联网的老年人患抑郁症的比例较低（Cotton，2014）。杜鹏、汪斌（2020）验证了这一结论，并指出社区参与在其中发挥了积极的中介作用。里夫施茨（Lifshitz）等（2018）发现老年人生活满意度与网络活动类别有显著关系，网络休闲活动对老年人生活满意度有正向影响。还有学者提出通过信息获取机制提高健康素养和发展健康行为来改善老年人的身体健康状况（Changizi and Kaveh，2017；陆杰华和汪斌，2020）也是数字技术影响健康的机制之一。科哈尔（Cohall）等（2016）认为，老年人通过互联网可以较便捷地获取更多健康知识，掌握健康信息，从而提升其生理健康水平。不同用途的数字技术的老年健康效应存在显著差异（汪连杰，2018），互联网使用对老年人心理健康水平的提升作用大于生理健康（赵建国和刘子琼，2020）。

也有研究发现，数字技术与老年人健康之间并不存在显著关系，甚至可能产生负面影响，导致代际沟通受阻、子女陪伴减少、老年人被“物化”、过度依赖网络和社交媒介等，增加信息技术使用者的健康风险，降低老年人健康水平（Sum et al.，2008；Allcott et al.，2020；范玉波，2020）。研究认为，生活满意度、心理福祉和老年人互联网使用之间并没有显著的关系（Elliot et al.，2013；Van In-gen et al.，2017），可能存在中介变量才能发生作用（Chopik，2016），甚至一些研究认为使用互联网会对老年群体的生活满意度产生负面影响（吴新慧，2017）。

（三）社会参与对老年健康的影响

社会参与是影响老年人身心健康的重要因素之一。社会参与促进健康的结论早已得到印证（Takeyachi et al.，2003）。国内外多数研究证实，社会参与对老年人精神健康、主观福祉、自评健康等方面具有正向影响。定期的身体活动有助于延缓老年人的功能衰退（Hammar et al.，2014），休闲活动有助于降低心肌梗死的风险（Lindström et al.，2001），志愿服务活动参与对日常生活能力、自评健康具有正向影响（高翔和温兴翔，2019）。社会参与通过建立持久的社会关系、社会资本以及社会认同来促进健康行为（Lim and Putnam，2010；Rodgers et al.，2019），在失能预防、“健康老龄化”中起积极作用（Bourassa，2015；胡宏伟等，2017）。社会参与对老年健康的影响受参与多样性、参与频率、参与模式等影响（Eric，2016；Wang et al.，2019）。社会参与程度高的老年人其死亡风险显著较低，不同类型社会活动数量增加使社会参与与自评健康的关联强度增加（Gilmour，2012），参与社会活动的种类越丰富、次数越多，其失能风险越低（张恺悌，2009；Ballert et al.，2016；成红磊，2016）。高参与型、工作型等社会参与更积极的老年人比低参与型老年人表现出更好的认知能力和健康状况（Chen et al.，2019）。

也有研究发现，社会参与和老年人健康存在双向因果关系，即不仅社会参与会改变老年人的健康水平，而且社会参与本身也受制于健康状况（Ding et al.，2015；Maier and Klumb，2005）。自评健康对社会参与的影响要大于社会参与对自评健康的影响，自评健康好的老年人社会参与的影响更加显著（陆杰华等，2017）。不同社会参与类型对不同特征老年人健康促进效果存在异质性（Chen et al.，2019；盛亦男等，2022）。

四、文献评述

综上所述，国内外学者在老年人数字融入、社会参与方面成果丰硕，尤其关注于如何跨越“数字鸿沟”以及社会参与对老年健康的影响。一方面，老年友好型数字社会建设助推老年人主动拥抱数字技术，增加了老年人接触、使用数字技术的机会，提高了老年人获取数字资源的能力，提升了老年人的数字素养。在老年人快速融入信息化、数字化的背景下，数字技术赋能为老年人社会参与提供了新媒介、新渠道、新资源等。另一方面，“积极应对人口老龄化”国家战略实施，老年人作为可开发的人力资源，不再被视为社会负担，《中共中央　国务院关于加强新时代老龄工作的意见》明确提出要将重点放在挖掘老龄社会潜能、激发老龄社会活力，探索老年社会参与内在机理，促进老年人积极参与各类活动是积极老龄化的应有之义。综合两方面因素，老年人社会参与动机、参与能力、参与环境等均会发生变化，数字技术融入背景下老年人社会参与的影响机制呈现复杂性，社会参与在数字技术促进老年健康的过程中发挥何种作用？如何依托数字融合来赋能老年人社会参与，进而实现健康促进？这些问题都亟待梳理剖析。既有研究更多关注的是社会参与的模式、某一项社会参与对老年健康的影响，或者是探讨数字技术对老年人社会参与的影响，很少细化社会参与内容，或者结合数字化时代背景来探讨老年人社会参与的特征。数字化是未来经济社会的必然发展趋势，本书将站在数字化时代发展背景下，综合考察不同类型老年人社会参与特征，探究数字化时代老年人社会参与的内在机理及其对老年健康的影响，并利用横纵向数据和多种模型方法实证检验，探索数字赋能老年人社会参与的实现路径。

第三节　研究思路与方法

一、主要研究内容

本书按照“用什么—如何用—用后效果”的逻辑思路，遵循“问题提出—理论分析—实证检验—发展对策”的研究路径，基于数字化时代新格局，以老年人社会参与为研究主线，深入剖析老年人数字融入和社会参与的现状与困境，聚焦数字化时代老年人社会参与的内在机理，构建数字化时代老年人社会参与的理论分析框架，剖析经济参与、公益参与、政治参与、家庭参与、文化娱乐参与等不同类型社会参与在人口学、数字技术使用、参与环境等方面的异质性，实证检验不同类型社会参与的影响机制，重点考察数字技术对社会参与的影响以及社会参与在数字技术与老年健康关系中的中介作用，提出数字技术赋能老年人社会参与及其健康促进的实现路径。

本书主要内容安排如下：

绪论基于人口老龄化、信息化数字化等时代背景，提出本书的研究目的与意义。从老年人数字融入、老年人社会参与、老年人健康促进三个方面进行相关文献梳理，提出了本书的研究内容和研究方法。

第一章为数字化时代老年人社会参与及其健康促进的理论分析框架。对社会参与、数字技术、健康水平等核心概念进行清晰界定，从社会参与促进及其对健康影响、数字技术使用及其对健康影响等方面对理论基础进行梳理，构建老年人社会参与及其健康促进的理论分析框架。以活动理论、连续理论、社会情绪选择理论等为基础，重点分析个体因素和外部环境因素等对老年人社会参与的影响，数字技术对老年人社会参与的促进作用，以及社会参与在提升老年人健康素养、扩大老年人社会支持、增强老年人自我效能方面对老年人健康的促进作用。

第二章为我国人口老龄化及老年人健康变动趋势。利用历次人口普查数据，重点分析 21 世纪以来我国老年人总体健康状况，以及性别、年龄、城乡等特征下健康状况变动态势。利用中国家庭追踪调查（China Family Panel Studies，CFPS）、中国综合社会调查（Chinese General Social Survey，CGSS）等微观数据，从自评健康和身心健康等方面测量老年人健康状况，综合认识我国老年人健康状况变动规律。

第三章为老年人数字融入及其影响因素。以信息系统、社会学、认知心理学等为理论基础，在老年人技术接受与使用模型的基础上，研究老年人从数字技术使用困境到使用行为的发生机制。研究认为，老年人的个体特征、家庭因素、数字技术的有用性、数字技术的易用性、结果预期等因素都将直接或间接影响老年人的使用意图和使用行为。基于此，分别从日常生活、健康和安全、信息获取与社会参与等微观层面以及智慧健康养老等宏观层面分析了数字技术在老年人生活中的应用。基于老年群体及其需求的异质性，剖析老年人数字技术接受和使用过程中的新问题、新困境。运用《中国互联网络发展状况统计报告》，利用 CFPS、CGSS 微观数据，深入考察我国老年人数字技术的使用条件、使用技能、使用频率等特征。运用实证模型分析老年人使用数字技术的影响因素，避免老年人从“身体排斥”到“数字排斥”行为的发生，引导老年人形成正确的使用行为模式。

第四章为数字化时代老年人社会参与特征与困境。利用 2014—2020 年中国老年社会追踪调查数据（China Longitudinal Ageing Social Survey，CLASS），分别从纵向、横向对比分析数字化时代老年群体在经济参与、政治参与、公益参与、家庭参与、文化娱乐参与等方面的参与特征，尤其关注不同类型社会参与在人口学特征、参与环境、数字技术等方面的异质性。

第五章为数字化时代社会参与促进机理的实证检验。对不同类型社会参与的影响机制进行实证分析，以此验证数字技术对老年人社会参与的影响机理。运用 CLASS 微观数据，采用面板有序模型，从人口特征变量、社会经济特征变量、制度环境变量、数字技术变量等方面分别实证检验经济参与、公益参与、政治参与、家庭参与和文化娱乐参与的影响机制，探究促进老年人不同类型社会参与的有效路径。运用 CFPS 微观数据，采用离散因变量模型和倾向匹配分析法，进一步验证数字技术对老年人社会参与的影响。

第六章为数字化时代老年人社会参与对其健康影响的实证检验。首先，运用 CLASS 追踪数据，采用面板模型检验了社会参与对老年人自评健康和心理健康的影响，以及不同类型社会参与的健康效应在个体特征、数字技术等方面的异质性。其次，分别采用 CGSS 微观数据和 CFPS 微观数据，采用有序 Logit 模型、工具变量法等进一步检验数字技术对老年人健康的影响。最后，以健康老龄化、健康社会学、信息技术理论为基础，从社会联结、健康素养/行为、社会参与等路径构建数字技术使用对老年人健康的影响机制，通过中介效应模型和广义结构方程模型，综合分析数字技术使用对老年人健康的影响，检验社会参与在两者影响关系中的中介效应。

第七章为数字技术赋能老年人社会参与及其健康促进的实现路径。综合分析老年人利用信息技术对老年健康的积极影响和消极影响、存在问题与困难等，从数字技术赋能社会参与的角度提出促进社会参与的有效实现路径。

本书的研究思路框架如图 0-1 所示。

二、研究重点和研究难点

（一）研究重点

一是从人口学特征、参与环境、数字技术使用等方面综合分析数字化时代我国老年人社会参与的特征规律，对比分析不同类型老年人社会参与的特征变化，考察数字能力对老年人社会参与的影响。二是构建数字化时代老年人数字技术使用及其健康促进的理论分析框架，从理论层面梳理老年人健康促进的影响机制以及数字技术的作用过程，综合认识老年人健康促进的内在机理。三是实证检验社会参与的影响机制及其中介效应，深入认识数字技术赋能社会参与的核心因素和主要困难。

（二）研究难点

一方面，基于社会经济变迁和科技革命，纵向考察不同类型老年人社会参与的动态变化趋势。需要结合大量国内外宏微观数据、调查访谈，以及梳

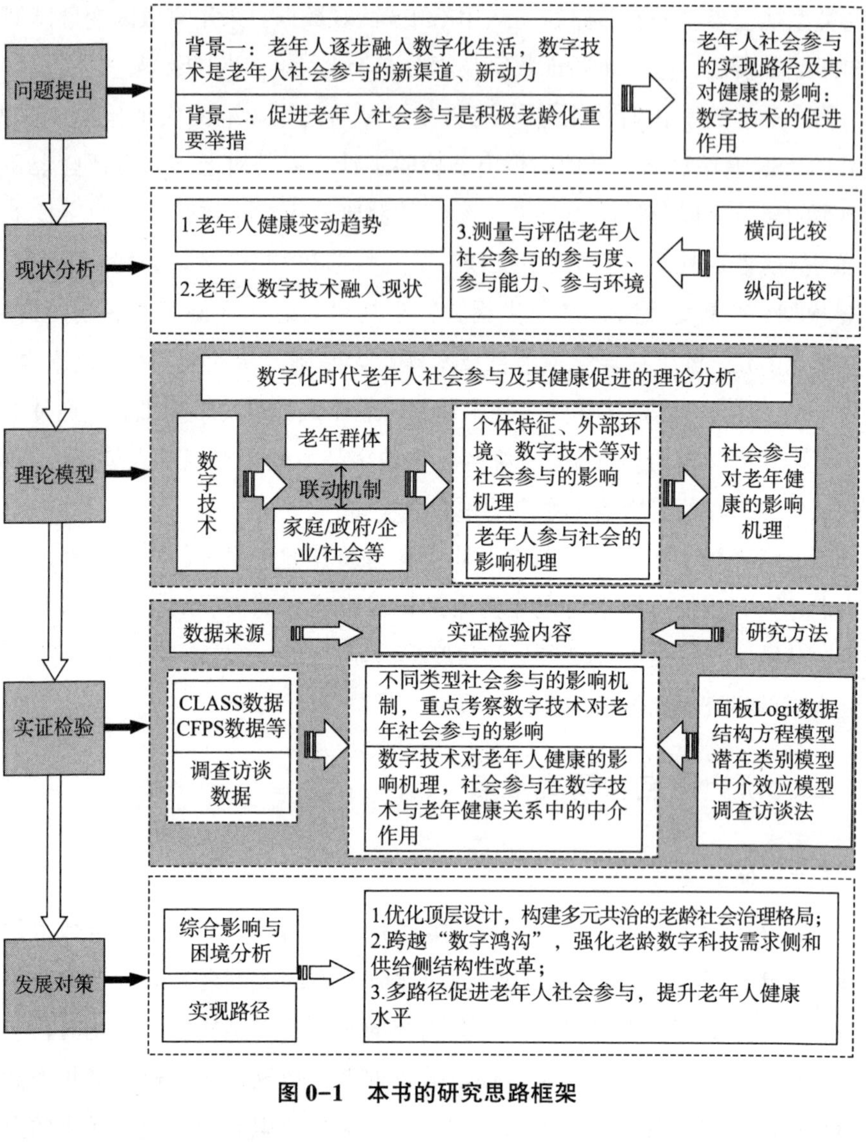

图 0-1　本书的研究思路框架

理中国经济、文化、科技等历史发展脉络。另一方面，构建数字化时代老年人社会参与及其健康促进的理论分析框架，需要基于跨学科、跨领域的研究视野。数字化时代老年人健康促进的内在机理较为复杂，需运用经济学、社会学、人口学、心理学、信息技术等不同学科领域的理论知识，以及充分梳理现有研究来进行综合研究。

三、研究方法

（一）系统评价和调查访谈相结合

采用系统评价方法，拟定文献筛选标准，整合主要数据库中的相关文献，系统总结和梳理老年人社会参与的影响因素以及数字技术对老年人社会参与的影响。由于能够获取到的微观数据库最新时间为2020年，不能完全满足研究需要。为了掌握老年人数字技术使用最新情况，在湖北省鄂州市进行实地调研，选取60岁及以上人口，通过问卷调查、深度访谈等方式采集老年人数字技术使用现状和使用困境等具体信息。

（二）规范研究和实证研究相结合

以经济学、社会心理学、信息学、老龄健康学等交叉融合为基础，构建数字化时代老年人社会参与对健康影响的理论分析框架，从理论上梳理促进社会参与的内在机制，为探寻社会参与促进健康的实现路径奠定理论基础。综合应用CFPS、CLASS等微观数据库，使用结构方程模型、面板Logit模型、中介效应模型、潜在类别模型等，实证检验理论分析框架，包括验证老年人数字技术使用的直接影响因素和潜在影响因素，从个体特征、外部环境、数字技术等方面重点验证老年人不同类型社会参与的影响机制，探讨社会参与促进老年人健康的内在机理，尤其是社会参与在数字技术与老年健康关系中的中介作用。

第一章　数字化时代老年人社会参与及其健康促进的理论分析框架

第一节　核心概念界定

一、社会参与

（一）社会参与的内涵

社会参与是积极老龄化实现的重要途径，受到广大学者的广泛关注，但是社会参与的界定并未形成统一的标准。《国际功能、残疾和健康分类》（ICF）把社会参与定义为个人的生活情况，并列出了社会参与的范围，包括学习与知识的应用，如一般的课题与要求，交流，运动、移动，主要的活动领域，如交际活动、社会活动、日常活动。根据《中华人民共和国老年人权益保障法》，老年人参与社会活动，即根据社会需要和可能，鼓励老年人在自愿和量力的情况下从事下列活动：①对青少年和儿童进行社会主义、爱国主义、集体主义和艰苦奋斗等优良传统教育；②传授文化和科技知识；③提供咨询服务；④依法参与科技开发和应用；⑤依法从事经营和生产活动；⑥参加志愿服务、兴办社会公益事业；⑦参与维护社会治安、协助调解民间纠纷；⑧参加其他社会活动。老年人的社会参与活动包括经济活动、社区政治议事活动、老年文化宣传活动、社会公益事业及志愿活动等。

早期文献主要从角色介入、社会互动、价值实现或资源分享等方面界定社会参与，且往往关注其中某一类社会参与。从角色介入的角度，格拉斯

（Glass）等（2006）认为，老年人社会参与是老年人在休闲或生产性活动中表现出有意义的社会角色。马尔斯（Mars）等（2008）将社会参与定义为：与社会有接触、为社会增加资源或者从社会获取资源的行为，都可认为是社会参与，但他们更多的是只把有正面经验或体验的行为认可为社会参与。从社会互动角度，勒瓦瑟尔等（Levasseur et al.，2010）梳理 1980—2009 年社会参与相关文献的界定，将社会参与界定为个人在社区或社会环境中参加与他人有互动的活动，认为老年人社会参与是指个人参与的能够与他人进行互动的活动，是个人与外界环境双向互动的行为。巴苏克等（Bassuk et al.，1999）认为，老年社会参与是维持社会关系和参与社会活动。乌茨等（Utz et al.，2002）将老年人社会参与界定为在正式或非正式场合中与配偶以外其他人的社会交往。也有学者将社会参与定义为一个人与其他个体在一定时间内接触的总数（Guillen et al.，2011）。从价值实现或资源分享的角度，老年人社会参与被定义为老年人有意义地参与社会活动和生产性活动（Mendes et al.，2003），或被定义为从事涉及个人行动和对他人有贡献的活动（Jason，2006）。在社会互动过程中，老年人通过社会劳动和社会活动的形式，实现自身价值（王莉莉，2011）。段世江和张辉（2008）梳理国内外文献提出，社会参与主要从介入角度、角色角度、活动角度和资源角度四个方面展开，分别表示人们对各种社会活动、社会团体的介入程度，一个由正式的和非正式的社会角色所组成的多维建构，个人和他人一起参加的活动，以及在社会层面对个人资源的分享。这些界定凸显了社会参与是社会层面的、是与他人联系的、是体现社会参与者价值的等核心内涵。老年人在社会互动过程中，通过角色扮演和介入，在社会层面实现资源共享，满足自身需要与社会期待。也有学者将社会参与分为正式与非正式的两大类别进行考察（Rebecca et al.，2002；Buffel，2014；Ang，2018）。布费尔（Buffel）等（2014）对正式与非正式两类社会参与分别进行了界定，将正式的社会参与定义为定期公益参与社区组织，而将非正式社会参与定义为参与将个人与他人联系起来的社会活动，包括邻里交往等活动。

社会参与的多样性和复杂性使其难以全面且清晰地被界定。基于这一挑战，学者们提出了更为综合的定义方法。从社会经济发展的视角，社会参与可以划分为政治参与、经济参与、社会文化参与等；考虑到老年人的个体特征和参与能力，社会参与可细分为以再就业和生产性活动为主的经济参与、以精神娱乐为主的社会文化参与、以拓宽社会网络为主的人际交往以及以实现自我为主的社会公益和志愿者参与等。邬沧萍等（1999）从政治、经济和文化三个层面对老年人社会参与进行了界定，具体包括参政议政、再就业、社区活动等活动。张恺悌等（2009）将社会参与定义为个体在社会互动过程中，通过劳动或活动的形式实现自我价值的行为模式，并将老年人的社会参与归纳为 3 种类型：参与可获得报酬的生产性劳动、退休后再就业和从事家务劳动；强调一切有益于社会和自身发展的各项活动都属于老年人社会参与，包括参与政治活动、经济发展活动、社会文化活动、社会公益活动以及家务劳动等，无论通过何种形式保持与社会的联系都属于社会参与活动。李宗华（2009）认为，老年人社会参与涵盖个人价值、人际互动和社会活动等三个方面，认为社会参与可以体现参与者价值、是与他人相联系的而非孤立的、是在社会层面开展的。李翌萱（2021）认为，社会参与是老年人与社会保持良性互动、增长知识技能、体现个人价值的再社会化过程。郑红（2022）则将老年人社会参与定义为老年人继续融入社会，充分有效参与社会经济、文化和社会活动的过程，主要包括生产性社会参与和集体性社会参与。

基于社会参与内涵的丰富性、概念的模糊化以及数据的可及性，学者测量社会参与的内容也不尽相同。豪瑞（Howrey）等（2018）用参加社区/休闲中心活动、购物、去餐厅/咖啡馆/酒吧、访亲探友、参加家庭外的兴趣活动、参加体育/文化活动、上课、参加讨论小组、去公共图书馆或文化中心、参加志愿工作 10 类活动考察老年人社会参与状况。沃格尔桑（Vogelsang，2016）认为社会参与包括去餐厅/咖啡馆/酒吧、去教堂、见朋友、打电话、参加艺术文化活动、参与慈善组织、体力锻炼、兴趣小组活动、参与社区中心活动等 12 类活动。杨凡等（2021）从经济参与、政治参与和公益参与 3 个维度考察老年人的社会参与。谢立黎和汪斌（2019）从经济参与、政治参与、公益参与和家庭参与 4 个维度测量老年人社会参与。综上，本书主要将老年人社会参与界定为有偿工作、志愿服务、社区公益、家务活动等生产性活动，走亲访友、休闲娱乐、购物等社交活动和政治参与、兴趣学习、读书看报、体育锻炼等精神文化活动三个方面。

综上所述，本书中老年人社会参与主要从经济、政治、社会等宏观层面以及家庭、个体偏好等微观层面进行界定，主要包括：以再就业以及生产性活动为主的经济参与，以社会公益和志愿者活动为主的公益参与，以及以选举投票、参政议政等为主的政治参与；以家庭照料、家务活动为主的家庭参与，以及以满足个人身心需要的文化娱乐参与。经济参与、公益参与和政治参与属于正式社会参与，家庭参与和文化娱乐参与则属于非正式社会参与。

（二）社会参与模式

现有聚焦于老年人社会参与的研究，多限于单一类型活动的分析，诸如研究老年人的经济参与、公益参与、政治参与、集体参与等，鲜少考虑将不同类型的老年人社会参与活动作一体化考察。事实上，老年人的社会参与具有同时性和多样性的特点，他们可能同时参与经济、社会、政治、文化和家庭等不同领域的活动（Chen et al.，2019）。如果忽略了不同类型活动之间的关系，可能造成研究结论与现实生活的脱节。社会参与模式就是在整合视角下，综合考虑老年人各类活动参与情况而提出的一个概念，具体指老年人参与经济、社会、政治、文化和家庭等不同领域活动的时间分配的一般方式（谢立黎和汪斌，2019）。近年来，国内外相关研究已开始综合讨论老年人参与多种不同类别活动的情况，并对其社会参与活动进行分类。有学者聚焦于两类活动的参与，如公益参与和劳动参与、公益参与与经济参与、隔代照料与公益参与、隔代照料与经济参与（Hao，2008；Bul and Jendrek，2016；宋健等，2018）。同时，也有研究者扩宽研究视野，探讨 3 种或更多类别的社会活动参与。例如，新井（Ara）等（2008）通过对老年人过去一年中参与 18 种活动的频率进行测量，将参与者划分为高、低两种参与类型。新井和莫罗-豪威尔分别从社会参与数量、类型和频率出发对老年人活动的参与模式进行深入研究。谢立黎和汪斌（2019）利用 2014 年中国老年社会追踪调查数据，运用潜在类别模型，将我国老年人的社会活动划分为低参与型、家庭照顾型和高参与型 3 种类型，并分析了其影响因素。李月和陆杰华（2018）从年龄、性别、婚姻状况、户口类型等多个角度对我国老年人 5 种主要社会参与的模式特点进行了分析。有研究利用 2016 年中国老年社会追踪调查数据，将我国老年人的社会参与活动划分为低参与型、适度参与型和高参与型，并探究不同参与模式对年龄认同的影响（汪然等，2021）。

综上所述，国内学者对老年人社会参与模式进行了积极探索，然而尚未达成一致的结论。鉴于老年人社会参与活动的多样性、相关性和参与频率的不一致性，综合本书对社会参与类型的划分等特点，本书将从参与内容的价值归属以及参与程度两个方面来划分参与模型，即经济价值型和精神价值型、高参与型和低参与型。在具体分析社会参与现状时，本书将运用微观数据对这一模式划分进行实证检验。

二、信息技术与数字技术

信息技术由采集、传输和处理三大支柱构成，主要包括传感技术、计算机技术和通信技术。人工智能、物联网、传感器、云计算、移动通信等信息技术，依托平板电脑、移动手机、可穿戴设备、机器人、医疗设备、家庭智能终端设备等产品，在老年人日常生活、健康管理、娱乐休闲、学习培训等方面发挥越来越重要的作用。物联网技术是实现数字化生活的核心技术，它是通过将物理设备连接到互联网来收集和分享数据的网络系统。这些设备可以是日常使用的家用电器、工业机器、可穿戴设备或其他各种传感器和软件。根据国际电信联盟（ITU）的定义，物联网是一个全球性的基础设施，实现了通过高级信息和通信技术对物理和虚拟物体的互联互通，以实现智能化的服务，这些服务与信息和通信技术的融合有能力改变社会和加强经济发展。传感器作为物联网信息采集的关键终端，负责感知目标物体并依据特定规则将其转换为可用的输出信号，如智慧医疗中常使用的体温传感器、电子血压传感器、血糖传感器、心电传感器等。可穿戴设备主要通过生物医学传感器将人体生命体征信号转换为电生理信号，实现对人体数据的监测。这些设备与日常服饰和随身物品融为一体，便于长期佩戴。可穿戴设备主要有运动传感器、生物传感器和环境传感器 3 类，各自针对不同的监测需求。可穿戴医疗设备是“一种自主的、非侵入性的设备，可以执行特定的医疗功能，如长时间监控或改善健康状况”①，该设备可以通过监测老年人的心率、血压血糖等

① 赵蕊菡．感知风险视角下网络健康信息利用行为研究进展［J］．信息资源管理学报，2018，8（2）：87-96，103.

健康指数并传输到医疗机构，达到老年人的慢性病远程监控、应急救治救护等目的。以智能家居为代表的家庭智能终端产品技术的普及，将对人们的生活产生颠覆性影响，它集计算机技术、网络通信等创新于一体，组成一个实体平台化系统，并与家居生活有关的家电产品（如洗衣机、冰箱、空调等）有机结合，形成统筹管理，使家居生活更加舒适、安全、有效。机器人技术在工业生产方面取得了快速发展，未来机器人将在家庭服务和医疗服务方面有更多发展空间，如康复机器人、服务型机器人等。①

数字技术利用二进制编码（即 0 和 1），通过电子计算机、光缆、通信卫星等设备实现信息的表达、传输与处理。它主要涵盖数字编码、压缩、传输以及调制与解调等环节，构成了计算机技术、多媒体技术及互联网的基础，是信息数字化处理的关键手段。此外，数字技术还扩展至信息技术的特定应用领域，如网站、电子邮件、社交媒体等。数字化不仅是数字计算机的基石，也是多媒体技术的核心，通过 0 和 1 的二进制表示方式实现数字、文字、图像、语音等信息的表达，包括虚拟现实与可视化世界。同时，它是软件技术与智能技术的基础，各类系统软件、工具软件、应用软件，以及数字滤波、编码、加密、解压缩等信号处理技术均在数字化的基础上得以实现。数字技术引领了广泛的产品革新，促使家用电器、信息处理设备、通信网络等向数字化转型，催生了数字电视、数字广播、数字网络等新技术。

科学技术是工业革命的驱动力，数字科技则是第四次工业革命的关键要素，标志着新一代信息技术的进阶迭代。随着数字化进程的加快，新一代信息技术的内涵得到了极大的拓展。云计算、大数据、移动互联网、物联网、人工智能以及区块链等前沿技术的出现，推动了信息技术从数据收集到信息处理，再到知识创造的深层次发展，对人类社会和经济的发展产生了深刻影响。从信息化到数字化，再到智能化，是层层推进、逐步进化和升级的过程。在某种程度上，数字技术是信息技术的升级更迭，因此，本书将信息技术、数字技术等科学技术统称为数字技术。

---

① 郭源生，王树强，黄纲，等．智慧医疗与健康养老［M］．北京：中国科学技术出版社，2017.

三、老年健康

世界卫生组织（WHO）对健康的界定为：健康不仅仅是指没有疾病或病痛，而且是一种躯体上、精神上和社会上的完全良好状态。健康的人不仅要有强壮的体魄和乐观向上的精神状态，还要能与所处的社会及自然环境保持和谐关系。即健康水平的测量包含身体、心理和社会适应 3 个维度。社会适应通常是指个体与其所处的社会环境间的相互作用和相互协调，以及个体在其扮演的社会角色上的成功（Weissman et al.，1981）。格林斯潘（Greenspan）和格兰菲尔德（Granfield）（1992）认为社会适应包含社会理解和社会交往两方面能力。科西奇（Kosic）等（2006）认为社会适应是一种学习和自我调节能力，个体能够根据外部环境的变化而做出相应调整，使自己保持较好的生理和心理健康状态。王玉泽和罗能生（2020）综合以前学者的观点，将社会适应能力定义为社会交往、学习和适应能力、社会支持三个方面。现有研究缺乏测量社会适应能力的统一标准和量表，基于社会适应的内涵与社会参与内容有重合，后文将重点阐述社会参与的内涵及其测量，此处不再对社会适应做界定，健康的测量主要从身体健康和心理健康两个方面进行。由于健康水平与社会参与、数字技术的链接主要依托健康素养/行为，这里也重点对其内涵做出界定。

（一）身体健康

身体健康水平常用的测量指标包括疾病发生率、认知能力、日常活动能力（ADL）、自评健康水平等。疾病发生率是流行病学上的定义，主要用于统计某种疾病发生的概率，在卫生健康学发展初期使用较多。有学者根据认知功能得分将老年人认知状态划分为 4 类：24～30 分为认知功能健全、18～23 分为轻度认知功能缺损、10～17 分为中度认知功能缺损、0～9 分为重度认知功能缺损（Folstein et al.，1975；刘晓婷和陈铂麟，2020）。日常活动受限指标（ADL）是衡量老年人基本生活能力的评价指标，该指标选取老年人吃饭、穿衣、洗澡、如厕、室内走动和上下床 6 项日常活动作为参照。测度方法具体步骤为：若某一项活动无法独立完成，则该项活动得分为 1 分，ADL 取值为 6 项活动的得分总和，分数越高意味着日常活动能力越差（李婷和张闫龙，2014）。学者们也依据 ADL 来界定失能老人，如果 6 项活动能力均完好，则认为该老人具备日常活动能力，若其中一项不能独立完成，则认为该老人失能。自评健康是最常使用的健康测量指标之一，是对健康状况和风险因子更具包容性和准确性的测量（Idler and Benynamini，1997），自评健康既受到个人客观健康状况影响，也受到个人感受、认知框架以及社会文化背景的影响，是客观健康状况和主观认知相互建构的一个过程（Jylha，2009），它可以有效反映老年人的健康状况（Idler et al.，1999）。

（二）心理健康

心理健康水平属于心理学范畴，心理健康量表非常多，测度方法也各不相同。史密斯（Smith）等（2008）基于“我总是看到事情好的一面”“我和年轻时一样快乐”“我喜欢保持我的东西干净整洁”“我对自己的事情能做决定”4 个正向指标和“我经常感到害怕和焦虑”“我经常感到孤独和被隔离”“我觉得自己越来越不中用”3 个负向指标来综合测度心理健康水平，每个指标的取值范围均为 0~4，3 个负向指标得分也转化为相应的正向得分，单项分数越高，说明个体的心理健康水平越高。心理健康水平的综合得分是 7 个指标取值的总和，分数越高对应的心理水平越健康（Cronbach’s $\alpha = 0.67$）（Li et al.，2008）。使用较为普遍的量表还有 WHO 5 项身心健康指标（World Health Organization five-item well-being index，WHO-5）及一般自我效能感量表、阿森斯失眠量表等。也有学者直接采用测量抑郁状况（高丽等，2019）、沮丧感（刘生龙等，2017）、孤独感、幸福感等指标来衡量老年人的心理健康状况。简版流调中心 CESD-10 抑郁量表（Center for Epidemiological Survey，Depression Scale）是测量抑郁状况的常用量表，包括 8 个负向问题（我因一些小事而烦恼、我感到情绪低落、我觉得做任何事都很费劲、我感到害怕等）和 2 个是正向问题（我对未来充满希望、我很愉快），10 个项目合计，总分为 30 分。学者们依据抑郁量表得分界定“是否抑郁”的标准并不统一，有学者将分值小于等于 15 分的认定为无抑郁状况，分值大于等于 16 分的认定为有抑郁状况（Gool，2005；任杰，2014）。也有学者将分值为 0~9 分的划分为不抑郁，10~30 分的划分为抑郁（罗雅楠等，2017），或者将总分划分为 0~9 分、10~19 分、20~30 分三个等级（Lei et al.，2014）。抑郁得分越高，说明心理健康水平越差。

（三）健康素养

健康素养是构建健康行为和提升健康水平的基石，间接测量了老年人的健康水平，关于健康促进的相关研究中也将其作为调节或中介变量，因此有必要对其内涵做进一步分析和界定。西蒙兹（Simonds，1974）在讨论健康教育时首次提出健康素养（Health Literacy）一词，许多学者和组织随后也给出了相应的界定，目前被政府机构和学者广泛接受的定义为："健康素养是指个人获取、理解和处理基本健康信息和服务的能力，并能运用信息和服务做出合适的卫生健康决策，以促进和维持自身健康的能力。"（WHO，1998）

纳特比姆（Nutbeam，2000）基于社会认知理论、相互依赖理论及赋权教育模式，根据健康素养内涵的不同阶段将其分为功能性健康素养（Functional Health Literacy）、交互性健康素养（Interactive Health Literacy）和批判性健康素养（Critical Health Literacy）3 类。功能性健康素养主要涉及日常生活中所需的阅读、写作和计算能力，为个体掌握健康知识、规避健康风险提供基础。交互性健康素养主要强调个体在处理健康信息，合理运用健康知识改善健康水平时的认知能力。批判性健康素养，作为最高层次，强调利用健康知识和健康服务的能力，特别是对健康信息进行辨别、批判性分析和处理的能力。第六届全球健康促进大会（2005）将健康素养视为健康促进的重要行动和目标，"健康中国 2020"战略规划（2009）明确指出，提升全民健康素养既是核心目标之一，也是实现各项健康指标的基石。增强个体健康素养不仅有利于促进疾病预防和保健，而且在提升社会整体健康水平、减少住院率、控制医疗费用和缓解医患矛盾等方面均有显著意义。相反，健康素养不足不仅会降低个人的自我健康管理和疾病预防保健能力，还可能导致低下的医疗服务利用率和病情延误，从而对个体和社会产生负面影响。

第二节 数字化时代社会参与及其健康促进的理论基础

一、社会参与促进及其对健康影响的理论基础

成功老龄化中将“积极地参与生活”视为成功的表现，也是维系身心健康的重要手段，积极老龄化则从需求和权利的视角提出为老年人提供平等参与的机会，社会参与是老龄化生命过程的重要方式和手段。因此，延缓或适应老龄化的相关理论在一定程度上也诠释了社会参与的促进机理，包括活动理论、社会情绪选择理论、补偿的选择性优化理论、连续性理论、脱离理论等。其中，活动理论、连续性理论在关注老年人社会参与的同时，进一步探究社会参与与老年人健康的关系。除此之外，年龄、健康水平、教育水平、社会经济地位、家庭因素等人口经济变量、社会文化环境、科技进步等变量也被证实对老年人社会参与有一定的影响。不同类型社会参与的促进机制及其对老年人健康影响机制有所不同，有必要通过梳理相关理论来扩展社会参与促进的重要元素，构建更全面的老年人社会参与分析框架。

（一）加强社会联结，积极社会参与，实现自我价值

1. *活动理论*

赫威斯特（Havighurst）、纽加顿（Neugarten）和托宾（Tobin）在 1968 年提出活动理论（Activity Theory），该理论源于一个简单的命题，即通过高度参与社交、休闲活动以及退休后的角色替代等方式来提升老年人的幸福感。个体在老年期仍然需要通过积极参与各种活动来保持与社会的联系，并在活动中获得充实感。支持自然老化，反对以“退休”为形式强制退出。该理论反映了老年人面对衰老的乐观态度，在年老后仍有保持“忙碌”和发挥余热的意愿，以提升自我价值。朗吉诺和卡特将社会和休闲活动参与分为 3 类：①非正式的活动，与熟悉的人（如亲戚、朋友或邻居）进行社交互动；②正式的活动，参与正式的团体和组织；③个人活动，如阅读、看电视等。此阶

段的活动理论更强调非正式的社会活动，认为非正式活动比正式活动或个人活动对幸福感的影响更大（Longino and Kart，1982）。

随着老年人社会角色的不断变化，对活动理论内容有了新的认识。积极参与各类社会活动，拓展社会关系网络，有助于提升老年人健康水平，进而提高生活质量和幸福感。有学者提出情感上的亲密关系、工具型援助等社会支持为社会参与提高幸福感提供了另一种路径（Aquino et al.，1996），积极人际关系的构建有助于促进社会互动和社会融合，而这些又通过健康信息、健康支持、情感沟通等方式改变了个体健康行为（Berkman et al.，2000），积极参与体育活动有助于提高老年人健康水平（杨凡等，2021）。社会参与过程有助于实现个人目标和个人价值，进而提升自我效能感（Lawton et al.，2002）。

横向研究和纵向研究均表明，社会参与和健康或幸福之间互相影响。个体特征对活动与幸福关系具有调节作用。伦纳特松（Lennartsson）和西尔弗斯坦（Silverstein）（2001）指出个体单独活动降低了男性的死亡风险，但没有降低女性的死亡风险，布彻（Butcher）和罗伯逊（Robertson）（2004）发现，参与社交活动对于女性而言，更能影响她们的幸福。阿加希（Agahi）和帕克（Parker）（2008）则发现，女性的死亡风险随着非正式和正式的社会活动而降低，而男性的生存则受到个人爱好（如园艺活动）的影响。也有少量研究进一步探讨社会参与与健康之间的中介机制。活动参与的动机被认为是社会参与与健康关系的中介变量，也有学者指出人口流动状态在两者之间的中介作用（Lampinen et al.，2006），以及社会关系质量和支持力度也是重要的中介因素（Litwin et al.，2006），参与活动的感知价值或活动的自我评估价值都被认为是社会参与/健康的影响变量（Katz and Yelin，2001；Neugebauer et al.，2003；Mullee et al.，2008）。

社会、休闲和生产性活动与老年人健康存在显著的关联关系，社会参与的界定和测量差异往往导致两者的作用机制并不一致，大多数文献证实社会参与和健康之间的积极联系，但是未充分考虑个人参与动机、个体特征和需求等维度的调节作用，活动内容和社会环境的中介机制等。比如，在老年人社会参与过程中，老年人对参与活动的选择能力或决定能力可能影响社会参与与健康的关系，而这种选择结果又与社会参与活动的分类密切相关。老年人在参与活动中所获得的满意度和归属感，参与活动的目的和意义等都对社会参与与健康的关系产生影响。因此，需要规范化社会参与的活动范围，拓展老龄化活动理论模型的重要元素，建立一个更全面的框架来描述社会参与对老年人健康福祉的影响机制。

2. 连续理论

连续理论（Continuity Theory）又称持续活动理论，由美国学者阿奇利（Robert Atchley）于 1989 年提出。该理论认为老年人在做出适应性选择时，试图维持现有的内部和外部结构，倾向于通过关联过去的自身经历和社交网络来实现这一目标，即尝试维持其原有的生活方式、活动和社会关系，以实现自然老化。老年人的选择与个体感知的过去有关，并在内在心理特征、社会行为和社会环境中产生连续性。连续性是一种适应性策略，由个人偏好和社会认可共同推进。

连续性理论主张，个体行为模式的连续性对老年人顺利过渡到新的社会角色具有积极作用。例如，从职场退休的老年人，往往期望继续发挥其在社会中的作用，通过参与各种社会活动以增进个人福祉；社交偏好的老年人继续保持社交活动参与；而偏爱独处或寻求安静的老年人，则可能继续从事阅读、散步等个人活动。通过符合个人偏好的社会参与，老年人能够维持所需的社会参与水平，进而获取幸福感和自尊感。连续性理论认为，人们在进入老年期时，并不意味着转向一种全新的生活方式，而是持续之前的活动模式，保持良好的生活习惯和兴趣爱好，这样的持续性对于提升老年人幸福感和健康促进至关重要。该理论强调了老年人个体化老龄化的差异，突出个体变化与社会环境的密切联系。个人的过往生活方式和社会角色对其老年期的社会参与模式和参与内容有着深远影响，这些因素共同作用于老年人的健康状态。

（二）减少社会参与，增加社会隔离，降低生活质量

卡明（Elaine Cumming）和亨利（William E. Henry）在 1961 年提出了脱离理论（Disengagement Theory），认为衰老是个体发展的自然规律，个体到了老年期，身体机能衰退，活动能力下降，社会角色转变，原有的主体角色和权威感逐渐丧失，对其心理和行为发生改变。老龄人口与社会之间的互动持续减少是普遍化过程。社会也降低了对老年人生产能力和竞争能力的期望，老年歧视渗透到社会生活各个领域，导致老年人自愿减少参与生产活动和社交活动，学会把时间留给自己，享受自由舒适的晚年生活。该理论与活动理论的观点恰好相反，强调老年人会因为社会角色转换、老年社会歧视等而脱离社会活动，或者说为社会工作所背离，从消极层面解释了老年人社会参与的原因，论证了老年人社会交往减少的原因（Hochschild，1975）。斯特普托（Steptoe）等（2013）提出，与年轻时代相比，老年人的个体行为发生了变化，由于他们的情感联系仍然停留在过去，无法融入当前的社会网络，从而表现出孤独、社会隔离和较低水平的社会参与。该理论也引发了较多争议，老年人受教育程度提高、预期寿命延长等变化将使部分老年人在退休后仍会积极参与社会活动，事实数据也证实许多老年人在退休以后仍在社会生活中发挥着积极作用，而且它也忽视了活动理论、社会情绪选择理论中提到的个体特征、活动偏好等因素在其社会参与活动中的作用。

（三）优化自我选择，强化参与质量，提升参与价值

1. 社会情绪选择理论

社会情绪选择理论（Socioemotional Selectivity Theory）由斯坦福大学心理学教授劳拉·卡斯滕森（Laura Carstensen）于 1987 年提出，最初用于解释老化中的悖论问题，即伴随年龄增长，老年人的生理和心理机能下降与人的情绪和幸福感仍保持稳定甚至提高之间的矛盾，这种现象被称为“老化的悖论”（Paradox of Aging）。社会情绪选择理论是一种贯穿生命全程的社会动机理论，认为个体随着年龄增长，会意识到未来时间的有限性，从而影响他们对不同社会目标的优先排序。对未来时间的感知是社会目标改变的关键驱动力（Carstensen，1993，1995，1998），即个体对其余生时间的感知成为推动其动机变化的核心因素，进一步影响了对社会目标优先级的选择。这种对未来时间感知的改变，促使个体重新评估并调整其社会目标的优先性，以适应其认为的剩余时间。考虑到时间界限知觉，老年人会将注意力放在情绪目标上，社会交往优先考虑情绪目标。社会情绪选择理论诠释了老年人社会参与的发生机制，老年人会根据参与环境、参与收益等来选择有利于情绪目标的社会

参与活动。随着个体的老化，老年人更关注自身的积极情感体验，倾向于选择较小的社会关系网络，与相对亲近的人保持社会联系，因为这种社会交往可以提供可信赖的情感回报，提高其自身的健康水平和主观幸福感。当老年人感知到未来时间较少时，会越来越关注社会互动的质量，追求自身情绪的满意度，回避消极情绪状态（Löckenhoff and Carstensen，2004）。

2. 补偿的选择性优化理论

心理学家保罗·巴尔特斯（Paul Baltes）和玛格丽特·巴尔特斯（Margeret Baltes）于 1992 年提出了补偿的选择性优化理论（Selective Optimization with Compensation），该理论专注于老年人的活动能力，即通过选择和优化活动选择来补偿自身能力的欠缺。补偿是指个体利用替代性方式来应对缺陷或丧失，比如，听力功能衰退的老年人可以选择书写来抒发和表达情感；选择是指个体在数量和程度方面降低自身目标，例如根据自身活动能力有选择性地开展活动，减少能力范围以外的活动参与；优化是指个体优先选择持续投入，比如选择自己擅长的领域持续投入。该理论强调采取补偿措施来降低老年人身体功能衰退带来的负面影响，以从容应对老化。

综上，个体进入老年期以后是否保持积极的社会参与，脱离理论和活动理论给出了不同的回答。脱离理论认为，随着年龄的增长，老年人的社会参与能力下降，社会角色丧失，老年人会自愿脱离社会，让自己过上平静而稳定的老年生活，促进社会更替。活动理论恰好相反，它更强调社会参与和社会的认同，老年人通过积极参与社会来保持自我价值，从而改善因为退休或者丧偶等负面事件带来的消极情绪。该理论从微观层面阐述了老年人如何更好地适应社会、适应老年期的行为选择模式，与宏观层面的“积极老龄化”思想观点一致。活动理论、连续性理论、脱离理论等均属于老化适应理论，活动理论更注重探究社会参与内容的变化及其与老年人健康的关系，同时指出个体特征、参与动机、参与收益等关键变量的调节和中介作用。社会情绪选择理论、连续性理论、补偿的选择性优化理论等更关注老年人个性偏好、退休前的社会角色等元素对社会参与的影响，并且认为老年人会依据自身情感、社会认可等优化调整社会参与内容，以此提升健康水平和幸福感。

二、数字技术对老年社会参与的影响机理

关于数字技术对社会参与作用的理论较为丰富，包括社会情绪选择理论、网络增益效应论、护航模型、替代效应论、网络个人主义理论等。提升老年人的社会参与度，需明确其形成机制，增强其保护因子的积极作用。

（一）扩展家庭或亲密社会关系

护航模型是研究社会网络和社会支持对老年人健康和主观幸福感影响的理论框架（Kahn and Antonucci，1980）。它采用同心圆的方式来测量老年人的社会关系网络，按照由里及外的顺序，最里面的圆代表与老年人关系最亲密的家人和朋友，老年人与这个圈层里的个体互动最为频繁，获得的社会支持最多；中间圆中的个体与老年人的关系相对亲密，但是密切程度不及最里面的圆；最外面的圆则表示关系比较疏远的个体，一般代表因为工作关系产生的联系。家庭和朋友支持对提高老年人主观幸福感和生活满意度具有重要作用，而老年人由于退休以后，社会角色逐渐丧失，他们很少与最外面圆中的个体发生联系（李海峰和陈天勇，2009）。护航模型可以用来解释老年人如何选择社会关系网络，如何获取社会支持，以及如何通过社会支持来应对老年困境与压力（刘素素等，2016）。

社会情绪选择理论认为，老年人的社会关系网络会根据亲疏关系和积极情感体验而发生变化，他们更愿意花时间与家人或者亲密朋友待在一起，以获得情感满足（敖玲敏等，2011）。数字技术的发展，尤其是互联网技术的发展，为老年人社会交往提供了便利的渠道或平台，增强了其社会交往的能力，但是在社会情绪选择理论的观点下，老年期社会网络是一个按照亲疏关系由外向内逐渐缩小的过程，其网络拓展更多地建立在亲密关系、积极情绪体验等基础上。

网络增益效应论从社会资本投资的视角，认为网络是维持现有社会关系或建立新关系的一种方便和有效的手段（Pénard and Poussing，2010），互联网用户可以通过在线社交活动来提高其社会资本。

（二）缩小社交网络

巴里·威尔曼（Barry Wellman）于2014年提出“网络个人主义”（Networked Individualism）概念，用以阐述在技术变革背景下人们社会交往方式的变迁。在网络个人主义理论视角下，社会交往是个体与个体间的网络化联络，社交网络为个体提供了更加宽泛、多元化的网络联结，个体不再局限于传统的邻里社区，而转向以互联网和智能手机等数字技术为新媒介而形成的新型社区。个人基于自身兴趣偏好、知识储备等，通过互联网等新媒介参与和构建多元化的社会网络联结，提升了网络化个人主义的行动能力。网络空间个人主义认为，虽然网络使用强度能够帮助老年人扩大其社会网络关系，但同时也会使得他们在网络空间的活动取代物理空间活动的参与，这种替代可能会对他们的生活产生负面影响。

数字技术发展推动线上和线下社会网络的有机融合，让个体拥有更多的自主权和选择权。网络个人主义发展提升了老年人社会参与的可能性，拓宽了老年人社会参与渠道，但是网络时间增加会侵蚀老年人其他形式的社会参与，由此产生了替代效应论，即网络活动对老年人其他形式的社会交往有替代效应（Nie，2001）。2000 年，斯坦福大学社会定量研究所（SIQSS）关于互联网对美国人日常生活的社会影响研究显示，随着互联网使用量的增长，人们在不缩短办公室工作时间的同时，反而花了更多的时间在家里为雇主工作，从而减少了与朋友和家人相处的时间。NKK（2000）的研究发现，58%的美国成年人认为电脑让人们和朋友及家人在一起的时间减少。对于受教育程度较高、收入较高、较为年轻的群体来讲，虽然使用互联网未提高他们的社交能力，但他们表现出更高程度的社交联结和社会参与。这一点在老年群体身上没有得到体现，他们可能因为互联网的使用而减少社会参与、缩小社交网络。替代效应论的论点与网络个人主义转向论的观点一致，认为互联网使用可能会扩大老年人的社会网络关系，但可能会出现网络空间的活动替代物理空间活动参与的现象，并对老年人的生活产生消极影响。

现有研究关于数字技术对老年人社会交往的替代效应或选择效应的验证很少，仅有少数研究指出使用互联网可能会导致老年人减少社会参与，缩小社交圈子以及削弱老年人社区归属感和朋友网络（Gilleard et al.，2007；Hage et al.，2016），进而对老年人生活产生负面影响。数字技术对老年群体社会参与的作用不能一概而论，数字技术作为新媒介，其作用机制与使用群体的个体特征、使用动机、使用强度等都有密切关联。在后期的研究中，还需进一步扩展和丰富理论模型的核心元素，构建更加全面的理论分析框架。

第三节　数字技术使用及其对健康影响的理论基础

一、数字技术接受与使用的理论基础

技术接受模型是最早用于解释信息技术接受行为的理论模型（Davis，1989），学者们在此基础上提出了 UTAUT（Venkatesh et al.，2003）、STAM（Senior Technology Acceptance /Adoption Model）（Renaud and Ramsay，2007）、MOPTAM 模型（Renaud and Van Biljon，2008）等。这些模型均强调个人层面的使用意图、感知有用性、感知易用性、自我效能和结果期望等因素对个人技术行为产生的影响，被广泛用于解释老年人接受和采用信息技术的过程（Renaud and Van Biljon，2008；刘炜，2015；李敏等，2017；贺建平和黄肖肖，2020）。

技术接受模型的核心概念如图 1-1 所示。

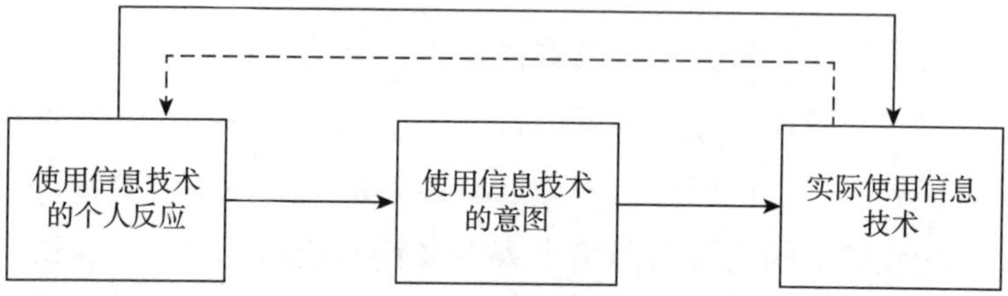

图 1-1　技术接受模型的核心概念

（一）技术接受模型

菲什拜因（Fishbein）和阿耶兹（Ajzen）于 1975 年提出了理性行为理论（Theory of Reasoned Action，TRA），指出一个人的行为是由他的意图驱动的执行行为，这一意图反过来又取决于对行为和主观规范的态度。戴维斯（Davis）等于 1989 年在理性行为理论基础上提出了技术接受模型（见图 1-2），用于解释使用者对信息技术的接受行为。

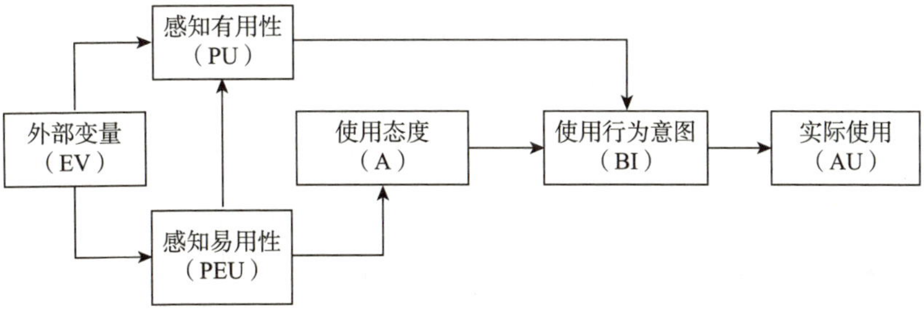

图 1-2　技术接受模型

经典的技术接受模型有 6 个维度/构念，即感知易用性（PEU）、感知有用性（PU）、外部变量（EV）、使用态度（A）、使用行为意图（BI）和实际使用（AU），具体含义见表 1-1。

表 1-1　技术接受模型的 6 个维度

变量维度	含义
感知易用性（PEU）	被定义为“一个人认为使用系统将是不需要花太多努力的”，即使用技术不需要付出巨大的努力
感知有用性（PU）	被定义为“一个人认为使用该系统将提高其工作绩效的程度”，即一个人对于某一特定技术将提高其个人表现的信任程度
外部变量（EV）	如人口统计学变量，影响感知有用性和感知易用性
使用态度（A）	被定义为用户使用的欲望。感知有用性和感知易用性是对技术系统态度的唯一决定因素
使用行为意图（BI）	通过对使用态度和感知有用性来预测
实际使用（AU）	由行为意图预测

戴维斯的技术接受模型假设用户对新技术的接受取决于用户使用该技术的意图，这反过来又受到用户对技术的感知有用性和感知易用性的信念的影响。根据技术接受模型，影响信息技术接受和使用的两个最重要因素是感知有用性和感知易用性。感知有用性和感知易用性共同决定使用行为的态度。感知有用性在感知易用性对使用态度的影响中有中介作用，提升感知易用性

有助于让用户进一步了解技术的有用性，进而影响使用态度。感知有用性在一定程度上对用户的使用态度有积极的引导和改变作用，两者共同预测使用行为意图，最终直接影响实际使用行为。外部变量如用户差异（认知风格和其他人格变量）、系统特征和任务特征，其影响完全由感知有用性和感知易用性传导。戴维斯认为感知有用性比感知易用性更重要。2000 年，文夫塔斯（Venkatesh）和戴维斯在技术接受理论基础上提出了扩展模型 TAM2，将理性行为理论中提出的主观规范纳入模型中，用于解释强制场景下的行为意图。主观规范是指个人对于是否执行某特定行为所感受到的社会群体压力，反映了外界因素对个体行为决策的影响（Ajzen，1991）。技术接受模型被广泛用于新技术、新观念和新事物的研究，成为结构方程模型使用最多的理论模型（Lee et al.，2003）。技术接受模型也存在一定缺陷，比如认为实际技术使用的唯一决定因素是使用行为意图，没有考虑到技术完全接受过程，也没有考虑到社会影响因素。

（二）计划行为理论

计划行为理论（Theory of Planned Behavior，TPB）是从理性行为理论（TRA）衍生出来的，由阿耶兹在 1991 年基于对理性行为理论的修改和扩展而提出。该理论是社会心理学领域中最具影响力的行为预测理论之一，广泛应用于解释个人的行为动机和意愿，以及进行行为预测等。

计划行为理论模型如图 1-3 所示。

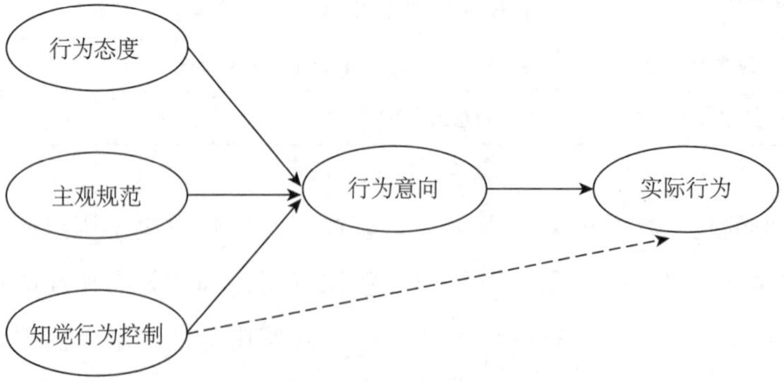

图 1-3　计划行为理论模型

计划行为理论包含 5 个核心变量，即行为态度、主观规范、知觉行为控制、行为意向和实际行为。

1. 行为态度

行为态度（Attitude toward the Behavior，AB）是指个人对某项特定行为的正面或负面评价。研究显示，态度能够显著影响并预测行为。

2. 主观规范

主观规范（Subjective Norms，SN）是指对于是否执行某特定行为，个人感知到的社会群体的压力。这反映了重要他人或团体对个体行为决策的影响。西奥迪尼（Cialdini，1991）提出将主观规范细分为指令性规范和示范性规范，前者主要强调团体或组织对该特定行为产生的指导作用，后者则是指亲友近邻对行为产生的监督作用。主观规范和行为意向之间呈正向关系，即重要他人的支持或团体或组织的指令性压力都可以增强个体的行动意向，使其产生特定的行为意向。

3. 知觉行为控制

知觉行为控制（Perception Behavior Control）是指个人对于实施特定行为难易程度的感知会受到过往经验和预期阻碍的影响，即是否具备采取实际行动的条件。阿耶兹（2002）提出知觉行为控制包括自我效能和控制程度两个方面，前者是指个体对完成特定行为所需能力的信心；后者是指个体对完成特定行为所需资源的控制程度。增进自我效能，提高资源控制程度，能够显著增强个体执行特定行为的意向（赵斌等，2013）。

4. 行为意向

行为意向是指个体对于执行某项特定行为的意愿，它汇集了影响行为的各种因素，反映了个体为实施某项行为而愿意投入的努力程度。

5. 实际行为

实际行为是指个体实际采取的行动、做出的决策、采取的措施或达成的结果。

计划行为理论强调，行为态度、主观规范和知觉行为控制三者共同作用于行为意向，行为意向决定最终的实际行为，某些实际行为在一定程度上会被知觉行为控制变量解释。该理论以个体对客观因素的认知为出发点，通过引入知觉行为变量来评估客观条件，从而探讨个体能力和外部环境等客观因素对个体行为的影响，实现了主观因素与客观因素的有机结合。计划行为理论已成功应用于解释个人接受和使用不同技术的行为（Taylor and Todd，1995；Harrison et al.，1997）。

（三）技术接受和使用统一理论

Venkatesh 等（2003）扩展了技术接受模型并开发了技术接受和使用统一理论（UTAUT）模型（见图 1-4），该理论试图解释用户使用信息系统的意图和随后的使用行为，具有较强的预测能力。该模型确定了使用意图的 3 个直接决定因素（即绩效预期、努力预期和社会影响）及使用行为的 2 个直接决定因素（即行为意图和便利条件），并纳入了 4 个调节变量，即性别、年龄、经验和使用意愿。技术接受和使用统一理论的一个重要贡献是区分决定使用行为的因素和这些影响因素的调节变量。该模型将技术接受模型中的感知有用性扩展为用户对技术性能的期望（Performance Expectancy），将感知易用性扩展为用户对使用技术所需努力的期望（Effort Expectancy）。值得注意的是，技术接受模型包含了一个描述态度的模块，但技术接受和使用统一理论忽略了这一点，将技术接受模型的外部变量模块扩展到许多相关因素中。技术接受和使用统一理论可用于评估老年用户对智能化数字技术的接受程度。在不同的技术、研究和参与者设置中，技术接受模型与技术接受和使用统一理论在解释使用行为方面得到了广泛的应用，并保持了一致性和有效性（Sŭmak et al.，2011；Wu and Lu，2013）。

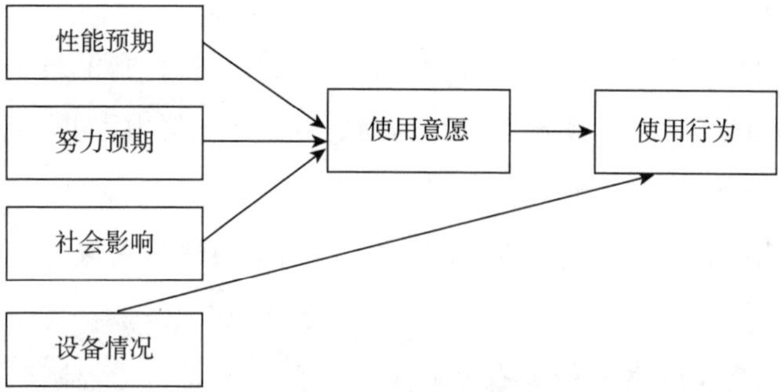

图 1-4　UTAUT 模型

（四）老年人技术接受与使用模型（STAM）

现有技术接受理论都没有考虑到老年人的独特特点、能力和局限性。首先，在包容性设计或通用设计的背景下，研究人员或产品设计师探讨了潜在用户的一系列能力和需求的重要性，以确保产品、服务或环境灵活供他们使用且不受限制（John and Coleman，2013）。众所周知，随着年龄的增长，生理能力和心理能力的相关变化将不可避免地影响老年人的需求及其使用技术或技术设备的能力（Farage et al.，2012；Tenneti et al.，2012）。其次，技术接受模型没有考虑到完全采用（Adoption）的过程。雷诺（Renaud）和范比林（Van Biljon）（2008）通过对原始技术接受模型和技术接受和使用统一理论模型进行一定的修改，建立了一种新的高级技术验收模型。该模型将技术采用纳入研究中，指出技术接受仅仅代表对技术的积极态度，并不代表会充分利用它。最后，从购买设备到完全使用需要时间，完全接受以后才会发生完全使用。而技术采用是指从了解技术到将技术使用作为一种生活方式的过程，即使使用坏了，用户也会更换它，不用担心没有它的生活。技术接受过程（Technology Adoption Process）包括5个阶段：一是了解阶段（个体知道这款产品）；二是说服阶段（个体被说服需要这款产品）；三是决策阶段（购买产品）；四是执行阶段（产品被使用）；五是确认阶段（确认购买产品决定的需要）。

在技术接受模型和UTAUT模型中使用行为的预测因素包括感知有用性、感知易用性、使用态度、促进条件、老年技术自我效能和老年技术焦虑。在这些因素的基础上，STAM理论还增加了与年龄相关的健康和能力结构等变量，包括自我报告的健康状况、认知能力、对老龄化的态度和生活满意度、社会关系和身体功能。因为老龄化影响老年人的身体、功能、心理和社会方面（Erber，2010）。老年人技术接受与使用模型见图1-5。

二、数字技术对健康影响的理论基础

（一）健康素养/行为的理论基础

1. 健康信念模型

健康信念模型（Health Belief Model，HBM）是用于研究健康行为的重要

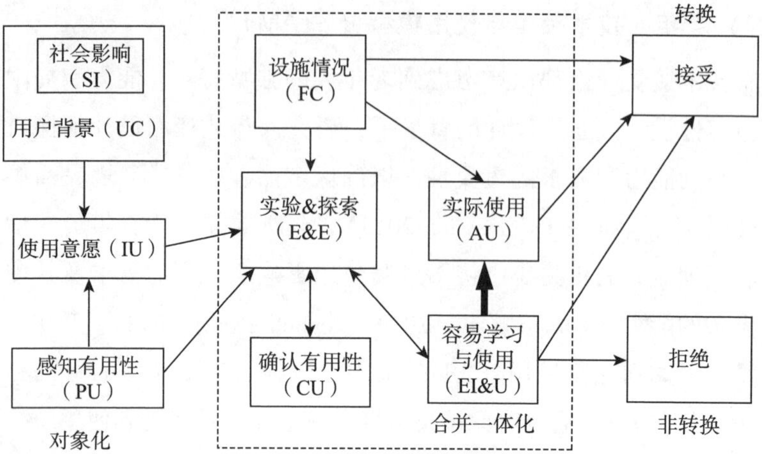

图 1-5　老年人技术接受与使用模型（STAM）

理论，强调个人因素对健康问题的态度和信念，以及通过评估预防行为的利益和障碍来决定个人的行为方式（Shojaei et al.，2016）。健康信念模型包含感知易感性、感知严重性、感知益处、感知障碍和自我效能等维度。感知易感性是指个体对患病可能性的主观信念，感知严重性是指个体对感染疾病或不予治疗的潜在危害的主观认知，两者共同决定了个体行动的能力和动力。感知益处是指个体对所采取预防行为的有效性的主观认知，感知障碍为个体参与特定行为的主观困难，自我效能表示个体对自身能否采取某一行为的主观判断。除此之外，模型还纳入了影响认识水平的人口社会学、心理学因素。健康信念模型被广泛应用于解释与健康有关的行为的改变，方嘉列等（2020）通过实证研究证明健康信念得分越高，患者对健康促进生活方式和遵医嘱服药行为的依从性越好。健康信念模型侧重研究模型内部各变量与健康行为间的直接作用，指出可以通过提高个体健康素养，提高个体主观认知能力，从而促进健康行为，但是在社会或社区层面，健康信念模型对健康行为的作用机制还不明晰，有待进一步深入探究。

2. 风险感知和认知行为理论

认知行为理论的核心是通过改变个体的思维过程来改变其观念，进一步调整情绪和行为。这是一种以教育为基础的治疗方式，强调接受治疗的服务对象在治疗过程中的积极参与，采取一系列认知和行为策略来促进其变化。认知与行为相互作用，认知过程影响行为的形成，而行为的变化又会反过来调整认知过程。正确的认知观念有利于引发适当的情绪和行为反应，而积极的情绪和健康行为又会进一步强化原有的认知观念，形成一个良性循环。在认知行为理论基础上，发展出了一系列旨在通过认知和行为技术来改变个体不良认知的心理治疗方法，如艾利斯（Ellis）的理性情绪行为疗法（RET）、贝克（Baker）的认知疗法和认知行为疗法（CBT）等。认知行为分析框架有助于理解个体如何通过改变认知和行为习惯来保持良好的健康状态的过程。此外，风险感知即决策者对风险的主观判断，对健康行为有重要影响。面对健康风险，个体往往会通过寻求外界帮助，比如获取健康信息、参与线上医患交流或医疗服务利用等，以促进健康行为和加强健康管理，降低疾病风险。

风险感知和认知行为理论很好地阐释了老年人针对健康需求的干预行为和健康管理过程。由于身体功能退化和认知能力下降，老年人的疾病风险意识较强。基于风险感知，老年人会形成较广泛的健康需求及其健康干预行为，从而满足自身的健康保护需要。使用健康应用程序锻炼身体、查阅健康教育资讯、健康信息交流与传播、参加健康教育讲座、学习使用健康保健方法等，老年人依托线上线下多种渠道来实现认知促进和行为改变，提高健康素养。

（二）数字技术使用对健康素养/行为的影响机理

帕斯切-奥洛（Paasche-Orlow，2005）提出，健康素养可能通过卫生保健的获取和利用、医患关系、自我保健等方面影响健康结果。医疗保障体制直接影响医疗服务利用效率，医患关系的好坏则直接影响患者的就医意愿、健康信息获取程度以及治疗依从性，健康素养在自我保健路径上的作用机制更为直接。健康素养不足意味着个体健康信息和知识的获取与运用能力有限，不能及时做出正确的健康决策，自我效能较低，进而影响健康水平。例如，糖尿病患者不会使用血糖检测仪、老年人不会使用可穿戴设备监测日常健康指标、慢性病老年患者不会使用智能技术督促日常药品按时服用、老年人不会使用辅助性康复产品进行术后康复锻炼等。世界卫生组织在2016年全球健康促进大会上指出健康促进涵盖一系列意在解决和预防不良健康根源的社会和环境干预方法，不仅侧重在治疗和治愈方面，而健康素养是三大健康促进因素之一。

在信息化、智能化时代，数字技术发展一方面可以提高个体健康素养/行为，数字技术为个体获取和学习健康知识提供了更多渠道和平台，如视频、音频资料、权威网站等，个体通过信息获取和自我学习，提高智能技术和医疗服务利用水平，提高自我赋能感和个体独立生活能力，最终提高身心健康水平。通过计算机多媒体教育，可以帮助患者理解健康教育材料，增加短期健康行为（Jacobson et al., 1999）。美国的健康素养咨询（Health Literacy Consulting）网站[①]为公众和医护人员提供专业技术咨询、健康知识宣传、健康知识培训等，网站用通俗易懂的方式向用户传播和普及健康知识，从而提高自身健康水平。个体可以通过互联网获取更多健康信息，掌握更多健康知识，进而提高自身生理健康水平（Cohall et al., 2016）。互联网使用能够在老年人的自我管理中发挥作用，老年人通过互联网使用获得与健康相关的信息（Moult et al., 2019）。

第四节　数字技术、社会参与与健康促进的理论分析框架

本书在研究数字技术和社会参与内在影响机制的基础上，重点探讨在数字化时代数字技术和社会参与如何对老年健康产生影响，以及社会参与在数字技术和老年健康的关系中所起到的中介作用，然后以此来系统梳理数字化时代如何有效促进老年社会参与，提升老年人健康水平。

一、数字技术、社会参与及健康促进的内在机理

数字化时代为实现积极老龄化和健康老龄化带来了机遇和挑战，数字融合、数字赋能创新了智享养老等老年健康服务新模式，有助于提升老年人的健康素养和健康管理能力。跨越“数字鸿沟”的老年人可以更好地享受数字技术红利，参与数字化社会建设，利用数字化媒介等实现社会服务赋能、家

① 健康素养咨询网站，http：//www. healthliteracy. com。

庭代际赋能、个体心理赋能，促进社会参与。老年人的数字社会参与、数字社会融合又进一步提升了数字参与及使用机会，增强数字技术素养，促进数字社会适应，提升老年人的自我效能感、时代幸福感。

数字技术、社会参与与老年健康的关系如图 1–6 所示。

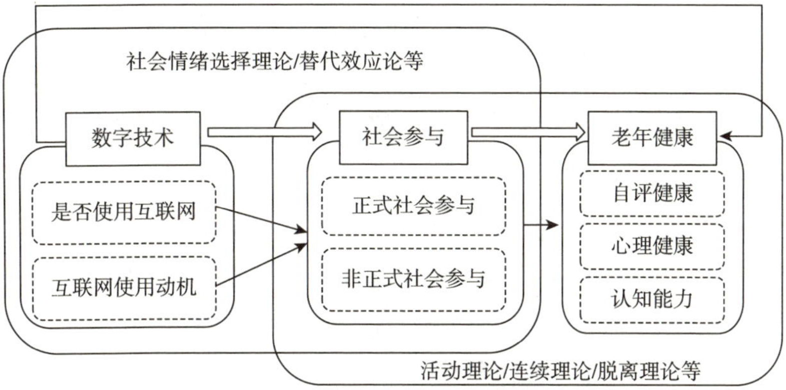

图 1–6　数字技术、社会参与与老年健康的关系

从图 1–6 中可以看出数字技术、社会参与和老年健康三者之间相互关联，梳理三者的内在影响机理有助于促进老年人数字文化知识、数字技能应用素养，提升老年人的社会参与热情和动力，有效开发利用老年人力资源，最终实现积极老龄化和健康老龄化。

（一）社会参与的影响机制

以活动理论、连续理论、社会情绪选择理论等为基础，构建不同类型社会参与的促进机制，重点分析数字技术对老年人社会参与的影响，主要包括以下几个方面。

1. 老年人经济参与的影响机制

环境因素和能力因素是影响老年人力资源开发的重要因素。数字技术为老年人提供多样性的学习平台，提升经济参与能力，拓宽经济参与渠道，延长了社会贡献周期。

2. 老年人公益参与的影响机制

信息不充分、公益组织发展不成熟以及老年人自身因素等影响老年人公益参与。信息的跨时空实时互动使网络世界与现实社会充分链接，微信等数字化社交媒体彻底改变了传统的社会互动模式，促进老年人更广泛地参与到志愿服务中，提升自我赋能感和社会认同感。

3. 老年人家庭参与的影响机制

家庭关系、社会交往、健康水平等都是影响老年人是否进行家庭参与的重要因素，家庭参与与其他社会参与间有替代效应。数字技术通过个体要素和环境要素等影响家庭参与，比如数字技术促进老年人与社会保持密切联系，获取情感支持和工具型支持，进而提升家庭照料的能力和可能性。

（二）社会参与促进老年健康的作用机制

以社会资本理论、社会交换理论、自我价值理论等为基础，从社会联结、兴趣培养、社会贡献等路径构建社会参与促进老年健康的影响机制分析框架，综合分析社会参与对老年健康的影响，主要包括以下两个方面。

1. 社会参与对老年人健康影响的社会联结机制

信息的跨时空实时互动使网络世界与现实社会充分链接，数字化社交媒介（如微信、抖音等）彻底改变了传统的社会互动模式，提高了老年群体人际交往能力和机会，拓展了人际交往网络，减少了社会隔离和孤独感，提升了社会支持水平，进而影响老年人心理健康。

2. 社会参与对老年人健康影响的自我效能提升机制

老年人通过线上线下等多种途径开展志愿者服务、参与公共事务、实现再就业等，以保持和延续老年人退休前的生活方式，延长社会贡献周期。老年人在贡献知识、技能的同时收获了友谊、尊重、信任、知识等社会资本，提升了自我赋能感和社会认同感，有利于身心健康，防止抑郁症状的发生或增加。数字技术为老年人提供多样性技能学习与兴趣交流平台，促进老年教育资源整合共享，形成线上线下协同的兴趣/技能交流圈。兴趣/技能培养过程有利于老年人与社会保持密切联系，提升老年人认知能力，获取情感支持和工具型支持；有利于丰富老年人的角色期望，促使其保持独立和活力，提高生活满意度。

（三）数字技术对老年人健康促进的影响机制

以护航理论、网络增益效应论、网络个人主义等理论为基础，从不同用途的数字技术使用出发，构建数字技术使用对老年人健康的影响机制框架，主要包括社会联结、健康素养/行为等影响机制，重点分析社会参与在数字技术使用对老年人健康影响关系中的中介作用。

1. 数字技术使用对老年人健康的社会参与影响机制

根据老年人使用的互联网、智能手机等信息技术，分析老年人如何适应社会经济、家庭发展变化，改变出行、购物、看病等日常生活方式，积极参与社会活动，进而影响老年人的社会参与能力。

2. 数字技术使用对老年人健康的社会联结和健康素养/行为影响机制

根据老年人使用的互联网、智能手机、微信等社交应用程序（App），分析数字技术对老年人际情感的影响，甄别数字技术在扩大或保持老年人的社会联系、减少孤独和抑郁方面是否增加了社会隔离风险并使老年人心理健康受损。根据老年人使用互联网、智能手机、运动健康应用程序、健康管理系统、智能可穿戴设备等，分析老年人通过信息搜寻获取健康知识，提高健康素养，形成健康生活行为，抑或是沉迷网络，形成不良生活习惯，进而影响身心健康。

二、理论分析框架

在上述基础理论和影响机理分析的基础上，本节构建了数字化时代老年人社会参与及其健康促进的理论分析框架。信息化、数字化发展在扩大老年人数字不平等的同时也提升了老年人接受和使用数字技术的概率，在推动经济高质量发展、共享经济发展成果以及积极建设老年友好型数字社会的背景下，发挥数字化对老龄化社会经济运行的积极作用，实现老龄化与数字化的融合发展。数字技术适老化促进老年人主动拥抱数字技术，进而发挥助力智慧健康养老、扩大社会联结、提升社会参与、丰富老年生活等积极作用。通过研究可以发现，数字技术对老年人社会参与的作用是双面的，在拓宽社会参与渠道、提升参与便利性的同时也有可能因为沉迷网络而导致线下其他参与活动形式减少，需要合理引导、有效利用。社会参与是实施积极老龄化的有效路径，不同个体在不同类型社会参与能力、参与意愿、参与途径上具有显著差异，需要依据个体特征提出有针对性的促进措施；外部环境是影响社会参与的重要因素，如社区老年友好环境、社会参与外部资源环境、老化态度等，需要建立政府、社会、企业、社区、家庭等多方联动机制来提升老年人的社会参与度。促进社会参与有利于提升老年人健康水平，社会参与也是数字技术与健康促进之间的中介传导变量，社会参与通过扩大社会联结、提升社会支持、增强自我效能等方式，让老年人减少孤独感、增加幸福感、提高生活质量等，进而实现健康促进。数字化时代老年人社会参与及其健康促进的理论分析框架如图 1-7 所示。

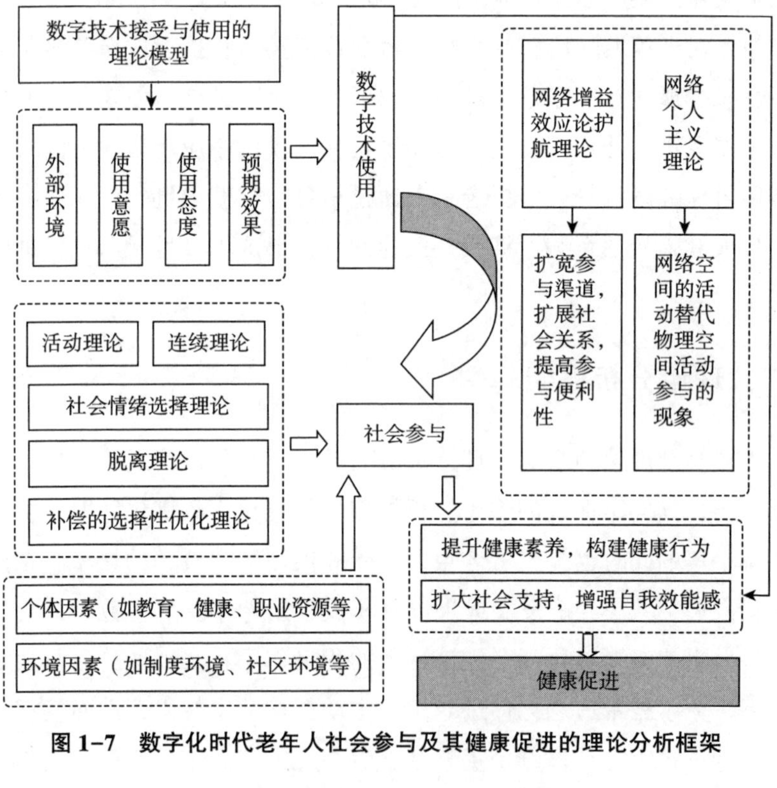

图 1-7　数字化时代老年人社会参与及其健康促进的理论分析框架

第二章　我国人口老龄化及老年人健康变动趋势

1990—2020 年四次人口普查数据显示，我国人口老龄化规模和增速都在不断提升。1990—2020 年，65 岁及以上人口从 6368 万人增加到 19064 万人，增长了 1.99 倍，65 岁及以上人口占总人口的比重从 5.6%上升到 13.5%，涨幅达到 141%。2022 年底，我国以 60 岁及以上人口占比 19.80%为主要特征，即将迈入中度老龄化社会。我国老年人口规模将以较快速度持续攀升，本节将从积极老龄化视角，系统梳理我国人口老龄化的发展阶段，剖析人口老龄化特征，深入考察老年人口健康水平变动趋势，为促进老年人社会参与，积极应对人口老龄化提供人口学背景资料。

第一节　中国人口老龄化变化趋势

一、人口转变理论

（一）人口转变阶段

人口转变理论产生于 20 世纪 30 年代，主要源于对西方国家人口死亡率和生育率变化的历史进程的描述和解释，其中以法国人口学家兰德里，美国人口学家汤姆逊、诺特斯坦和科尔，英国人口学家布莱克等的转变理论为代表。不同学者对人口转变的阶段划分及其理论诠释存在分歧，但人口发展过程主要分为 3 个阶段：①初始阶段表现为出生率高、死亡率高、自然增长率低；②中间阶段的特征为死亡率先下降，出生率随后下降，自然增长率先提高后降低；③现代阶段则以低死亡率、低出生率、低自然增长率为基本特征。死亡转变和生育转变是人口转变的两个基本要素，人口转变以死亡率从高到低的下降为先导，生活水平提高、医学技术进步、公共卫生服务改善等使各国死亡率逐步下降，人类无须维持高生育率来保证基本人口数量。随着传统农业社会向工业社会的转变，工业革命带来了社会经济的发展和现代化，女性从家庭走向经济社会，教育系统化、规范化提高了子女养育成本，家庭“以孩子为中心”等因素使生育率呈现下降趋势。生育转变是死亡率下降的结果。当生育率和死亡率相继降至较低水平，生育率稳定在更替水平时，人口转变过程结束。

人口转变经历了生育率、死亡率和自然增长率变动的“高—高—低、高—低—高、低—低—低”3个阶段，其中死亡转变与生育转变之间既相互独立又相互影响，表现为趋势共向性、水平差异性和转变时滞性3个特点（宋健和张晓倩，2021）。无论死亡率还是生育率的初始水平如何，最终的变化趋势都是下降，即趋势共向性；死亡率总是会低于生育率，在不同转变时期，两者的差额会有所不同，即水平差异性；死亡转变与生育转变并不同步，两者间存在一个时滞，生育率的下降普遍滞后于死亡率的下降，两者下降的相对速度决定了时滞的长短，即转变时滞性。学者们一致认为人口变化过程是每个社会都必须经历的过程，并且呈现同样的发展路径（Coale，1989）。人口生育率降至更替水平以后将趋于稳定，形成所谓的“静止人口”或“稳定人口”。

20世纪60年代中期，西北欧的多数国家率先完成人口转变过程，并出现了一些新的人口和社会现象，如离婚率上升、婚龄推迟、同居者与不婚不育者增多等。这些国家生育率的下降并没有在到达更替水平时停止，而是降至更替水平以下，人口出现负增长。1986年，欧洲学者列思泰赫和范德卡根据这些新变化，提出了“第二次人口转变”，力图解释生育率降至更替水平以后继续下降的原因，找寻人口转变完成以后可能的新平衡或者人口走向。但是，这种转变到底是真正意义上的第二次人口转变（Second Transition）还是延伸出来的“次生转变”（Secondary Transition），在学术界仍然存在争议。第二次人口转变是指在死亡率和生育率均降至低水平后，死亡率维持在相对稳定状态，而生育率继续下行，不仅跌破预期的2.1的更替水平，甚至进入低于1.5

的“低生育率陷阱”（宋健和张晓倩，2021）。这一转变过程更多地与婚姻家庭观念变化、文化和社会结构变迁有关。范德卡（2001）提出社会结构的高度差异性、互动性、开放性，使个人对家庭的依赖性降低；文化价值多元性强调个人价值实现；信息技术和避孕技术等直接影响个人的生育观念与行为等因素使第二次人口转变得以实现。女性自我价值实现、家庭以子女为中心到以夫妻为中心、追求个人主义等是发生这一变化的主要原因（於嘉和谢宇，2019）。第一次人口转变始于死亡率下降，第二次人口转变则始于生育率的下降。20 世纪 90 年代，欧洲部分国家的总和生育率达到 1.3 以下（Kohler et al.，2001）。极低的人口生育率无法维持人口再生产的平衡，这种现象如果扩散至世界其他国家，未来人口发展可能出现新的危机。

（二）不同人口转变阶段与人口老龄化

人口转变是人口死亡率和出生率从高水平向低水平下降的过程。最初人口死亡率下降启动，此时的死亡率下降主要集中在少儿人口组，间接提高了人口出生率，使人口结构年轻化。在死亡率持续下降的同时出生率开始启动下降，少儿人口开始缩减，进而导致中老年人口在总人口中的比例增加，人口年龄的中位数上升，人口结构从成年化阶段步入老年化阶段，人口老龄化问题出现。

当死亡率先于出生率下降时，人口自然增长率提高，此阶段人口年龄结构呈现“年轻化”态势。随着出生率持续下降，人口自然增长率降低，少儿人口数量减少，老年人口占总人口比重相对扩大，产生老龄化。此时出生率下降对老龄化的影响大于对死亡率的影响，人口老龄化的形成主要是出生人口绝对数量减少促使总人口的基数下降，进而导致老年人口占比相对上升，因此这个阶段的老龄化被认为是“生育率主导”（Fertility-dominated）的老龄化。少儿人口比重逐渐减少，劳动年龄人口比重逐渐增长，反映在人口年龄金字塔上为底部收缩的态势，被称为“底部老龄化”（见图 2-1），人口结构步入成年化阶段。

当总和生育率下降至接近或低于生育更替水平时，少儿人口比重下降，劳动年龄人口和老龄人口比重上升，人口老龄化速度加快，人口结构开始转变为老年型人口。死亡率下降主要集中于老年人口群组，直接通过增加老年人口绝对数量对老龄化产生影响，这种人口老龄化被称为“死亡率主导”(Mortality-dominated）的老龄化，在人口金字塔上表现为顶端部分变大变宽，亦称“顶端老龄化”。进入顶端老龄化以后，人口老龄化速度加快，逐步步入老龄化、深度老龄化和超级老龄化社会。

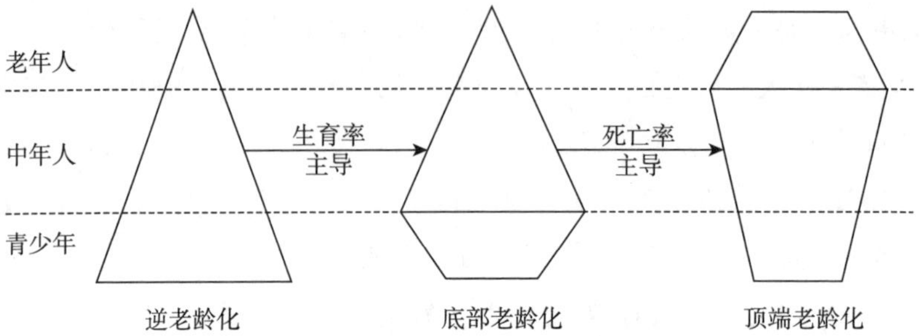

图 2-1　人口转变与人口年龄结构老龄化

二、中国人口转变与人口老龄化演变

（一）中国的人口转变过程

中国的人口转变也基本遵循人口转变的一般规律，但是这一转变过程用时相对较短，大约为 50 年，属于世界上老龄化速度最快的国家之一（刘爽等，2012)，也是第一个完成人口转变的发展中国家（王桂新，2002)。从全球人口转变来看，1900 年以前启动人口转变的欧洲国家，基本都用了 100 年左右的时间完成了人口的自然转变过程，第二次世界大战以后开始人口转变的国家，转变过程被大大缩短，大多耗时数十年。

中国人口转变也经历了出生率和死亡率从“高—高”到“高—低”的过渡，最后向“低—低”转换的历史过程（见图 2-2)。

从图 2-2 中可以看出，从 1950 年开始，中国人口死亡率率先下降，从 1950 年的 18‰降至 1971 年的 7.34‰，下降了近 60%（除了 20 世纪 60 年代初三年困难时期短暂出现过上涨)。1975 年以后，人口死亡率波动较小，基本保持在 6‰~7‰。20 世纪 70 年代以前中国人口出生率基本保持在 30‰以上，为了控制人口快速增长，中国实行了严格的计划生育政策，生育率开始下降，

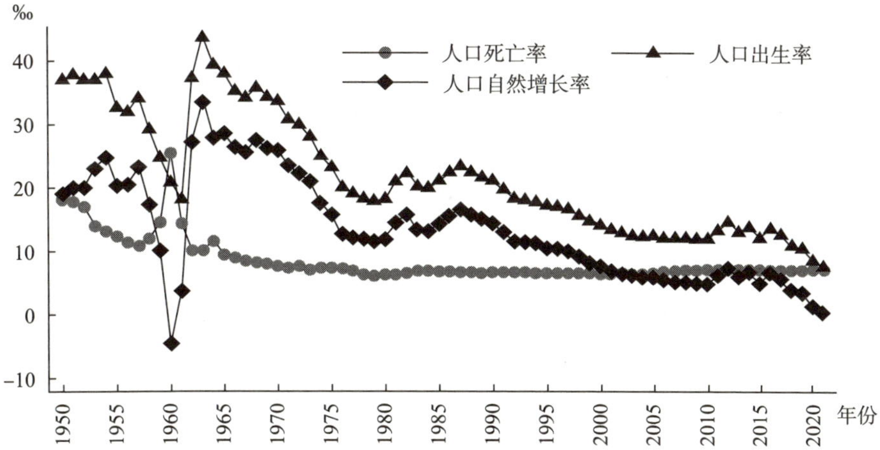

图 2-2　中国人口结构变化过程

20 世纪 80—90 年代人口出生率保持在 20‰左右，随后人口出生率快速下降，到 2021 年，中国人口出生率仅为 7. 52‰。1970—1975 年，全国总和生育率为 4. 85，随后这一指标大幅下降，1990—1995 年，总和生育率已降至 1. 83，低于更替水平。1974 年以前，中国人口自然增长率基本上保持在 20‰以上；随后人口自然增长率持续下降，1998 年以后，中国的人口自然增长率一直低于 10‰，到 2015 年这一比率已经降至 4. 93‰。20 世纪 90 年代，中国已经完成向出生率、死亡率和人口自然增长率均处于较低水平的人口转变过程。与此同时，中国的大城市、特大城市在婚姻、生育、家庭的变化上都呈现出第二次人口转变中的人口行为特质，而且这一现象正在逐步扩散。

人口再生产类型的转变使我国人口年龄结构相应发生了变化，导致老龄化水平不断提高，人口逐步迈向负增长阶段。人口结构变化的主要表现为平均预期寿命的不断提高和育龄妇女总和生育率的持续下降。改革开放以来，我国经济持续快速增长，经济总量连上新台阶，经济规模跃居世界第 2 位，人均国内生产总值成功从低收入国家迈入中等偏上收入国家行列。经济社会高质量发展为人民健康提供了坚实基础。联合国经济和社会事务部（2019）指出，1951—1955 年，中国人口平均预期寿命为 43. 83 岁，比亚洲人口平均预期寿命多 1. 53 岁，但是比欧洲人口预期寿命少将近 20 岁。1971—1975 年，中国人口平均预期寿命提高至 61. 68 岁，跟欧洲人口预期寿命的差距缩短了

11 年；到 2000 年，中国人口平均预期寿命已超过 70 岁，达到 70.58 岁；到 2020 年，中国人口平均预期寿命达到 76.62 岁，达到中高收入国家前 1/3 的水平，比欧洲人口预期寿命仅少 1.71 岁（见表 2-1）。

表 2-1 中国人口预期寿命及其国际对比 单位：岁

年份	中国	亚洲	欧洲	全球
1951—1955	43.83	42.30	63.69	46.96
1956—1960	44.47	44.57	67.13	49.37
1961—1965	44.55	46.49	69.21	51.18
1966—1970	55.47	52.68	70.05	55.43
1971—1975	61.68	56.38	70.62	58.09
1976—1980	65.51	59.19	71.05	60.27
1981—1985	67.75	61.45	71.66	62.07
1986—1990	68.92	63.46	72.84	63.71
1991—1995	69.37	64.98	72.67	64.56
1996—2000	70.58	66.55	73.11	65.63
2001—2005	72.26	68.33	73.80	67.05
2006—2010	73.68	70.03	75.30	68.92
2011—2015	75.14	71.83	77.18	70.88
2016—2020	76.62	73.28	78.33	72.28

资料来源：United Nations Department of Economic and Social Affairs. 2019 Revision of World Population Prospects [EB/OL].（2020-11-16）[2024-02-20]. https：//population. un. org/wpp/.

另外，20 世纪 50—60 年代，人口出生率一直维持在较高水平。为了控制人口过快增长，中国开始实行计划生育政策，育龄妇女的总和生育率持续下降（见表 2-2）。

表 2-2 中国人口总和生育率及其国际对比

年份	中国	亚洲	欧洲	全球
1951—1955	6.11	5.83	2.66	4.97
1956—1960	5.48	5.59	2.66	4.90

续表

年份	中国	亚洲	欧洲	全球
1961—1965	6.15	5.80	2.57	5.02
1966—1970	6.30	5.75	2.37	4.93
1971—1975	4.85	5.06	2.17	4.47
1976—1980	3.01	4.10	1.98	3.86
1981—1985	2.52	3.69	1.88	3.59
1986—1990	2.73	3.50	1.81	3.44
1991—1995	1.83	2.90	1.57	3.01
1996—2000	1.62	2.61	1.43	2.78
2001—2005	1.61	2.45	1.43	2.65
2006—2010	1.62	2.33	1.56	2.58
2011—2015	1.64	2.21	1.60	2.52
2016—2020	1.69	2.15	1.61	2.47

资料来源：United Nations Department of Economic and Social Affairs. 2019 Revision of World Population Prospects［EB/OL］.（2020-11-16）［2024-02-20］. https：//population. un. org/wpp/.

从表 2-2 中可以看出，1966—1970 年中国总和生育率为 6.30，1981—1985 年仅为 2.52，2001—2005 年，中国总和生育率已降至 1.61。育龄女性人数减少和生育意愿下降，导致人口出生率持续下降。2016 年为了缓解人口压力，中国调整计划生育政策，开始实施二孩政策，2016—2020 年，总和生育率小幅度提高，为 1.69，但是作用有限。2021 年人口出生率跌至历史最低值 7.52‰。无论与亚洲、欧洲还是全球人口总和生育率相比，中国人口总和生育率下降速度最快。20 世纪 50 年代，中国的人口总和生育率均高于亚洲、欧洲和全球平均水平，其中是欧洲的 2.3 倍。但是到 2020 年，中国人口总和生育率已基本与欧洲平均水平持平，比亚洲平均水平低 0.46，比世界平均水平低 0.78。

（二）中国人口老龄化的演变阶段

20 世纪 80 年代我国实施的计划生育政策使中国人口出生率大幅下降，少儿人口数量减少，老年人口数量相对增多，人口结构进入底部老龄化阶段。

人口死亡率维持在较低水平，人口出生率持续下降，中国人口结构发生根本性转变，老龄人口规模迅速扩大，21 世纪初，中国正式进入老龄化社会。在总和生育率持续走低和预期寿命持续提高的双重作用下，人口老龄化进入加速阶段，并于“十四五”期间进入深度老龄化社会。人口老龄化是人类社会发展的必然结果，由此也带来了劳动力供给、养老负担、消费投资以及经济增长动力等问题。人口长期均衡发展是关系中华民族生存与发展的大问题，是实现中华民族伟大复兴中国梦的必要保障，党的十九届五中全会通过的《中共中央关于制定国民经济和社会发展第十四个五年规划和二〇三五年远景目标的建议》明确提出“实施积极应对人口老龄化国家战略”，这标志着实施积极应对人口老龄化国家战略已成为中国人口长期发展的主要任务。中国1950—2050 年人口年龄结构分布及老年抚养比、少儿抚养比和总抚养比分别见图 2-3、图 2-4。

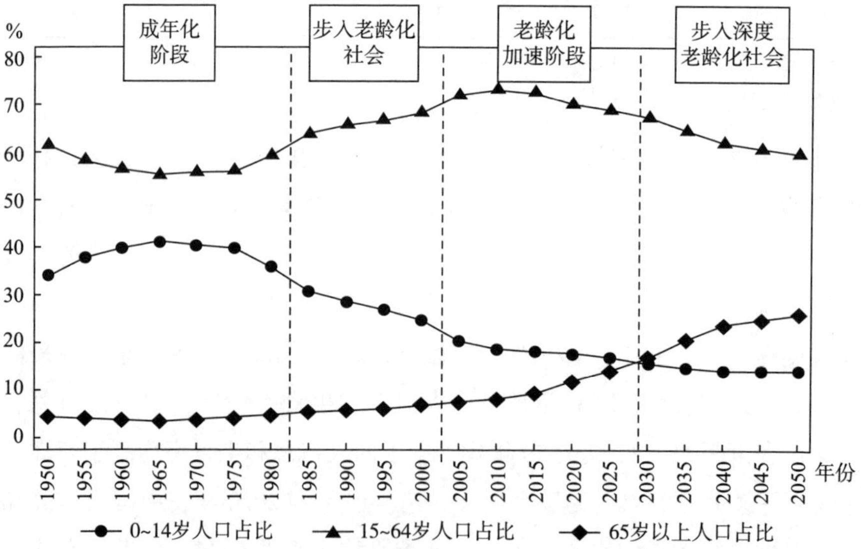

图 2-3　中国 1950—2050 年人口年龄结构分布

资料来源：United Nations Department of Economic and Social Affairs. 2019 Revision of World Population Prospects［EB/OL］.（2020-11-16）［2024-02-20］. https：//population. un. org/wpp/.

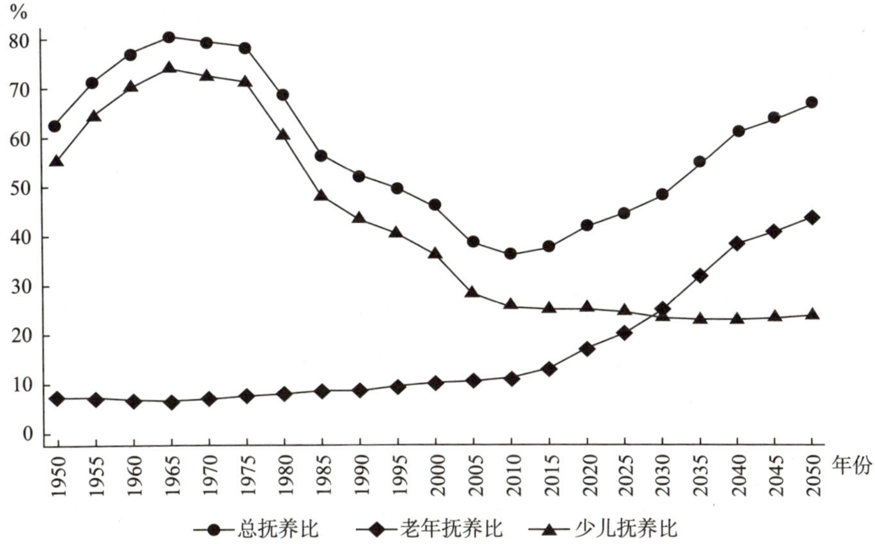

图 2-4　中国 1950—2050 年老年抚养比、少儿抚养比和总抚养比

资料来源：United Nations Department of Economic and Social Affairs. 2019 Revision of World Population Prospects［EB/OL］.（2020-11-16）［2024-02-20］. https：//population. un. org/wpp/.

1. 成年化阶段（1950—1980 年）

1950—1980 年，中国总和生育率持续下降，从 6. 11 降至 3. 01，少儿人口数量下降。1953—1980 年，中国 65 岁及以上人口占比从 4. 41%上升至 4. 7%，老年人口数量增加，但是老年人口整体规模较小，增速较缓，15～64 岁人口占比呈上升态势，人口结构相对年轻。

2. 步入老龄化社会（1981—2000 年）

根据联合国确定的划分标准，当一国 60 岁及以上人口比例超过 10%或者 65 岁及以上人口比例超过 7%时，则该国进入老龄化社会；当这两个指标增长 1 倍即 60 岁及以上人口比例超过 20%且 65 岁及以上人口比例超过 14%时，该国进入老龄化社会或中度老龄化社会。低出生率、低死亡率和低人口增长率导致老龄人口数量迅速增加。依据联合国标准，我国 2000 年已经进入老龄化社会。1981—2000 年，0～14 岁人口占比从 35. 9%下降到 24. 9%，65 岁及以上人口占比则从 4. 7%上升至 7. 0%。少儿抚养比持续下降，从 60. 5%降至 36. 2%。老年人口抚养比提升速度相对缓慢，20 年间只提高了 2. 1 个百分点。

少子化造成底部人口数量减少，通过“分母效应”提高老龄化水平，即“底部老化”作用。根据穆光宗、茆长宝（2017）的测算结果，1982—2015年，我国65岁及以上人口比重因少儿人口比重降低而提升了2.14个百分点，占同期老年人口比重上升水平的38.5%。人口少子化使我国人口老龄化社会的到来时间至少提前了10年。

3. 老龄化加速阶段（2001—2020年）

在总和生育率持续下降和人口预期寿命不断提高的影响下，中国65岁及以上人口规模及其平均增长速度均呈上升态势，65岁及以上人口占比从2000年的7.0%上涨到2020年的13.5%，涨幅达到93%。2001—2010年，中国65岁及以上人口占比上升了1.91个百分点。2011—2020年，这一占比则上升了4.63个百分点。2011—2020年老年人口平均增长速度是2001—2010年的2.42倍。2016年实施二孩政策以后，出生人口数量出现小幅上涨，但是在结婚意愿、生育意愿普遍下降，养育成本逐年提高的多重影响下，出生人口数量持续下降的趋势并没有发生逆转。15~64岁劳动年龄人口数量占总人口数的比重在2010年达到峰值（74.5%）以后，也开始缓慢下降。老龄化加速阶段，少儿抚养比下降速度变缓，2011年以后基本维持在23%左右，但是老年人口的抚养比则呈现快速上升趋势，从9.9%上升至19.7%，人口老龄化压力加剧。

4. 步入深度老龄化社会（2021—2050年）

第七次全国人口普查数据显示，60岁及以上人口为26402万人，占比18.7%，其中，65岁及以上人口为19064万人，占比13.5%。“十四五”时期，我国将步入中度老龄化社会，人口结构问题突出。翟振武等（2017）的预测结果（见表2-3）显示，中国老年人口规模将以较快速度持续攀升，60岁及以上人口在2053年达到峰值（4.82亿人），随后老年人口规模将以相对较慢的速度持续下降，这与United Nations（2019）的预测结果基本一致。中国60岁及以上人口占比到2050年将达到31%（United Nations，2019），老龄人口的高龄化趋势将持续加强。2021年，60~69岁低龄老年人口占全部老龄人口的比重为55.8%，80岁及以上高龄人口的这一占比为13.6%。到2050年，低龄老年人口占全部老龄人口的比重将降至43%，而80岁及以上高龄人口的数量将持续上升，占全部老龄人口的比例将达到23%（杜鹏等，2005；

原新，2022）。

表 2-3　2030—2090 年我国人口老龄化变动趋势预测

年份	年末总人口（亿人）	年龄结构				少儿抚养比（%）	老年抚养比（%）	总抚养比（%）
		60 岁及以上		65 岁及以上				
		人口数（亿人）	比重（%）	人口数（亿人）	比重（%）			
2030	14. 54	3. 70	25. 45	2. 54	17. 47	25. 08	26. 47	51. 55
2040	14. 30	4. 34	30. 35	3. 43	23. 99	21. 56	38. 41	59. 97
2050	13. 78	4. 79	34. 76	3. 58	25. 98	23. 67	43. 48	67. 15
2060	12. 89	4. 52	35. 07	3. 81	29. 56	24. 02	52. 06	76. 08
2070	11. 96	4. 07	34. 03	3. 31	27. 68	21. 78	46. 67	68. 45
2080	11. 13	4. 04	36. 30	3. 12	28. 03	22. 73	47. 87	70. 60
2090	10. 41	3. 89	37. 37	3. 25	31. 22	23. 03	55. 92	78. 95

资料来源：翟振武等（2017）。

（三）中国人口老龄化特征

1. 老年人口规模大且增长速度快

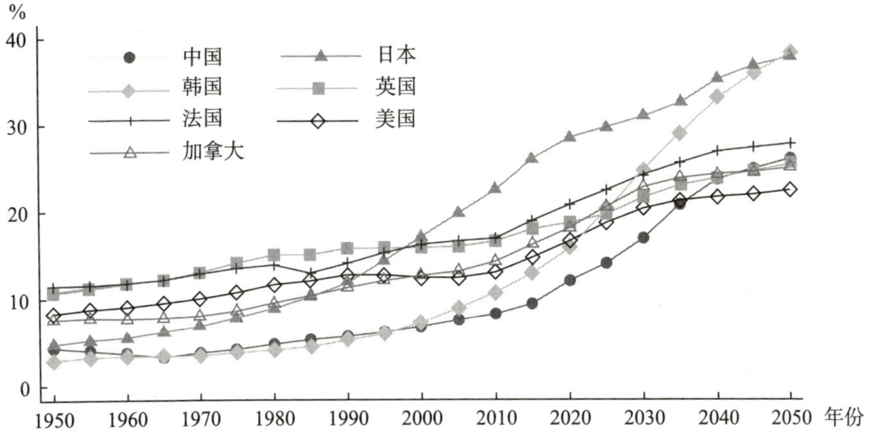

图 2-5　1950—2050 年世界部分国家 65 岁及以上人口占比

资料来源：United Nations Department of Economic and Social Affairs. 2019 Revision of World Population Prospects［EB/OL］.（2020-11-16）［2024-02-20］. https：//population. un. org/wpp/.

如图2-5所示，中国从2000年步入老龄化社会以后，老龄人口规模迅速扩大，老龄人口占比大幅提升。1950年，中国65岁及以上人口占比为4.4%，2000年，这一比例达到7%，进入老龄化社会。中国耗时50年使65岁及以上人口占比提高了2.6个百分点。预计到2025年，中国65岁及以上人口占比将达到14%，这意味着中国从老龄化社会进入深度老龄化社会只花了25年时间，远低于其他国家（见表2-4），甚至比老龄化程度最高的日本都要提前1年。

表2-4　部分国家人口老龄化速度

国家	65岁以上人口比例达到时间		所需时间（年）
	7%	14%	
中国	2000年	2025年	25年
日本	1970年	1996年	26年
英国	1930年	1975年	45年
瑞典	1910年	1975年	65年
德国	1890年	1975年	85年
美国	1950年	2015年	65年
法国	1865年	1980年	115年

资料来源：邬沧萍，杜鹏，姚远，等．老年社会学［M］．北京：中国人民大学出版社，1999：160.

从国际比较来看，1950年，中国与韩国、日本等亚洲国家老龄化水平持平，65岁及以上人口占比分别为4.4%、4.9%和2.9%，人口年龄结构相对年轻化；此时法国、英国、美国等欧美国家已经进入老龄化社会，65岁及以上人口占比分别达到11.4%、10.8%和8.2%。到2020年，中国、韩国、日本的老龄化占比逐步向欧美国家逼近，其中日本的老龄化水平已经超过欧美国家。相较而言，中国的老龄化程度低于日本和韩国，但是老龄化进程和速度远高于欧美国家，预计到2050年，中国、韩国、日本等国的老龄化程度将超过欧美国家，人口老龄化的潜在压力巨大。

2. 未富先老

过去40多年，中国经历了前所未有的经济增长奇迹，创造了举世瞩目的经济发展成就，GDP总量提升至全球排第2名。但中国是人口大国，人均GDP处于较低水平，2020年，中国人均GDP世界排第68名，经济发展水平仍属于发展中国家，还未达到发达国家的富裕程度。从人口结构来看，中国人口老龄化程度已经达到较高水平。2020年，中国65岁及以上人口占比达到13.5%，并将于2025年前步入深度老龄化社会。老龄化程度加剧发生在经济富裕之前，这种“未富先老”将给中国社会保障系统、医疗健康服务、劳动力市场等带来巨大挑战，进而影响中国经济的潜在增长能力。从图2-6和表2-5中可以看出，中国人口老龄化程度与其他发达国家的差距在急剧缩小，但是人均GDP仍然存在较大差距。从亚洲国家来看，中国、日本和韩国等国人口老龄化速度均非常快，日本和韩国人口老龄化速度甚至快于中国，但是中国人均GDP与日本和韩国均存在较大差距。中国人均GDP虽然迅速提升，但是由于我国经济发展起步晚、底子薄，与其他国家差距较大，经过40多年的发展，中国人均GDP从1980年的430美元提高至2020年的10370美元，增加了23.12倍，但是却只占韩国人均GDP的33.1%。与欧美发达国家相比，中国人口老龄化的增长速度快于这些国家，人口老龄化整体程度虽然低于这些国家，但是与它们的差距在逐渐缩小，比如1980年，中国65岁及以上人口占比为4.7%，比美国低6.9个百分点，但是到2020年，两者差距缩小为3.1个百分点。中国人均GDP与欧美国家的差距更大，2020年，美国人均GDP是中国的5.65倍。从欧美国家的发展轨迹来看，这些国家人口老龄化加剧均发生在人均GDP处于较高水平以后，这为应对人口老龄化提供了有利的经济基础和财富保障。比如2020年，中国65岁及以上人口占比与1980年法国的老龄人口占比基本持平，比美国的老龄人口占比高出1.9个百分点，但是中国的人均GDP只占法国人均GDP的29%、美国人均GDP的18%。“未富先老”意味着中国应对人口老龄化将面临更大的挑战。

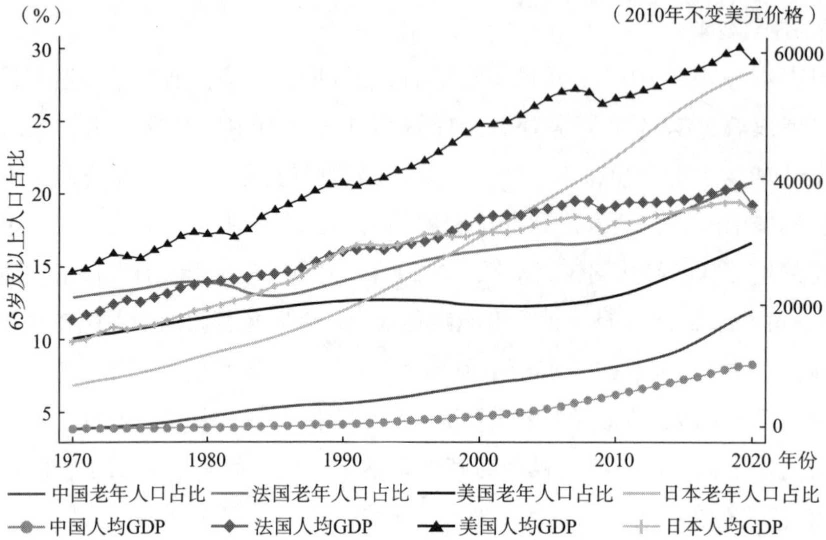

图 2-6　中国、日本、法国、美国 1970—2020 年 65 岁及以上人口占比与人均 GDP

表 2-5　不同国家老龄人口占比和人均 GDP 对比

国家	65 岁及以上人口占比（%）				人均 GDP（2010 年不变美元价格）			
	1980 年	2000 年	2010 年	2020 年	1980 年	2000 年	2010 年	2020 年
中国	4.7	7.0	8.9	13.5	430	2194	5647	10370
日本	8.9	17.2	23.0	28.4	19345	31431	32942	34813
韩国	4.1	7.2	10.7	15.8	4056	16992	25451	31361
德国	15.7	16.3	20.8	21.7	23757	34476	37746	41259
法国	13.9	16.0	16.8	20.8	23562	33584	35625	35765
英国	14.9	15.9	16.6	18.7	23978	39229	42488	43020
美国	11.6	12.4	13.1	16.6	31142	48689	52760	58560

资料来源：世界银行网站，https：//data. worldbank. org. cn/indicator/NY. GDP. MKTP. KD？view=chart.

第二节　人口老龄化的应对策略：积极老龄化

一、积极老龄化的内涵

（一）积极老龄化的提出

老龄化（老化，Ageing）是一个涉及生物学、心理学、社会科学等多学科的概念，从生物学角度，老化主要指个体随着年龄增长，其身体机能逐步衰退和缺失的过程（Heemels，2010）；心理学关注于个体主动或被动接受并适应由生理功能衰退和社会地位带来变化的行为过程（Freund，1997）；社会科学则从老年人口（60 岁或 65 岁及以上）数量占总人口比重的提升过程定义老龄化（刘铮，1986）。

这些概念界定将老年人视为一群需要他人照顾、被歧视、被边缘化、被病态化的弱势群体，老年群体数量增加只会增加社会负担，不利于经济发展等。随着人类社会进步和发展，学者们开始质疑“消极老龄化”的观点，积极老龄化的思想开始萌生。格根（Gergen，2001）提出，传统的消极老龄观忽略了老年人的潜在成长和发展，否认了老年人的积极性、主动性和创造性。

在积极老龄化正式提出之前，学者们曾提出“成功老龄化”“生产性老龄化”和“健康老龄化”等老龄化范式。成功老龄化最早由哈维格·赫斯特（Havig Hurst）和阿尔布雷希特（Albrecht）于 20 世纪 50 年代提出，罗伊等（1987）将成功老龄化界定为低患病率、高认知和身体功能、积极参与，并开发了由生理、心理和社会 3 个维度组成的评估模型。成功老龄化强调老年人参与生产的意愿、能力与权利，改变了社会对老年人的负面观念。巴特勒（Butlter，1985）提出了“生产性老龄化”的概念，认为老年人应该从事有偿工作、参与各种形式的志愿者活动（正式或非正式）以及其他能够获得报酬的活动，这一概念将老年人从社会负担转变为潜在的社会生产力。1987 年，全球健康促进大会上提出了“健康老龄化”概念，包括为老年人提供良好的健康照护和社会服务、提供良好的社会环境以及老年人享有有尊严地活着和死去的权利（WHO，1987），健康老龄化强调个体的健康老化。这 3 种老龄化发展范式为积极老龄化的提出和发展奠定了理论基础，积极老龄化概念更加多维化，更具包容性和广泛性，所有改善个人、家庭、社区和社会福祉的重要活动都被视为积极老龄化的一部分（Foster and Walker，2015）。随着全球老龄化程度越来越严重，WHO 和欧盟（EU）等组织都提倡用积极老龄化来应对人口问题，将其作为老龄化政策制定的依据和指南（Hamblin，2013）。

（二）积极老龄化的界定

积极老龄化最早于 2002 年由 WHO 正式提出，积极老龄化是在个人健康、社会参与和安全保障等方面为老年人提供最佳机会，从而提高老年生活质量的过程。不同学者、组织从不同角度阐释了积极老龄化的概念，经济合作与发展组织（OECD）将积极老龄化定义为人们在社会和经济领域促进生产活动的能力，欧盟将其定义为老年人拥有健康身体，并且作为社会一员能够在生活中保持独立，在生活中获得满足，作为公民更多地参与社会。Caprara 等（2012）认为，积极老龄化包含身心健康、积极参与、家庭支持、良好的社会适应能力、人际关系和谐等内容，积极老龄化是提升老年人生活质量和延长预期寿命的一项策略（Di Gessa et al., 2014）。在积极老龄化概念界定中，WHO 的概念界定得到学术界的广泛认可。健康、参与和保障是积极老龄化政策的三大支柱。积极老龄化实现的关键在于参与，鼓励老年人进行更广泛的社会参与，老年人的自主性参与对社会均有积极贡献，老龄化社会不再被视为经济社会发展的阻力，老龄人口增加与经济社会可持续发展能够并行发展。在 WHO 积极老龄化框架下，各国纷纷制定并实施了积极老龄化政策（见表 2-6），主要包括延迟退休、医疗服务、老年人就业和参与、老年人教育等，这些实践探索为中国推进和实施积极老龄化国家战略提供了经验借鉴和启示。作为人口老龄化的主要政策框架，积极老龄化概念在政策制定、社会实践等方面发挥着重要作用。积极老龄化理论提出，在提高老年人生活满意度和幸福感的同时，要有效开发老年人力资源，减少老年人对社会公共资源的依赖，降低公共医疗费用和养老金的支出。

表 2-6　各国积极老龄化政策实践

政策内容	政策实践
延迟退休	2022 年，新加坡法定退休年龄调高至 63 岁，重新雇用年龄调高至 68 岁；日本、英国、澳大利亚等国均制定了延迟退休政策，鼓励老年人继续留在劳动力市场
医疗服务	日本全民医疗制度和长期老年护理保险制度覆盖了 65 岁以上所有老年人；英国实行《国民健康服务法案（NHS）》为老年人提供公费医疗
老年人就业和参与	日本政府鼓励老年人参与志愿者活动；英国制定《雇佣平等（年龄）规则》，赋予 65 岁以上老年人有继续工作的权利
老年人教育	新加坡出台再就业法推行老年人再教育；英国发动多方力量为老年人提供教育服务，如“第三年龄大学”（U3A）

二、积极老龄化的测度

在 WHO 积极老龄化框架下，不同学者、组织或政府基于本国实际构建了不同维度的积极老龄化测量指标体系，泰国是首个发布积极老龄化测量工具的国家，澳大利亚堪培拉大学从参与、健康和安全 3 个维度提出了积极老龄化测量工具，包括有偿/无偿工作、学习社交、精神、身体、财务保障等（University of Canberra，2006）。联合国欧洲经济委员会（UNECE）和欧盟（EU）（2012）联合提出了积极老龄化指数（Active Ageing Index，AAI），用于测度和比较欧盟各国在就业、社会参与、独立健康和安全生活、积极老龄化的环境和能力四个方面的水平，以定量分析欧盟积极老龄化水平，为政府制定政策提供参考依据。2012 年欧盟特别民意调查报告提出，积极老龄化包括为老年人创造更多的就业机会、消除社会排斥以促进老年人积极参与社会、通过预防保健环境友好等帮助老年人独立生活。[①] AAI 主要从宏观层面测量积极老龄化，忽视了老年人的个人能力和偏好差异。也有学者从个人层面测量积极老龄化，保罗（Paul）等（2012）从健康（主观健康、机体功能、日常生活活动能力功能、疾病）、心理因素（孤独、幸福、乐观、生活质量）、认知因素（认知能力、教育水平）、社会关系（家庭、朋友）、生物行为（握力、呼吸等）和性格（外向性等）六个方面测量积极老龄化；加利（Galli，2016）通过老年团体活动参与情况、工作状况、与朋友聚会、从事体力劳动、阅读习惯、体育活动等测量积极老龄化；马西拉斯（Marsillas）等（2017）从健康、ADL 功能、认知能力、情感、社会支持、使用 ICT、终身学习、工作、社会参与、休闲活动 10 个方面对 404 位西班牙社区老年人的积极老龄化情况进行了测量；谢晖（2019）基于 Delphi 法以 WHO 积极老龄化框架中健康、参与、保障三大支柱为基础构建了积极老龄化指标体系，包括躯体健康、心理健康、社会适应、生产性活动、精神文化活动、体力活动、社交活动、经济保障、政策法规保障和社区环境 10 个方面的 45 个指标。综合以往积极

① Eurobarometer，"Special Eurobarometer 378 'Active ageing'，" 2012，http：//europa. eu/ey2012/ey2012main. jsp？catId=971&langId=en.

老龄化的测量工具，本书将重点通过健康水平和社会参与水平的测量来评估我国积极老龄化水平。健康水平包括 ADL 功能、认知能力、心理健康等因素，社会参与水平包括生产性活动、政治性活动、公益性活动、家庭照料、娱乐文化活动等因素，本章将对老年人健康水平进行测量，而社会参与水平的测量将放在第五章。

第三节　中国老年人健康水平测量

健康是人生的根本，尤其对于老年人来说，健康问题是其关注的焦点。促进老年健康是积极应对老龄化的应有之义，是降低医疗服务支出和养老服务支出的根本举措。国家卫生服务调查数据显示，1993—2013 年，城乡 65 岁及以上人口慢性病患病率和两周患病率呈现不同变动态势，城市老年人口慢性病患病率和两周患病率呈现明显下降趋势，从 78.93%降至 58.98%，而农村老年人口慢性病患病率和两周患病率则呈现较为明显的上升趋势，从 39.82%升至 48.17%。截至 2019 年，75%以上的老年人至少患有 1 种慢性病，其中高血压患病率高达 58.3%，糖尿病患病率高达 19.4%（国家卫生健康委员会，2019）。城市老年人口的慢性病患病率和两周患病率仍然高于农村，但是两者的差距在逐渐缩小。随着我国公共卫生服务投入逐年增加，医疗服务资源均衡发展，老年健康服务从以治疗为主向以预防保健为主转变，老年人基本公共卫生服务利用率提高。基于以往的研究和数据的可及性，本节将综合使用 2005—2015 年人口普查数据、2018 年 CFPS 数据①和 2000—2018 年中国老年健康影响因素跟踪调查（CLHLS）数据②，以 60 岁及以上人口为研究样本，从自评健康、身体健康和心理健康 3 个维度评估老年人健康水平

① CFPS 数据库采用系统概率抽样方式，调查对象为除港澳台、新疆、西藏、青海、内蒙古、宁夏和海南以外的 25 个省（自治区、直辖市），覆盖了全国 95%的人口。调查初访始于 2010 年，问卷涉及个人教育、收入、户口、健康状况以及家庭人均收入、网络使用强度等数据。

② CLHLS 调查项目始于 1988 年，采用多阶段分层抽样方法，覆盖辽宁、吉林、黑龙江、河北、北京、天津、山西、陕西、上海、江苏、浙江、安徽、福建、江西、山东、河南、湖北、湖南、广东、广西、四川、重庆、海南等 23 个省（自治区、直辖市）。调查内容包括老年人的人口统计信息、社会经济特征、认知和行为能力评价、生活方式等。

现状，综合认识我国老年人健康状况变动规律。

一、老年人自评健康水平

自我评估健康水平指标是一个分类变量，2005—2015 年对身体健康的赋值标准不统一，2005 年人口普查将身体健康变量分为“身体健康”“基本能保证正常的生活、工作”“不能正常工作或生活不能自理”和“说不准”4 类；2010 年与 2015 年人口普查数据中专门调查了 60 岁及以上人口身体健康状况，将其划分为“健康”“基本健康”“不健康，但生活能自理”和“生活不能自理”4 类。这里用数字代表身体健康水平，依据健康水平从“健康”到“生活不能自理”进行排序，分别赋值为 1、2、3、4（见表 2-7）。

表 2-7　2005—2015 年按性别分类老年人健康水平的变动趋势

健康水平	2005 年			2010 年			2015 年		
	男	女	全样本	男	女	全样本	男	女	全样本
1	65. 11	56. 55	60. 83	48. 29	39. 71	43. 88	44. 55	36. 86	40. 60
2	20. 97	25. 09	23. 03	36. 82	41. 45	39. 20	40. 34	44. 44	42. 44
3	12. 64	16. 55	14. 59	12. 47	15. 44	13. 99	12. 98	16. 01	14. 54
4	1. 282	1. 815	1. 550	2. 420	3. 400	2. 920	2. 130	2. 690	2. 420

资料来源：2005—2015 年全国人口普查数据。

从表 2-7 中可以看出，老年人口的健康水平呈现下降态势，无论是从男性样本或女性样本还是从全样本数据，身体完全健康的老年人占 60 岁及以上人口的比例呈逐年下降趋势，从 2005 年的 60. 83%降至 2015 年的 40. 60%，但是下降趋势放缓。这部分群体转移到身体基本健康的老年群体中，身体基本健康的老年人占比呈逐年上升态势。生活不能自理的老年人占比从 2005 年的 1. 550%上升到 2010 年的 2. 920%，这里面涉及统计口径不一致。2005—2015 年，老年人健康水平在性别上的差异性相对比较稳定。与男性老年人相比，身体健康的女性老年人占比低 8～9 个百分点，身体基本健康的女性老年人占比高出约 4 个百分点，而身体不健康的女性老年人占比约高出 3 个百分点，生活不能自理的女性老年人占比略高于男性。根据 WHO 公布的数据，

2019 年中国女性预期寿命为 77.6 岁，比男性预期寿命高出 3 岁。能够真实反映一国健康水平的预期寿命为人均健康预期寿命，它往往低于人均预期寿命。根据国家卫生健康委 2018 年公布的数据，2018 年我国人均健康预期寿命比人均预期寿命低 8.3 岁。由于女性的预期寿命高于男性，意味着女性以不健康状况存活的时间也高于男性，所以导致处于不健康状态的女性占比高于男性。

从城乡结构的视角（见表 2-8），2005—2015 年，城市老年人的健康水平普遍高于城镇老年人，城镇老年人的健康水平高于农村老年人。无论城市、城镇还是农村老年人，健康水平处于“健康”状态的老年人占比随着时间的推移呈下降态势，其他 3 类健康水平的老年人占比则呈上升态势。在“基本健康”与“不健康，但生活能自理”的两类健康水平上，城乡老年人之间的差距相对较大，但是差距并未随时间的推移出现较大变动。从年龄结构来看，不同年龄段老年人的健康水平呈现明显差异，80 岁及以上老年人身体健康水平远低于 60~69 岁老年人。2015 年，身体健康的 80 岁及以上老年人占比是 60~69 岁老年人的 31.84%，而生活不能自理的 80 岁及以上老年人占比是 60~69 岁老年人的约 10 倍（见表 2-9）。

表 2-8　2005—2015 年按城乡分类老年人健康水平的变动趋势

健康水平	2005 年			2010 年			2015 年		
	城市	城镇	农村	城市	城镇	农村	城市	城镇	农村
1	67.14	63.89	56.62	50.19	45.76	40.51	48.43	40.51	35.29
2	23.24	21.76	23.26	39.10	38.99	39.31	41.61	43.34	42.55
3	8.47	12.98	18.31	8.41	12.64	16.89	8.00	13.86	19.36
4	1.14	1.36	1.82	2.30	2.61	3.29	1.96	2.29	2.79

资料来源：2005—2015 年全国人口普查数据。

表 2-9　2005—2015 年按年龄分类老年人健康水平的变动趋势

健康水平	2005 年			2010 年			2015 年		
	60~69 岁	70~79 岁	80 岁及以上	60~69 岁	70~79 岁	80 岁及以上	60~69 岁	70~79 岁	80 岁及以上
1	73.92	48.69	30.20	55.78	32.20	19.06	50.77	28.78	16.17
2	17.99	29.49	29.07	35.27	45.44	40.90	39.89	47.88	42.72

续表

健康水平	2005 年			2010 年			2015 年		
	60~69 岁	70~79 岁	80 岁及以上	60~69 岁	70~79 岁	80 岁及以上	60~69 岁	70~79 岁	80 岁及以上
3	7. 198	19. 770	37. 270	7. 830	19. 100	29. 440	8. 410	20. 590	31. 820
4	0. 89	2. 04	3. 46	1. 12	3. 26	10. 59	0. 93	2. 75	9. 29

资料来源：2005—2015 年全国人口普查数据。

表 2-10 结果显示，老年人自评“不健康”的占比为 29. 80%，认为身体比较健康及以上的老年人占比达到 53. 19%。老年人的自评健康水平在城乡、年龄、性别上均有显著差异，这与人口普查数据得到的结论是一致的。农村、高龄、女性老年人的自评健康水平最差，也是未来在健康促进、健康服务供给上需要重点关注的对象。

表 2-10　2018 年老年人自评健康在城乡、年龄和性别上的差异　　单位：%

健康水平	农村	城镇	60~69 岁	70~79 岁	80 岁及以上	男性	女性	整体
不健康	34. 11	25. 30	29. 20	30. 89	30. 92	24. 08	35. 59	29. 80
一般	15. 04	19. 13	16. 81	16. 81	19. 85	17. 10	16. 92	17. 01
比较健康	32. 05	39. 92	35. 29	37. 82	33. 59	39. 84	31. 93	35. 92
很健康	8. 800	9. 450	9. 470	8. 205	9. 351	10. 220	7. 980	9. 100
非常健康	9. 980	6. 200	9. 233	6. 231	6. 298	8. 750	7. 580	8. 170

资料来源：2018 年 CFPS 数据。

二、老年人身体健康水平

（一）认知能力

CLHLS 问卷中的认知功能测量量表是在 MMSE（Mini-mental State Examination）（Folstein et al.，1975）基础上根据我国国情进行的修改，删除了阅读和书写能力测试条目，添加了“一分钟说食物数”，修改后的量表共有 24 个条目，包含一般能力（6 个），记忆力（3 个），注意力和计算力（5 个），回忆力（3 个），语言、理解和自我协调能力（7 个），除“一分钟说食物数”

条目为7分外，其余条目均为1分，共计30分。一分钟内每多说出一种食物名称可多得1分，说出7种或者7种以上的食物名称得7分。这里采用敖晋和柳玉芝（2004）、郝习君等（2009）根据《中国高龄老人健康长寿调查数据集》对认知功能的界定，以24分为界，将24分以下定义为“认知缺损”，将24~30分定义为“认知健全”。2000—2018年老年人口认知功能变化分布如表2-11所示。

表2-11　2000—2018年老年人口认知功能变化分布

年份	MMSE平均得分	认知缺损率（%）	认知健全率（%）	样本量（个）
2000	21.45	44.07	55.93	11188
2002	21.88	40.92	59.08	16055
2005	22.49	38.95	61.05	15638
2008	21.75	43.53	56.47	5371
2012	22.68	36.47	63.53	9091
2018	22.96	34.49	65.51	14821

资料来源：2000—2018年CLHLS数据。

从表2-11中可以发现，老年人的认知功能呈逐步提升趋势，相比2000年，2018年MMSE平均得分提高了1.51分，认知缺损率从44.07%降至34.49%，老年人的认知功能得到改善。这可能与老年人生活质量提高、居住环境和医疗条件改善、健康中国政策实施等密切相关，良好的生活习惯、健康的生活方式、完备的医疗卫生制度等为老年人的健康促进提供了保障和推动力。从城乡差异来看，城市老年人的认知功能高于城镇老年人，城镇老年人的认知功能高于农村老年人，城市老年人、城镇老年人和农村老年人认知功能的差异呈逐渐缩小态势。2000年，城市老年人、城镇老年人MMSE平均得分分别为22.05分、21.68分，比农村老年人分别高1.25分和0.88分，城市老年人和城镇老年人认知缺损率分别为38.84%、43.25%，比农村老年人分别低10.01个、5.60个百分点。2018年，城市老年人和城镇老年人MMSE平均得分分别比农村老年人高1.28分、0.09分，城市老年人和城镇老年人认知缺损率分别为27.95%、36.39%，比农村老年人分别低8.50个、0.06个百分点（见表 2-12）。

表 2-12　2000—2018 年老年人口认知功能城乡分布

	2000 年			2008 年			2018 年		
	城市	城镇	农村	城市	城镇	农村	城市	城镇	农村
MMSE 平均得分	22.05	21.68	20.80	21.76	21.90	21.65	23.92	22.73	22.64
认知缺损率（%）	38.84	43.25	48.85	39.44	46.71	45.14	27.95	36.39	36.45
认知健全率（%）	61.16	56.75	51.15	60.56	53.29	54.86	72.05	63.61	63.55
样本量（个）	3383	3510	4295	1871	1276	2224	3378	4875	6568

资料来源：2000—2018 年 CLHLS 数据。

（二）ADL 功能

“日常活动能力”变量中某一项需要他人帮助或协助时，该项活动赋值为 1 分，否则赋值为 0 分。将 6 项活动的得分加总即为 ADL 得分，若 ADL 得分为 0 分，表示老年人可以独立完成 6 项日常活动，日常活动能力较强。ADL 得分越高，表示日常活动能力越差。在样本分析中，若“日常活动能力”变量 6 个指标中其中一项数据缺失，则该样本为缺失数据样本，将其剔除样本分析。

2000—2018 年老年人口日常活动能力变化分布情况见表 2-13。

表 2-13　2000—2018 年老年人口日常活动能力变化分布情况　单位：%

年份	ADL 得分							样本量（个）
	0	1	2	3	4	5	6	
2000	64.58	14.23	5.26	3.69	3.48	4.64	3.85	11166
2002	69.41	13.11	4.50	3.30	3.25	3.50	2.93	16014
2005	74.86	10.18	3.15	2.42	2.93	3.53	2.94	15631
2008	73.11	10.26	4.10	2.72	3.07	3.13	3.61	5371
2012	71.24	11.56	3.55	2.08	3.03	4.36	4.18	9298
2018	73.64	9.52	3.05	2.28	3.26	3.86	4.38	15100

资料来源：2000—2018 年 CLHLS 数据。

从表 2-13 中可以看出，老年人日常活动能力整体情况呈逐渐增强态势，但是日常活动能力较差的老年人状况并未得到改善。2000—2018 年，可以独立完成 6 项日常活动的老年人占比从 64.58%上升到 73.64%，提高了 9.06 个百分点，有 1 项活动需要他人协助的老年人占比从 14.23%下降到 9.52%，降幅达到 33.1%，有 2 项、3 项活动需要他人协助的老年人占比分别下降了 2.21 个、1.41 个百分点，降幅分别为 42.0%、38.2%，下降趋势均非常明显，3 项及以下活动需要协助的老年人的日常活动能力得到明显改善。4 项及以上活动需要协助的老年人的占比并未出现明显下降，6 项活动需要协助的老年人占比从 2000 年的 3.85%升至 2018 年的 4.38%，增幅为 13.8%。2000 年，独立完成 6 项日常活动的城市老年人占比为 57.83%，比城镇老年人和农村老年人分别低 12.53 个、8.05 个百分点，但是 1~5 项活动需要他人协助的城市老年人的占比均高于城镇老年人和农村老年人；2018 年，独立完成 6 项日常活动的城市老年人占比为 66.29%，比城镇老年人和农村老年人分别低 8.39 个、10.22 个百分点，日常活动需要他人协助的城市老年人占比仍然高于城镇老年人和农村老年人，尤其是 6 项活动均需要他人协助的城市老年人占比较 2000 年增加了 2.77 个百分点，增幅达到 63.4%，日常活动能力很差的城市老年人分别是城镇老年人的 1.97 倍、农村老年人的 1.99 倍（见表 2-14）。

表 2-14　2000—2018 年日常活动能力城乡分布　　单位：%

ADL 得分	2000 年			2008 年			2018 年		
	城市	城镇	农村	城市	城镇	农村	城市	城镇	农村
0	57.83	70.36	65.88	60.45	80.80	79.36	66.29	74.68	76.51
1	18.29	11.20	13.50	16.84	6.27	7.01	11.39	9.07	8.92
2	6.18	4.50	5.15	6.41	2.90	2.83	3.62	3.10	2.72
3	3.93	3.59	3.58	3.42	1.80	2.65	2.63	2.32	2.09
4	4.14	3.16	3.23	3.53	2.51	3.01	3.89	3.54	2.75
5	5.26	3.90	4.75	3.42	3.29	2.79	5.05	3.65	3.43
6	4.37	3.28	3.91	5.93	2.43	2.34	7.14	3.63	3.58
样本量	3384	3509	4273	1871	2224	5371	3346	4993	6761

资料来源：2000—2018 年 CLHLS 数据。

三、老年人心理健康水平

2000—2012 年 CLHLS 数据运用史密斯等（2008）的心理健康指标来测量老年人的性格特征，其中包含 3 个负向问题和 4 个正向问题，选项分别为总是、经常、有时、很少、从不，对负向问题选项分别赋值为 0、1、2、3 和 4，正向问题均采用反向计分，7 个指标分数加总为心理健康得分，分数越高，说明对应的心理状况越健康。2018 年 CLHLS 数据增加了抑郁量表部分，采用流调 CESD-10 抑郁量表来测量老年人在过去一周的精神抑郁状况，包括 8 个负向问题和 2 个正向问题。问题选项分别设置为总是、经常、有时、很少和从不 5 项，为了与原始量表的计分规则一致，将选项“总是”和“经常”归为一类，其他 3 类给归为一类，对正向问题选项分别赋值为 0、1、2 和 3，负向问题采用反向计分，总分合计为 30 分。得分越高，说明老年人的心理健康问题越严重。本书将抑郁得分划分为三个等级，0~9 分为不抑郁，10~19 分为轻度抑郁，20~30 分为中度和重度抑郁（罗雅楠等，2017；Lei et al.，2014）。由于 2000—2012 年与 2018 年的测量方法不一致，这里将两个时间段的心理健康得分用两张表分别解释。

2000—2012 年老年人心理健康平均得分城乡分布情况和 2018 年老年人抑郁得分城乡分布情况分别见表 2-15、表 2-16。

表 2-15　2000—2012 年老年人心理健康平均得分城乡分布情况

年份	城市		城镇		农村		整体	
	平均分	标准差	平均分	标准差	平均分	标准差	平均分	标准差
2000	20.27	3.99	19.16	3.87	18.33	3.81	19.18	3.97
2002	20.41	4.05	19.06	4.09	18.37	4.01	19.02	4.02
2005	19.92	4.42	18.96	4.15	18.43	4.06	18.91	4.22
2008	19.61	3.87	18.29	3.97	18.33	4.03	18.74	4.01
2012	20.56	3.97	19.31	3.89	18.97	3.97	19.35	3.99

资料来源：2000—2018 年 CLHLS 数据。

表 2-16　2018 年老年人抑郁得分城乡分布情况

	城市	城镇	农村	整体
抑郁平均得分 （标准差）	9.08 （5.48）	10.15 （5.40）	9.77 （5.38）	9.74 （5.42）
不抑郁（%）	57.90	47.00	49.50	50.63
轻度抑郁（%）	37.83	48.15	45.92	44.77
中度及重度抑郁（%）	4.27	4.85	4.59	4.60
样本量	2905	4104	5451	12460

资料来源：2000—2018 年 CLHLS 数据。

从表 2-15 和表 2-16 中可以看出，老年人心理健康整体向好，城市老年人心理健康状况略微好于城镇老年人和农村老年人。2012 年，城市老年人心理健康平均分为 20.56 分，比城镇老年人高 1.25 分，比农村老年人高 1.59 分，相比 2000 年，心理健康状况没有发生较大变化。2018 年，城市老年人抑郁得分为 9.08 分，比城镇和农村老年人分别低 1.07 分和 0.69 分。不抑郁和中度及重度抑郁占比分别为 57.90%和 4.27%，不抑郁占比比城镇老年人和农村老年人分别高 10.9 个和 8.4 个百分点，而中度及重度抑郁占比则比城镇老年人和农村老年人分别低 0.58 个和 0.32 个百分点。

第四节　本章小结

我国人口老龄化经历了从成年化阶段、步入老龄化阶段、老龄化加速阶段到步入深度老龄化社会 4 个阶段，中国老年人口规模将以较快速度持续攀升。2020 年，中国 65 岁以上人口占比达到 13.5%，并将于 2025 年前步入深度老龄化社会，但是中国的经济发展水平仍属于发展中国家，人均 GDP 在 2020 年世界排名第 68。“未富先老”意味着中国应对人口老龄化将面临更大的挑战。在“成功老龄化”“生产性老龄化”“健康老龄化”等老龄化范式提出以后，“积极老龄化”作为人口老龄化的主要政策框架，其概念在政策制定、社会实践等方面发挥着重要作用，提出在提高老年人生活满意度和幸福感的同时，有效开发老年人力资源，减少老年人对社会公共资源的依赖，降低公共医疗费用和养老金的支出。我国也将积极应对人口老龄化上升为国家战略，并采取有力措施推动落实。本书在以往研究结论的基础上，将重点从老年人健康和社会参与两个方面来评估我国积极老龄化水平。

本节从自评健康、身体健康和心理健康 3 个维度综合测量老年人的健康水平。自评健康方面，人口普查数据显示，2005—2015 年，完全健康状态的老年人口规模和不能自理老年人口规模均呈下降趋势，基本健康老年人口规模上升，这说明老年人健康水平整体好转。城市老年人的健康水平高于农村老年人，完全健康的城市老年人比重高于农村老年人，并且有加大趋势，而不健康和生活不能自理的城市老年人占比则低于农村老年人。女性老年人的整体健康水平低于男性老年人，高龄老年人的健康水平低于低龄老年人。根据 2018 年 CFPS 数据，农村、高龄、女性老年人的自评健康水平最差，与人口普查数据得到的结论一致。身体健康方面，2000 —2018 年 CLHLS 数据显示，老年人的认知功能呈逐步提升趋势，城市老年人的认知功能高于城镇老年人，城镇老年人的认知功能高于农村老年人，城市老年人、城镇老年人和农村老年人认知功能的差异呈逐渐缩小态势。城市老年人、城镇老年人和农村老年人的日常活动能力整体都有所提升，但是城市老年人日常活动能力低于城镇老年人和农村老年人，尤其是 6 项日常活动都需要协助的老年人。

第三章　老年人数字融入及其影响因素

信息化、数字经济快速发展，极大地促进了国民经济和社会发展。数字技术作为科技变革的先导力量，日益融入经济社会发展全过程，深刻改变着生产、生活和社会治理方式。互联网应用将人与人、人与设备联结起来，形成人人交互、人机交互等新型交互模式，老年人依托计算机、平板电脑、智能手机等人机交互平台构造人际交往场景，彻底消除了时间、距离、信息不对称等形成的物理障碍和物质成本，有效实现了人际交往、信息获取、休闲娱乐等社会联结功能。数字技术在疾病诊疗、健康管理、精准医学等方面的应用场景也愈加丰富，为医疗、养老服务供给提供了新手段、新方式，如机器人陪护、健康监控等，有助于缓解老龄化、长寿化对养老服务体系的压力。数字化赋能成为各领域的重要抓手，只有更好地融入数字化时代，才能更多地享受数字红利。本章将梳理数字技术在老年生活中的应用，重点考察老年人数字融入现状和困境，剖析影响老年人数字融入的主要因素，找寻促进老年人数字融入的积极因素和有效路径。

第一节　数字技术在老年生活中的应用

随着人口老龄化和预期寿命不断延长，我国居民的疾病谱已经从以急性病、外伤、传染病为主转向以慢性病为主。第四次卫生服务调查结果显示，我国 60 岁以上老年人口的慢性病患病率为 43.8%，且患者不止患有 1 种慢性病，这种患有 2 种或 2 种以上慢性疾病的状态被定义为共患疾病或共病（Multimorbidity）。根据《中国居民营养与慢性疾病状况报告（2015 年）》，全国居民慢性病死亡率为 533 人/10 万人，占总死亡人数的 86.6%。65 岁以上老年人的主要死亡原因是心血管疾病、脑血管疾病和恶性肿瘤，这 3 种疾病造成了 70%以上的老年人群死亡。2018 年，我国人均预期寿命为 77 岁，但是健康预期寿命仅为 68.7 岁，反映了老年人群中存在高患病率、早发病、长期“带病生存”等健康问题。在数字化时代，物联网技术、传感器、可穿戴技术等数智化技术赋能老年人慢性病管理、疾病预防和治疗等，并逐渐在老年生活中普及，有助于提升老年人生活质量，促进老年人身心健康。

一、智慧生活

计算机、智能手机、移动通信技术等飞速发展，老年人学会使用电脑或智能手机上网，以获取新闻资讯、人际沟通、社会支持等，也有老年人利用网络获取学习渠道，提升自身能力。恩巴拉克（Embarak，2021）系统评价了辅助技术在老年人生活中的应用，研究将实现用户与技术互动的终端设备分为 3 类：电视、平板电脑、机器人，其中平板电脑的运用最广泛，对老年人的健康产生积极影响。与健康监测传感器集成的平板电脑提供专门设计的社交媒体平台，可以定期向老年人提供医疗信息推荐（Kor et al.，2017；Moreno et al.，2015）。将“促进老年人积极生活的社交网络”（Social Networks for Older Adults to Promote an Active Life，SONOPA）项目与平板电脑一起实施，将社交网络与家庭传感器收集的信息结合起来，以便根据老年人的兴趣和活动水平推荐新的链接（Bilbao et al.，2016）。基于互联网技术和网络摄像头等技术实现的社交平台，可以增加老年人与家人交流与沟通的机会（Jimison et al.，2014）。为视力障碍的老年人提供基于语音的在线博客社区，老年人可以使用语音电话进入社区（Brewer and Marie，2017）。由于平板电脑本身的易用性和触屏互动，吸引老年人愿意学习和尝试新技术。英国一项有关护理院引入 ipad 对改善老年人生活质量影响的评估研究表明，使用 ipad 促进了人际交往和代际互动，营造了一个更有吸引力和互动性的环境。通过提升数字包容性和适应性，可以有效增加参与者对 ipad 的使用热情，进而改善生活质量。

电视是老年人最容易接受的互动设备，受限于电视本身的功能和技术发展，信息技术融入电视设备中的应用相对有限。通信和游戏平台可以通过信息技术，依托平板电脑输入家庭电视（Bühler et al.，2016）。心智健身室

（Mind Gym）系统可以利用互联网协议电视（IPTV）为老年人提供社交网络集成系统。它旨在通过易于获取的技术如电视和智能遥控器，在家庭环境中促进老年人的社交交流（Gusev et al.，2015）。面向老年人且具有社交媒体中介系统的机器人，可以作为使用社交媒体的互动设备。老年人不愿意学习和使用新技术，机器人系统配备了麦克风、照相机、扬声器、传感器等，可供老年人通过社交媒体进行语音交流（Kobayashi et al.，2017）。可以使用机器人设备通过设定老年人消息内容的目的地地址，将用户语音转换为文本，帮助老年人与他人交流（Kobayashi et al.，2016）。

数字科技创新带来网络式生态化的协同式创新，从学科融合、产业创新到生产生活，都在不断迭代更新，释放活力。为了贯彻落实国务院印发的《关于切实解决老年人运用智能技术困难实施方案的通知》，解决老年人“数字鸿沟”问题的计划应运而生，在一定程度上促进了数字技术在老年生活中的应用。以上海的“数字伙伴计划”为例，基于老年人数字化程度不同，制定了3种数字助老行动：随行伙伴计划（强调软件开发要关注老年群体的特殊需求）、智能伙伴计划（倡导设备适老化智能化）和互助伙伴计划（凝聚各界力量参与，为老志愿服务）。开发设计大屏幕、大字版、语言版、简洁版、一键达等适老化智慧应用程序；建设“为老服务一键通”场景，老年人通过一键通电话机、智能手机等终端呼叫中心，实现慢性病续方配药、用车出行、买菜购物等，使老年人能够更快融入数字化生活，分享数字红利。

二、智慧养老服务

智慧健康养老是一种新兴的业态和模式，它融合了人工智能、大数据、云计算、物联网以及智能信息产品等前沿信息技术与传统健康养老服务。这一模式利用技术实现远程监控、实时定位和信息交互等功能，建立了一个多方位的信息化养老服务系统，旨在满足老年人及其家庭对现代化、科学化和人性化养老服务的需求。席恒等（2014）指出，智慧养老通过物联网技术收集、整合和分析老年人的健康状况、养老需求及安全监控信息，以智能方式响应紧急救助、生活照顾、家政服务、健康预警、远程医疗和物流配送等多样化的养老服务需求。智慧养老的理念为解决老年人养老风险、满足他们对高质量养老服务的需求提供了新途径。智慧养老服务系统依托先进信息技术，构建了一个涵盖居家老人、社区养老服务中心和机构养老的物联网和信息平台，提供实时、便捷、互联网和智能化的养老服务。其数据采集子系统通过集成各种传感监测设备来收集和整合老年人的生理数据，能够实时监测如陌生人入室、烟雾和煤气泄漏等安全风险。紧急呼叫子系统允许老年人通过移动设备启用一键紧急呼叫，以便在发生摔倒等紧急情况时，能够迅速通知监控中心。信息交互子系统则是将健康数据从数据采集子系统传输至医疗机构的过程，医疗机构利用这些数据实时监控老年人健康，并提供个性化健康管理方案，以实现疾病预防和健康管理目标。老年人还可以通过信息交互子系统与社区、养老服务中心沟通交流。适老性基础设施强调信息技术设备和环境的建设，社区和家庭要合理利用信息技术，为老年人提供实现智慧养老所需的终端设备和智能化设备。

智慧养老借助信息化、智能化手段，有助于缓解人口老龄化加剧带来的医疗、养老服务供不应求的矛盾，为老年人提供高效、及时、多元化的养老健康服务。2017 年 2 月 16 日，由工业和信息化部、民政部、国家卫生健康委三部委共同印发的《智慧健康养老产业发展行动计划（2017—2020 年）》中提到，智慧健康养老利用物联网、云计算、大数据、智能硬件等新一代信息技术产品，能够实现个人、家庭、社区、机构与健康养老资源的有效对接和优化配置，推动健康养老服务智慧化升级，提升健康养老服务质量和效率水平。智慧养老领域除微观层面提及的人机交互设备如智能家居、健康检测仪、可穿戴设备、机器人等外，最重要的应用是信息技术系统（Health Information Technology）平台，它直接关系人机交互设备的使用效率以及老年人、养老机构与医疗部门之间的信息传递与沟通等。依托健康应用程序，老年人可以随时在家监控健康指标，并将数据储存至信息技术系统平台，为未来医生制订个性化健康医疗计划提供依据。信息技术系统可以储存包括医疗机构、康复中心、护理中心、家庭等任何地方的健康信息，形成老年人健康数据平台，为慢性病监控、疾病预防与治疗等提供相关信息。

（一）健康信息平台

居家养老和社区养老是未来养老的主要发展模式，在医养结合的大趋势下，未来老年人的疾病预防、慢性病管理、康复治疗等都将主要在社区和家庭中开展，在尊重个人隐私的前提下，采集个人健康数据（Personal Health Record，PHR），并通过信息平台实现共享应用。健康信息系统平台可以储存老年人的电子医疗方案、日常健康指标、日常活动等，一方面，可以利用信息处理技术分析数据指标，为老年人提供更准确的健康服务和建议；另一方面，也方便医护人员或家人随时了解老年人的身体状况，减少意外发生。传统医疗服务过程中，强调老年人和医生或健康专业人员之间的面对面交流，临床诊断往往是一系列分散的“临床（门诊）病历”，专业人员无法为老年人提供跟踪式的医疗服务，也无法获知老年人以往或日常的健康数据，这些会影响诊断的准确性和及时性。部分老年人由于存在出行或就医等困难，往往选择拖延就医或无视疾病，这些都会导致延误病情甚至加重病情。健康信息系统平台可以弥补这些缺陷。

日本的健康信息系统发展较为成熟。日本各医疗机构于 2001 年积极导入电子病历系统；日本政府 2005 年突破了医疗机构信息系统各自为政、信息无法共享的问题，积极规划不同医疗信息系统之间的互通运营。近些年，日本医疗机构筹备建设了以人为本的开放式福祉平台（Person Centered Open Platform for Well-being，PeOPLe），用以强化 PHR 数据的收集和应用功能。该系统以个人为单位，整合了日本各企业、机构以及服务供应商管理的数据库，形成了涵盖个人体重、血糖、血压、心跳脉搏等基础性生理信息，以及睡眠、饮食、社交网络、生活环境、购物习惯等相关信息的开放式信息平台，个人或机构在批准的情况下，在任何地方都可以登录系统来查询自己的相关信息（Japan Pharmaceutical Manufacturers Association，2019）。智慧养老中 PHR 的应用如表 3-1 所示。

表 3-1　智慧养老中 PHR 的应用

使用者	应用方向	相关产品/服务	目的
医疗保险企业、地方政府	区域/企业内人员的健康管理；经济有效的健康医疗政策的制定	便携式/移动式/共享式健康管理设备；健康综合信息平台等	数据的自动采集、集中管理、个人信息加密处理机制、平台界面的友好性、软硬件的结合

续表

使用者	应用方向	相关产品/服务	目的
医疗从业人员、护理人员、地方政府、个人	预防、治疗、预后的信息管理、病患教育；诊疗支持、护理支持；区域统合护理、居家医疗、远程诊疗、急救医疗；全生命周期护理	健康生活信息平台、手册/活动等复合型宣传机制；健身保健设备；网络化远程诊疗平台等	多方参与的复杂信息自动可视化、广义个人健康数据的采集/分析/统合/共享、可读性提升
健康相关行业（保健、食品、健身机构等）	大健康数据平台的构筑；服务水平的提升；新商品、服务的开发	区域生活信息平台；有针对性的特色产品/服务（线上及线下）等	个人用户/机构/企业外延需求的挖掘，衍生产品/服务的策划、落地、实施
医疗机构、制药企业、医疗健康相关企业等	健康医疗数据平台的构筑；健康医疗准则（改善、革新、效率化）；精密医疗、预防医疗、先导医疗	医疗数据一体化/区域平台；信息可视化及反馈机制等	数据信息互通共享机制，新技术新设备的开发、落地、应用

资料来源：刘梦非等（2020）。

（二）智慧养老技术

信息技术的发展与普及为智慧养老提供了技术支撑，在人口老龄化加剧的背景下，越来越多的信息技术应用到养老、医疗领域，为养老服务发展带来了新机遇和新挑战。当前智慧养老技术主要分为四大类：智慧居家安全技术、智慧居家照料技术、智慧医疗保健技术和智慧心理慰藉技术（见表 3-2）。

表 3-2　智慧居家养老技术

智慧居家安全技术	智慧居家照料技术	智慧医疗保健技术	智慧心理慰藉技术
电子安全设备	居家自动化技术	可穿戴设备	机器人，如陪护机器人、宠物机器人
跌倒检测系统	视觉传感	重要生命体征检测设备	虚拟现实技术
环境监控系统	远程照料系统	运动状态检测系统	3D 虚拟环境

续表

<table>
<tr><th>智慧居家安全技术</th><th>智慧居家照料技术</th><th>智慧医疗保健技术</th><th>智慧心理慰藉技术</th></tr>
<tr><td rowspan="5">智慧家居设施</td><td>服务机器人</td><td>辅助视屏或音频产品</td><td>电话和可视电话</td></tr>
<tr><td>远程保健</td><td>机器人，如辅助机器人、医疗照料机器人</td><td>视频游戏</td></tr>
<tr><td rowspan="3">电子记忆辅助技术</td><td>远程医疗</td><td>网络教育</td></tr>
<tr><td>电子健康记录系统</td><td>人机交互</td></tr>
<tr><td>电子病历系统</td><td>手持设备和智能电话</td></tr>
</table>

资料来源：何迎朝和邢文华（2020）。

这些智慧养老技术在日本、美国等发达国家开始逐渐普及，在我国，远程照料、远程保健、机器人、可穿戴设备等技术在上海、北京等发达城市的养老机构或社区开始逐步使用，但是使用智慧养老技术的个人或家庭还相对较少。随着智慧养老技术在我国的普及，我国智慧养老产业、医疗养老服务模式等都将迎来巨大变革，为我国积极应对人口老龄化提供新的发展路径。

1. 移动医疗

移动医疗（mHealth）利用移动通信技术提供包括远程医疗、预约系统和医院信息化在内的医疗服务。对于慢性病患者而言，这意味着能够通过远程监控调整治疗方案、管理生活方式及使用可穿戴设备进行药物治疗来更有效地管理疾病（郭源生等，2017）。随着移动医疗的进步，慢性病管理得到了更科学的监测手段和方法。一个典型的例子是“家庭医院网络保健中心”与多个“健康小屋”结合的“1+N”模式。这种模式依托于大型医院建立的网络保健中心，该中心使用远程监控技术进行健康监测，建立电子健康记录，并提供全科医生服务。通过建立覆盖医院服务范围的“健康小屋”，居民可以使用这些小屋中的医疗设备进行常规检查，如血压、血糖和心电图测试。检测数据通过云技术传输至网络保健中心并形成电子记录。如有异常，中心将及时通知医生，医生将提供进一步的医疗建议。居民还可通过个人健康空间进行疾病自诊和健康自测，并根据评估结果获得个性化的健康干预方案。此外，线上问诊应用程序的应用，如“掌上好医”和“春雨医生”，以及三级甲等医院推出的线上问诊服务，为医疗提供了线上线下相结合的新模式。

2. 智能终端设备

随着传感器技术的发展、云计算基础设施的进步和物联网技术的广泛应用，智能终端设备如烟雾探测器、燃气传感器、无线红外探头、远程电子血压计、血糖仪、睡眠监测器、家用电话和一键呼叫器以及智能穿戴设备等均得到了普及。这些设备根据类型可以划分为可穿戴式、便携式和环境式设备（见表 3-3），它们极大地方便了老年人的独立生活和家庭护理。特别是，可穿戴设备和便携设备使社区和医院能够实时接收老年人的健康数据，并提供定制化的医疗服务。以可穿戴步态辅助技术为例，该技术通过在鞋或鞋垫中集成压力传感器、弯曲传感器、加速度计、陀螺仪和惯性传感器等电子元件，能够实时且精确地收集使用者的步态信息，包括步态的时空特征和动力学属性。基于此技术及云计算的数据处理和监控平台，可以建立一个远程老年人监护系统，该系统为老年人提供一个安全且友好的社区和家庭养老环境。结合其他生理指标，该系统能够实现全面的远程健康管理和监控。当检测到步态或生理指标异常时，系统会提示老年人及时就医，并采取适当的干预措施（陶帅等，2019）。基于可穿戴设备的远程监控与医疗见图 3-1。

表 3-3 医疗智能终端类别

	可穿戴式	便携式	环境式
功能	监测重要身体指标，如血压、血糖、血氧、心率、呼吸频率等，收集健康数据并制定个性化医疗方案	连接医院和患者的应用程序载体，收集健康数据并制定个性化医疗方案	帮助老年人独立生活，监测居住安全，收集健康数据并制定个性化医疗方案
例子	智能手环、尿液监测、智能衬衣、智能药丸等	装有移动应用程序的智能手机、小型医疗设备等	智能家居、智能住宅、智能厨房等
局限	部分设备需要配合专用应用程序使用。老年人受限于学习能力，接受和使用这类新兴产品存在困难	必须依靠设备和网络，老年人使用可能存在困难	成本较高，老年人难以负担

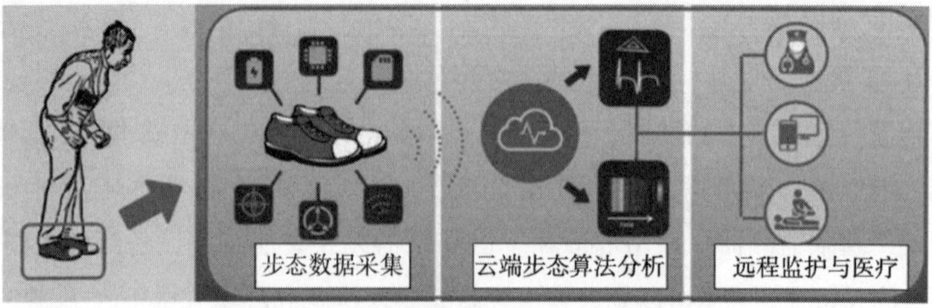

图 3-1　基于可穿戴设备的远程监控与医疗

老年人跌倒是严重影响老年人健康水平和生活质量的公共卫生问题。全球范围内，自 1990 年以来，因跌倒而死亡的总人数和伤残调整寿命年（DALY）均稳步上升，到 2017 年因跌倒而死亡的人数增长近 1 倍。《中国伤害预防报告》显示，老年人跌倒的发生率为 20.7%，每年有 4000 多万老年人至少发生一次跌倒，其中约一半发生在家中，跌倒已成为我国 65 岁及以上老年人因伤致死的首位原因（中国疾病预防控制中心，2020）。克里莫娃（Klimova，2019）综合分析 7 篇临床试验论文指出，使用辅助技术对改善老年人活跃和独立的生活有积极的影响。65 岁及以上老年人跌倒的可能性会增加，因为他们的肌肉功能和力量都相对不稳定和较弱，因此，现有研究重点关注人工智能、社交辅助机器人（SAR）、具有记忆辅助功能的智能终端设备等对维持老年人平衡的作用，进而改善老年人的身体状况。

在移动互联技术的发展推动下，将移动互联与传统医疗器械相结合，形成了可穿戴医疗设备。硬件终端如血压计等家用医疗设备与移动终端如手机应用程序相关联，将医疗设备采集的数据通过应用程序上传到云端，形成健康大数据，目前已在血压、血糖、血氧、体重、运动健身等领域都开发了相关健康产品。在平板电脑中载入物联网模块，构建老年人监测服务平台，利用传感器收集老年人的身体健康数据及其环境数据，方便老年人由正式的医疗服务机构管理（Miori and Russo，2017）。依托平板电脑或智能手机，开发设计一个移动平台——“e 老年人护理”，帮助独立在家的老年人监测他们的用药，并记录日常活动（Dasgupta et al.，2016）。提高生活质量的先进传感器和技术网络，例如装有照明智能系统的智能住宅、用于检测厨房设备危险的智能厨房安全监测系统等。这些技术对老年人特别有用，他们的目标是独立生活在自己的家里，同时控制他们的医疗状况（Chernbumroong et al.，2010）。

3. 机器人

目前应用最为广泛的机器人是机器人轮椅、服务机器人等。机器人轮椅是一种集视觉、口令导航、语音交互等功能于一体的智能轮椅，可以为失能老人、居家护理等提供身体补偿、数据采集与监控，实现健康数据共享与健康评估。服务机器人是外观类似人体体型和结构，具备学习能力和交流功能的智能型机器人，应用于紧急救援、生活服务、特殊护理、家庭陪护、居家养老等方面。伴侣型机器人、社交辅助机器人等通过认知训练、帮助克服身体障碍、防止跌倒、控制糖尿病和心脑血管等慢性病来提高独立生活能力和居家安全，改善身体健康水平（Bemelmans et al.，2012；Hill et al.，2015；Nikou and Shahrokh，2020）。移动机器人（ARTOS）可以协助老年人应对家庭环境中发生的紧急情况，加强医护团队与老年人在紧急情况下的沟通（Mehdi et al.，2015）。在紧急情况下，人与机器人的互动对提供急救帮助是有益的。例如，在厨房中发现跌倒的人时智能住宅可以识别这种异常情况，并将信息发送给机器人设备，为其提供及时救助（Cesta et al.，2007）。

智慧养老技术应用对医疗、养老服务带来了诸多好处。从社会层面看，电子健康系统、远程监控系统等智慧养老技术有助于节约人力资源，对于疾病较轻的老年人，可以通过远程监测系统来观察其相关生理指标变化，实现在家休养，减轻社会和家庭负担。从医院层面看，远程照料系统、远程医疗系统等技术有助于降低医院的管理成本，减少医疗设施、医疗服务的使用，提高医疗资源的利用效率，减少门诊患者、住院患者的数量和时间等。从家庭层面看，机器人、远程医疗系统、远程照料系统等技术有助于减少护理人员的工作量，提高照料质量，改善护理人员、医生的生活满意度。从老年人层面看，远程照料系统、视频电话、机器人等技术有助于降低老年人的医疗成本，减少入院率，提高出院率；增加老年人与专业护理人员、工作人员的接触；降低老年人的社会隔离，提高老年人的安全感，实时监测老年人的健康状况，加强对慢性病的管理，改善认知能力、抑郁情绪等，提高老年人的主观幸福感。

第二节　老年人数字融入现状

我国老年人的数字技术使用主要集中在依托智能手机、电脑等设备终端来实现对互联网的使用，对智能家居、可穿戴设备、机器人等辅助技术的使用相对较少，辅助技术需求并未得到广泛满足。老年人网络使用强度的比例呈快速增长态势，60岁及以上老年网民人数从2007年的不足300万人增长到2022年年底的1.53亿人，增长了50倍，老年网民占老年人口的比例也从1.9%上升至54.6%（见表3-4）。尤其受新冠疫情影响，仅2020年，使用互联网的老年人就增加了近4900万人，相当于2007—2019年累计增加人数的80.3%。随着数字化、智能化时代的推进，老年人数字技术使用将逐步普及化和常态化，数字化生活将彻底颠覆和改变老年人的传统生活方式，老年人也将在数字化、智能化的时代背景下，适应并习惯使用数字技术，享受数字化生活带来的便利。

表3-4　互联网在中国人口及老年人口中的普及率

年份	全国网民		老年网民（60岁及以上）		老年网民占全国网民的比例（%）
	人数（亿人）	占全国人口的比例（%）	人数（亿人）	占老年人口的比例（%）	
2007	2.10	16.0	0.03	1.9	1.4
2008	2.98	22.6	0.04	2.8	1.5
2009	3.84	28.9	0.07	4.1	1.9
2010	4.57	34.3	0.09	4.9	1.9
2011	5.13	38.3	0.04	1.9	0.7
2012	5.64	42.1	0.10	5.2	1.8
2013	6.18	45.8	0.12	5.8	1.9
2014	6.49	47.9	0.16	7.4	2.4
2015	6.88	50.3	0.27	12.1	3.9
2016	7.31	53.2	0.29	12.7	4.0
2017	7.72	55.8	0.40	16.6	5.2
2018	8.29	59.6	0.55	22.1	6.6
2019	9.04	64.5	0.61	24.0	6.7

续表

年份	全国网民		老年网民（60 岁及以上）		老年网民占全国网民的比例（%）
	人数（亿人）	占全国人口的比例（%）	人数（亿人）	占老年人口的比例（%）	
2020	9.89	70.4	1.10	43.1	11.2
2021	10.32	73.0	1.19	44.6	11.6
2022	10.67	75.6	1.53	54.6	14.3

资料来源：《中国互联网络发展状况统计报告》和 2007—2022 年《中国统计年鉴》。

一、老年人互联网使用特征

为了进一步掌握老年网民在数字接入和数字使用能力、互联网使用动机和使用强度等方面的群体差异性，本章以 CGSS2017 年调查数据为样本，选取 60 岁及以上老年人为研究对象，深入剖析老年人互联网使用现状。CGSS2017 年数据有效样本量为 12582 个，其中 60 岁及以上老年人 4376 人，59 岁及以下人口 8206 人。

（一）老年人数字接入能力和使用能力

从数字设备和互联网接入状况来看，老年人的数字接入能力在城乡、年龄、受教育程度上存在显著差异。城镇、低龄、受教育程度①高的老年人拥有上网设备的比例高于农村、高龄、受教育程度低的老年人。这种异质性同样体现在能否上网这一变量上（见表 3-5）。

表 3-5　分性别、城乡、年龄、受教育程度的老年人互联网接入状况　单位：%

互联网接入类别	性别		城乡		年龄			受教育程度				
	男	女	城镇	农村	60~69 岁	70~79 岁	80 岁及以上	文盲半文盲	小学	初中	高中	大专及以上
能上网	45.7	46.8	57.6***	30.0***	53.2***	37.8***	34.4***	29.1***	35.9***	56.6***	72.6***	76.2***
不能上网	54.3	53.2	42.4***	70.0***	46.8***	62.2***	65.6***	70.9***	64.1***	43.4***	77.4***	23.8***

① 本章对受教育程度的划分基于 CGSS2017 年数据和一手调查数据，将受教育程度分为文盲半文盲、小学、初中、高中、大专及以上 5 类。

续表

互联网接入类别	性别		城乡		年龄			受教育程度				
	男	女	城镇	农村	60~69岁	70~79岁	80岁及以上	文盲半文盲	小学	初中	高中	大专及以上
没有设备	91.3	92.4	88.5***	96.7***	89.7***	94.1***	96.5***	98.2***	96.5***	88.3***	80.6***	79.8***
有设备	8.7	7.6	11.5***	3.3***	10.3***	5.9***	3.5***	1.8***	3.5***	11.7***	19.8***	20.2***

注：*** 代表 $P<0.001$。

资料来源：CGSS2017年调查数据和一手调查数据。本章余同。

在互联网使用状况上，老年人是否上网在性别、城乡、年龄、受教育程度等方面均存在显著异质性。男性、城镇、低龄、受教育程度高的老年人使用互联网的比例显著高于女性、农村、高龄和受教育程度低的老年人。在城乡和受教育程度上，老年人使用互联网的差异尤其明显，上过网的城镇老年人占比是农村老年人的6.52倍；大专及以上受教育程度老年人上网的比例是文盲的40.4倍（见表3-6）。

表3-6 分性别、城乡、年龄、受教育程度的老年人互联网使用状况 单位：%

互联网使用类别	性别		城乡		年龄			受教育程度				
	男	女	城镇	农村	60~69岁	70~79岁	80岁及以上	文盲半文盲	小学	初中	高中	大专及以上
上过网	23.3***	19.1***	32.6***	5.0***	27.2***	14.4***	9.2***	1.7***	8.0***	29.5***	54.2***	68.7***
没有上过网	76.7***	80.9***	67.4***	95.0***	72.8***	85.6***	90.8***	98.3***	92.0***	70.6***	45.8***	31.3***

注：*** 代表 $P<0.001$。

在互联网使用能力方面，“会使用电脑打开网站”“在网上查找自己想要的信息并不难”的老年人占比分别仅为4.5%、4.3%，“会使用智能手机下载安装App”的老年人占比仅为2.9%，老年人互联网使用能力有限（见表3-7）。与59岁及以下群体相比，均有较大差距。在网络信息安全方面，60岁及以上群体的警惕性也远低于其他群体。如网上看到别人转发的信息是否会去验证、使用网络支付时是否会观察使用环境等问题，老年人并不重视。部分老年人由于技术恐惧、信息安全担心等问题，会放弃或不愿意使用信息技术，而使用信息技术的老年人却很少去关注信息安全问题。

表 3-7　老年人数字技术使用能力分布①　　单位：%

数字技术使用能力	59 岁及以下群体	60 岁及以上群体	全样本
会使用电脑打开网站	20.3	4.5	14.8
会使用智能手机下载安装 App	20.3	2.9	14.3
在网上查找自己想要的信息并不难	20.5	4.3	14.9
网上（如微信、微博）看到周围人转发的重要消息，我会先验证再相信	18.8	4.0	13.6
当我想在网上表达自己的想法时，我知道怎么操作	18.9	3.3	13.5
在网上进行支付或者交易时，我会观察使用环境来确定是否使用	18.1	2.5	12.7

60 岁及以上老年人仍以传统生活方式为主，尤其是在欠发达城市和农村，信息化、智能化技术的渗透力有限，老年人接触互联网的机会有限，直接导致老年人互联网普及率偏低。从表 3-8 中可以看出，在 1136 位老年人中，有 364 位老年人并不知道什么是上网，占比达到 32.04%。有 457 位老年人因为自己是老年人，年龄高而选择放弃使用互联网。还有 227 位老年人因为不会、没人教或者用起来困难，从而选择不使用互联网。前两个原因主要涉及老年人的使用意愿，由于不知道或者由于年龄原因不愿意使用互联网，占比高达 72.27%。第三个原因主要涉及老年人的使用困难，占比达到 19.98%。

表 3-8　老年人不上网的原因分布

不上网的原因	频数（人）	比例（%）
不知道什么是上网	364	32.04
没有上网的设备	16	1.41
不会/没人教/用起来困难	227	19.98
年龄原因/老年人	457	40.23

① 选项的答案包括“非常符合”“符合”“无所谓符合不符合”“不符合”和“非常不符合”。这里将“非常符合”“符合”的样本归为会这样操作一类，将“无所谓符合不符合”“不符合”和“非常不符合”的样本归为不会这样操作一类。

续表

不上网的原因	频数（人）	比例（%）
对上网不感兴趣	27	2.38
没有用的必要	27	2.38
合计	1136	100

注：部分原因不上网的人数少于5个人，故没有列在表中。

对于老年人不上网的原因，在城乡、年龄和受教育程度上都存在显著差异。46.6%的城镇老年人因为年龄原因拒绝使用互联网，而农村老年人更多是因为不知道什么是上网。受教育程度较高的老年人更多是由于年龄原因而不使用互联网，大专及以上老年人占比达到67.6%（见表3-9）。

表3-9　分性别、城乡、年龄、受教育程度的老年人互联网使用状况　单位：%

互联网使用状况	城乡		年龄			受教育程度				
	城镇	农村	60~69岁	70~79岁	80岁及以上	文盲半文盲	小学	初中	高中	大专及以上
不知道什么是上网	27.2***	37.0***	31.6***	31.3***	35.1***	41.8***	32.2***	25.7***	22.1***	2.70***
没有上网的设备	1.04***	1.79***	2.15***	0.55***	0.58***	1.78***	1.35***	1.24***	—	2.70***
不会/没人教/用起来困难	17.9***	22.2***	26.0***	14.7***	9.9***	17.5***	20.5***	23.2***	19.5***	16.2***
年龄原因/老年人	46.6***	33.6***	33.6***	47.9***	47.4***	33.5***	41.4***	41.9***	44.2***	67.6***
对上网不感兴趣	3.12***	1.61***	2.65***	1.94***	2.34***	1.19***	1.35***	3.73***	7.79***	5.41***
没有用的必要	2.60***	2.15***	1.99***	2.77***	2.92***	2.37***	2.03***	2.90***	2.60***	2.70***

注：*** 代表 $P<0.001$。

（二）老年人互联网使用动机和网络使用强度

在互联网使用动机上，老年人使用互联网主要用于社交活动、信息获取、休闲娱乐等，网络交易功能使用相对较少。网络使用强度与其他群体的差异较小，且有逐步增长的趋势。2018年，腾讯发布的《老年用户移动互联网报告》显示，800位调查的老年人中，使用智能手机获取互联网体验的比例较高，其中平均每5位老年人（50岁及以上）中就有1位使用手机上网，主要用于信息获取、沟通交流、生活娱乐等，具体功能使用情况见表3-10。微信、抖音、快手等短视频，淘宝、京东等网上购物，支付宝等手机支付都是老年人常用的应用程序。

表 3-10　中老年人互联网使用的功能分布

互联网功能		使用人数比例（%）	互联网功能		使用人数比例（%）
知识获取	微信或上网看新闻和资讯	75.8	生活应用	网上订火车票、机票	15.4
	关注公众号/订阅号并浏览文章	45.9		网上订宾馆	11.6
	上网搜索信息、新闻	56.6		用手机软件（如滴滴、快车）打车	25.8
微信交流	微信聊天	98.5		手机导航	33.1
	微信里发表情、图片	81.8		手机支付	51.5
	微信里拍和发小视频	68.9		微信小程序	22.0
	微信朋友圈点赞、评论	81.6	娱乐休闲	全民 K 歌、唱吧等娱乐软件	16.4
	微信接收或发红包	83.0		手机上制作相册	25.0
生活应用	网上交水、电、煤气等生活费用	22.1		制作微信表情包	20.0
	网上购物	32.6		使用手机收听节目，如喜马拉雅 FM、懒人读书等	19.0
	网上挂号	12.1			
	网上交手机话费	40.6		用手机看视频，如腾讯视频	59.3

资料来源：《老年用户移动互联网报告》。

60 岁及以上老年人使用互联网主要用于社交活动（通过 E-mail、QQ、微信、Skype 等与人交流）、获取信息（如搜索信息、浏览新闻等）、休闲娱乐（游戏、音乐、视频等），占比分别为 74.8%、72.7%、61.4%。老年人开始使用微信朋友圈、QQ 空间等渠道进行自我展示，与其他群体的差距并不大。使用用途最少的是网络行动（通过网络维护自己的权益或为他人伸张正义），占比为 12.8%；其次是商务交易，4344 位老年人中只有 276 位老年人使用过微信进行支付，占比为 6.4%，4339 位老年人中只有 187 位老年人使用过支付宝进行支付，占比仅为 4.3%（见表 3-11、表 3-12）。

表 3-11　不同群体的上网动机分布　　单位：%

上网动机	60 岁及以上	59 岁及以下
社交活动（通过 E-mail、QQ、微信、Skype 等与人交流）	74.8	74.7
自我展示（如通过微信朋友圈、QQ 空间、微博等记录与分享自己的心情）	44.0	59.2
网络行动（通过网络维护自己的权益或为他人伸张正义）	12.8	23.6
休闲娱乐（游戏、音乐、视频等）	61.4	79.5

续表

上网动机	60岁及以上	59岁及以下
获取信息（如搜索信息、浏览新闻等）	72.7	83.7
网络交易（如网上转账、支付、网购等）	24.8	66.9

表3-12　不同群体使用微信和支付宝状况①

是否使用		60岁及以上		59岁及以下	
		人数（人）	比例（%）	人数（人）	比例（%）
微信	使用过	276	6.4	4791	58.5
	没有使用过	4068	93.6	3393	41.5
支付宝	使用过	187	4.3	3946	48.2
	没有使用过	4152	95.7	4237	51.8

在网络使用强度上，会使用互联网的老年人，平均每天上网的时间为105分钟，比59岁及以下群体少20分钟，平均每周上网时间为13.6小时，比59岁及以下群体少5.5小时，平均上网年限为7.4年，比59岁及以下群体少2.6年（见表3-13）。

表3-13　不同群体使用时间状况

使用时间	60岁及以上		59岁及以下	
	时间	人数（人）	时间	人数（人）
平均每天上网时间（分钟）	105	848	125	5619
平均每周上网时间（小时）	13.6	311	19.1	2033
平均上网年限（年）	7.4	293	10.0	1873

老年群体不同上网动机的频繁程度见表3-14。

① 上网动机的答案为从不、很少、有时、经常、总是等，这里将选择“从不、很少”的样本归为一类，表示不常使用该功能；将选择“有时、经常、总是”的样本归为一类，表示经常使用该功能。

表 3-14　老年群体不同上网用途的频繁程度　　单位：%

上网用途	60 岁及以上					59 岁及以下				
	从不	很少	有时	经常	总是	从不	很少	有时	经常	总是
社交活动	11.6	14.3	19.8	37.2	17.1	3.2	10.6	18.0	43.1	25.1
自我展示	34.8	21.2	24.9	15.7	3.4	12.0	28.3	30.8	21.6	7.3
网络行动	66.9	20.5	8.9	3.1	0.7	39.5	36.4	15.4	6.5	2.2
休闲娱乐	23.2	15.0	24.6	28.7	8.5	6.7	12.9	25.4	42.0	13.0
获取信息	15.7	10.9	19.1	40.0	14.3	5.3	10.3	21.9	45.4	17.1
商务交易	60.4	14.3	11.6	11.6	2.1	18.9	13.7	22.7	32.6	12.1

深圳大学周裕琼教授团队 2018 年发布了研究报告《吾老之域：老年人微信生活与家庭微信反哺》，该研究覆盖 58 座城市和 956 个家庭，共计 3051 份样本，结果具有较强的代表性。报告结果显示，老年微信用户规模和活跃度均显著提升。从微信使用人数来看，老年微信活跃用户从 2014 年 6 月的 131 万人增至 2016 年 9 月的 768 万人，到 2017 年 9 月飙升至 5000 万人，其中微信超过三成的新增用户来自老年群体。从微信使用时间和使用功能分布上，老年人平均每天在微信上花费 1.37 小时，拥有 104 个好友，并掌握了 11.47 个功能。其中，社交功能的使用最为频繁，占比为 85%，超过 90%的用户使用语音聊天；查看朋友圈和阅读公众号文章等信息功能的使用占比为 65%；用于转账和支付的支付功能的使用占比为 50%。此外，移动互联网大数据公司公布的 QuestMobile 数据指出，视频类应用是老年人主要的娱乐方式，尤其是短视频应用在他们中的使用时间突出。以 2020 年 5 月为例，老年用户平均每月在快手、西瓜视频、抖音上的使用时长分别约为 800 分钟、1000 分钟、1500 分钟。网上购物也逐渐成为老年人的新生活方式。阿里巴巴在 2020 年发布的《老年人数字生活报告》显示，老年群体网购的年复合增长率达到 20.9%，新冠疫情防控期间，其增速仅次于“00 后”。综合以上数据，说明老年群体在逐渐适应互联网和智能手机方面取得了显著进展，具体表现在微信使用、视频娱乐和网上购物等活动的增加。随着对互联网和智能手机的使用熟练度提高，老年群体能够掌握更多功能，这将进一步增强他们的数字生活能力和新媒体素养，使其能够充分享受数字时代红利。

二、后疫情时代老年人互联网使用状况

在信息化、智能化时代，老年人是否使用智能手机及其使用能力成为社会关注的焦点问题。新冠疫情推动数字化智能化发展，使老年人“数字鸿沟”问题愈加凸显，不会使用智能手机，老年人的日常出行、看病就医等都遭遇诸多不便。但与此同时也增加了老年人使用数字技术的机会，促使他们主动或被动地学会融入数字化生活。2020 年老年人使用互联网的人数增加了接近 4900 万人，是 2019 年的 1.8 倍，新冠疫情的暴发给老年人数字使用带来挑战的同时也创造了机遇。为了获取新冠疫情以后老年人互联网和智能手机使用现状，本项目组于 2021 年 7—8 月，采用问卷调查和深度访谈相结合的方法，以鄂州市华容区老年人为调查对象，采用偶遇抽样的调查方法，选取若干社区调查访谈了 210 位老年人，鉴于部分老年人存在不识字、看不清楚问卷等情况，为确保问卷信息的准确性，由调查员以一问一答形式填写问卷，最终收回有效问卷 209 份。除了问卷调查，本研究还选取了 6 位老年人做了深度访谈，以更好地了解老年人使用智能手机的概况。

（一）老年人智能手机使用的基本状况

在受访的 209 位老年人中，女性老年人占比 53.60%，平均年龄为 65.40 岁，其中 80 岁及以上老年人有 10 位，最高年龄 89 岁；77.04%的老年人受教育程度为初中及以下，75.60%的老年人有配偶且居住在一起，72.25%的老年人身体处于健康状况，老年人个人年平均收入为 16360 元，其中有 32.06%的老年人仍然在工作；21.53%的老年人有自己的退休金，28.23%的老年人的收入来源于子女或亲属的经济援助。老年人平均健在子女数为 2.5 人，54.07%的老年人与子女居住在一起。老年人居住社区提供的社区服务中，文娱活动服务占比最大，达到 40.38%，其次是医疗保健和生活照料服务，占比分别为 39.71%和 23.92%。

本次调查老年人是否使用智能手机上网的结论与 2018 年 CGSS 微观数据结论相差较大，2018—2021 年，老年人智能手机占有率和互联网使用率大幅提升，尤其是 2020 年新冠疫情暴发以来，老年人的传统生活方式发生了重大转变，手机支付、微信聊天、扫码出行等日常生活场景凸显了老年人使用智能手机的迫

切需要。本次调查的 209 位老年人中，有 113 位老年人拥有智能手机，占比为 54.07%；有 126 位老年人家里可以上网，占比为 60.29%；有 123 位老年人会使用智能手机等设备上网，占比为 58.75%，其中有 36.84%的老年人几乎每天都会上网；老年人使用智能手机主要用于休闲娱乐和社交活动，但是商务交易用途比例增加，有 36.84%的老年人会使用微信或支付宝上网（见表 3-15）。综上，本次调查结果表明，老年人的数字接入能力、互联网使用能力均有所提升。

表 3-15　209 位老年样本的基本特征描述

变量			比例（%）/均值
个人特征	性别（女）		53.60
	年龄		65.40
	受教育程度	文盲半文盲	21.53
		小学	29.19
		初中	26.32
		高中	21.05
		大专及以上	1.91
	婚姻（有配偶）		75.60
	身体健康（健康）		72.25
智能手机使用特征	拥有智能手机		54.07
	家里能上网		60.29
	使用频率	每天都上	36.84
		每星期至少上一次	18.66
		每月至少上一次	0.96
		每年上几次	2.39
		从不上网	41.15
	使用用途	社交活动	41.15
		商务交易	25.36
		休闲娱乐	37.80
		学习和获取信息	20.10
		自我展示	14.83
		使用短视频应用程序	48.33
		使用微信/支付宝	36.84

续表

变量		比例（%）/均值
社区服务	文娱活动	40.38
	医疗保健	39.71
	心理慰藉	21.05
	生活照料	23.92
	信息技术使用	18.66

老年人是否会使用智能手机上网在年龄、受教育程度、身体健康水平、居住安排和社区信息技术服务上存在显著差异。低龄、受教育程度较高、身体状态健康、与子女一起居住、居住社区提供信息技术服务的老年人会使用智能手机的比例相对较高。老年人是否拥有智能手机在年龄、身体健康水平、个人年收入和社区服务上存在显著差异（见表 3-16）。这一结论与使用 CGSS 数据的结论基本一致。

表 3-16　老年人智能手机使用的人群特征　　单位：%

人群特征		会上网	不会上网	有智能手机	无智能手机
性别	女	58.04	41.96	55.36	44.64
	男	59.79	40.21	52.58	47.42
年龄	60~69 岁	70.34***	29.66***	66.90***	33.10***
	70~79 岁	64.81***	35.19***	27.78***	72.22***
	80 岁及以上	20.00***	80.00***	10.00***	90.00***
受教育程度	文盲半文盲	42.22**	57.78**	40.00	60.00
	小学	52.46**	47.54**	47.54	52.46
	初中	67.27**	32.73**	63.64	36.36
	高中	70.45**	29.55**	63.64	36.36
	大专及以上	100**	0**	75	25
婚姻	有配偶	62.03	37.97	56.96	43.04
	无配偶	49.02	50.98	45.10	54.90
身体健康	非常健康	70.69**	20.31**	72.41***	27.59***
	比较健康	60.22**	39.78**	53.76***	46.24***
	一般	51.16**	48.84**	44.19***	55.18***
	不健康	33.33**	66.67**	13.33***	86.67***

续表

人群特征		会上网	不会上网	有智能手机	无智能手机
居住安排	与子女一起居住	65.49***	34.51***	56.64	43.36
	不与子女一起居住	51.04***	48.96***	51.04	48.96
个人年收入（元）		19195	11652	19961**	11637**
社区信息技术服务	提供	87.18***	12.82***	84.62***	15.38***
	不提供	52.35***	47.65***	47.06***	52.94***

注：** 代表 $P<0.005$，*** 代表 $P<0.001$。

老年人不使用智能手机主要是由于日常生活中除了打电话，不会用智能手机的其他功能，占比达 32.54%；其次是因为老年人对智能手机不太了解，担心网络安全，害怕上当受骗，占比达 29.19%。老年人因为不会使用智能手机而带来的困扰主要表现在看病买药（预约挂号、网上缴费等）、日常出行（坐车扫码、付款扫码、扫健康码、办事扫码等）等方面，占比分别为 48.80%、44.50%（见表 3-17）。

表 3-17　老年人不使用智能手机的原因及其带来的困扰

不使用智能手机的原因	比例（%）	不使用智能手机带来的困扰	比例（%）
日常生活中除了打电话，不会用智能手机的其他功能	32.54	与亲友视频聊天	28.23
屏幕小、触屏不灵敏等问题导致用起来不方便	15.79	看病买药（预约挂号、网上缴费等）	48.80
没有人教自己如何使用智能手机，自学很困难	23.92	网上购物	19.62
对智能手机不太了解，担心网络安全，害怕上当受骗	29.19	日常出行（坐车扫码、付款扫码、扫健康码、办事扫码等）	44.50

除智能手机以外，老年人使用的智能产品相对较少，调查显示，209 位老年人中仅有 7 位老年人家里有智能轮椅，77 位老年人家里有电子血压计，18 位老年人家里有血脂检测仪，6 位老年人家里有智能手环，5 位老年人家里有智能睡眠监测仪，17 位老年人家里有智能语音设备。

综合访谈案例，可以发现，在经济欠发达城市，大多数老年人依然过着传统的、非数字化的生活，日常生活中涉及信息技术使用的场景非常少，因此，不使用智能手机不会给老年人带来诸多困扰。老年人不使用智能手机而陷入困境主要发生在看病就医、扫码出行等场景中。在后疫情时代防疫常态化下，借助信息技术和大数据追踪个人出行、健康等基本信息，以避免疫情扩散化。这种新常态给不会使用智能手机的老年人带来了新的挑战和困境。拥有智能手机是使用互联网的前提条件，但是对于经济条件有限的老年人，基本无力承担智能手机及其移动网络成本。部分未使用智能手机的老年人对于智能手机并不抗拒，拥有一定的使用意愿。基于智能手机老年友好设计、网络安全等问题，部分老年人不愿意使用智能手机，依然依赖于传统的生活方式。老年人遇到智能手机使用困难时，一般倾向于向子女或者邻居朋友求助。使用智能手机的老年人一般是受教育程度和经济收入较高的低龄老年人，老年人使用智能手机主要用于跟子女和朋友视频聊天、线下活动联系和筹划、刷短视频娱乐。

（二）老年人智慧养老服务使用现状

据 WHO 统计，有超过 10 亿人需要 1 项或多项辅助设备，到 2030 年，超过 20 亿人需要至少 1 项辅助产品支持，而老年人需要 2 项甚至更多，目前 10 个需要辅助技术的人中仅有 1 人使用了辅助产品（WHO，2018）。在智慧养老产业的发展推动下，智能家居、可穿戴设备、机器人等智能终端设备开始逐步进入社区或者养老机构，家庭或者个人层面更多的是使用电话、手机等设备与社区和养老机构建立连接，以满足老年人多元化的养老服务需求。2019 年中国智慧健康养老产业规模近 3.2 万亿元，近 3 年复合增长率超过 18%，到 2020 年产业规模将突破 4 万亿元。全国范围内已创建 117 家示范企业、225 个示范街道（乡镇）和 52 个示范基地（郭诗锦，2020）。部分城市初步探索形成信息技术企业、健康养老机构、专业服务商及老年群体等多主体间的互利共赢机制和智慧养老发展模式，具体实践案例见表 3-18。

表 3-18 我国智慧养老实践案例

模式	主要内容
杭州模式	2013 年建立养老服务需求信息系统，通过“呼叫器”或“关爱手机”等呼叫终端，社会养老服务提供商能够为老年人提供安防急救、主动关怀、亲情通话和生活服务“四位一体”的智慧养老服务。2017 年，杭州市搭建了统一的智能监管平台，开通了96345100 服务专线，政府采用公开招标产生“智慧养老”服务商资格库，以政府购买的形式，由服务商通过智能化服务终端、搭建信息管理系统、组建服务团队等，为全市老人提供三大类服务：一类服务以“应急救助”为核心；二类服务为“助急、助洁、助餐、助医、助浴、助行、助聊”等服务；三类为具有区域特色的服务
青岛模式	成立 12349E 家养老服务中心，建立区级养老服务调度指挥中心，利用平台主动采集老龄人实时的服务需求，充分运用大数据优势进行评估、预测、分析、转接等，整合老年人群体养老服务资源，实现资源的优化配置，为老年人提供生活照料、紧急救援、医疗保健、情感慰藉等个性化、精准化、智能化的养老服务，从而形成了资源数据互联互通、资源统一调度的新型养老服务模式。同时，依托“互联网+”平台，对养老服务实行全程监管，确保服务品质。目前，许多城市都开始依托 12349 公共服务电话建立信息化养老服务平台
上海模式	打造家门口的人工智能服务站。在社区综合为老服务中心，老年人可以使用智慧自助体检机器人为自己做一个包括心脏、血压、体温等项目的体检，如果体检异常，还可以通过在线视频坐诊进行远程医疗服务。除了人工智能的应用场景，社区还依托为老服务中心建立智慧养老数据中心，通过资源集聚和人工智能技术，形成立体式养老服务生态圈，老年人可以通过养老数据中心享受到诸如预约剪发、网上订餐等资源。将智能康复设备引入长者照护家园，如通过呼叫牌、智能床垫、响应手环等智能管理系统收集老年健康信息，及时响应老年人需求，降低养老服务照护风险；通过康复机器人为老年人制订个性化服务计划，并实现健康数据自动记录备案，实现从“人工训练”到“人机训练”的康复治疗
北京模式	海淀区建立智慧养老示范基地，设有图书室、健康咨询室、体验室等，智慧养老管理平台接入户籍老人、运营养老驿站及养老机构信息，实现数据共享；朝阳区对养老综合服务应用程序进行适老化设计，为老年人提供点餐、助行、助洁等服务；西城区建立“虚拟养老院”，老年人通过“e 键通”电话终端获取企业、社会组织、志愿者等提供的多元化养老服务
西安模式	建立“线上线下”相结合的健康管理平台，通过通信、手机应用程序、微信公众号等提供线上健康管理服务，借助智能设备为老人提供慢性病管理、健康咨询、日间照料、购物缴费等线下服务。创建信息服务中心，信息平台涵盖政府审批和监督管理系统、社区养老服务管理系统、养老护理员外勤管理手机应用系统等，平台终端连接政府部门、社区、老人和服务人员，为老年人提供信息咨询、服务派单、服务监督、紧急救助、主动关怀等公共服务

资料来源：贾妍等（2020）。

从我国智慧养老的实践来看，用于医疗保健、休闲娱乐的智能设备（如机器人、智能床垫等）被引入社区或养老服务中心，依托物联网技术，通过电话、手机、呼叫器等移动终端，建立老年人与社区、养老机构和医院的连接，实现紧急救助、日常生活、医疗保健等功能，信息平台系统是实现连接的关键，达到资源集聚、数据储存、信息共享、监督管理等目的。目前，由于技术标准不一致、平台标准不统一，所以信息平台构建一般只停留在区一级层面，部分做得比较好的城市（如杭州）可以达到市级层面的信息共享，无法实现省级层面甚至全国层面的信息平台建设。鉴于使用成本、设备购买、平台管理等原因，即使在区一级层面，许多机构、社区和个人都未加入健康信息系统平台中，这意味着在数字技术使用的第一步“接入沟”就陷入困境。搭建统一技术标准的健康信息系统平台，逐步实现区（县）级、市级、省级健康信息平台的数据共享共建是未来智慧养老产业亟须解决的问题。

第三节　老年人数字融入困境

黄晨熹（2020）将数字技术使用机会和使用能力上的差异划分为三个方面：一是接入沟，即表现为在电脑和网络可及性及性能上的差距；二是使用沟，表现为在网络使用上的差距；三是知识沟，表现在使用效率或运用数字技术改变现实生活能力的差距。本节将从信息技术使用的可及性、使用意愿和使用能力、信息内容甄别等方面阐述老年人在信息技术使用中遇到的困难。

一、数字技术可及性困境

在互联网技术发展初期，“数字鸿沟”问题主要表现为接入鸿沟，即是否拥有计算机、是否具备上网条件等方面。20 世纪末，美国仅有 50%的家庭拥有个人电脑，60 岁及以上老年人家庭拥有个人电脑的比例仅为 25%（Anon，1999）。随着互联网技术的发展，这种接入困境逐步得到改善，但是在老年群体中仍然存在。2000—2013 年，美国人使用互联网的比例从 50%上升到 86%，而老年人使用互联网的比例从 14%上升到 59%（Broadb and Expanded，2013）。根据 2018 年 CGSS 调查数据，高达 87.1%的 60 岁及以上老年人表示没有任何上网设备，53.4%的老年人表示不能在家里上网，比59岁及以下群体占比高出35.6个百分点。拥有智能手机、平板电脑、台式电脑、远程监控、健康监测工具、机器人等设备是信息技术、数字技术使用的前提条件。随着互联网技术的普及，尤其是新冠疫情对传统生产生活方式的冲击和颠覆，使用智能手机上网的老年人比例迅速提高。根据《中国互联网络发展状况统计报告》，2019年至2020年底，我国老年网民的数量从0.61亿人增加到1.1亿人，仅仅一年时间，增长了80.3%。互联网接入问题在老年群体中得到了较大改善。但是，老年网民占老年人人口的比例为43.1%，远低于全体网民占总人口的比例70.4%。智能手机、平板电脑等互联网设备和网站对于老年用户的友好度不如中年人和年轻人，即使手机放在家里，老年人也不会像其他群体那样焦虑，老年人还没有充分感受到技术改变了他们与其他人的沟通方式（Volkom et al.，2014）。部分老年人仍然偏好使用老人机或者座机电话与他人沟通。但是，在信息化时代，没有智能手机给老年人的日常出行带来了诸多麻烦，比如2020年8月，黑龙江哈尔滨一位老人因为没有智能手机扫健康码，遭到公交司机拒载。

对于老年人，除了互联网设备以外，还需要使用电子血压计、血糖监测仪、远程医疗、陪护机器人、智能轮椅等辅助性信息技术。在发达国家（如日本、瑞典等），由于人口老龄化程度较高，政府大力支持辅助产品在老年群体中广泛应用。在80~89岁独居的老人中，77%的老人使用一种或多种设备（Lofqvist，2005）。居住在普通住房的85岁老人中，74%的人使用辅助器具，92%的90岁老人使用辅助器具（Dahlin-Ivanoff，2005）。一方面，辅助性技术对专业知识和认知能力等要求较高，在我国，家庭层面使用这些辅助技术的还比较少，民众对这些技术仅仅处于概念层面，缺乏专业信息和使用认识，也不清楚根据自身需求需要使用什么样的辅助技术。另一方面，辅助技术产品品种繁多，但是国家层面并没有对它们的使用制定统一的指导规则，不同产品之间也无法做到连通共享，辅助技术产品市场当前也不成熟不完善，普及率较低，个性化要求使许多产品无法做到规模化生产，导致产品价格偏高，我国许多老年人的经济条件无法承担，无法发挥辅助技术产品对老年人健康、生活质量的积极影响。

二、数字技术使用意愿、使用能力困境

数字技术的初衷是为了便利人们的生活，智慧社会使科技渗入到日常生活的方方面面，数字科技和智慧社会对传统生产生活方式以及意识形态产生了不可逆转的冲击和颠覆。日常生活包括出行、购物、娱乐、看病等都与数字科技密切联系，看病挂号、交水电燃气费、坐车出行、旅游购票、购买日常生活用品甚至买菜吃饭等都不用外出，只需要在智能手机的应用程序上操作，所有事情都可以顺利完成。智慧社会建设使日常生活便利化、丰富化的同时，由于认知缺陷或认知衰退导致学习能力下降、数字恐惧以及社会偏见下的逃避心理、数字产品的复杂性和对老年人的不友好等原因，导致老年人进入“不会使用”到“排斥使用”的恶性循环。老年群体之间的数字技术使用差异较大。

不愿意使用、不会使用、使用过程中困难重重等问题是老年人数字技术使用困境的主要体现。从使用意愿的角度，老年人不愿意使用信息技术产品和服务，偏好传统的生活方式和沟通方式，有较强的数字排斥感，无法实现数字思维的转变。老年人缺乏对信息技术设备潜在益处的认识，担心个人信息被滥用，担心认知能力、学习能力有限导致使用信息技术困难带来的歧视和社会偏见、缺乏社会支持等（Klimova and Blanka，2019），老年人对数字技术的排斥感、逃避感将形成新的社会不平等问题——数字技术不平等。老年人的日常生活因数字技术使用困难引发诸多不便和难题，如老人冒雨用现金交医保被拒、90 岁高龄老人被抱起进行人脸识别等，尤其在后疫情时代，在日常出行、就医、消费等场景都需要健康码，不会使用智能手机的老年人常常遭遇不便。使用意愿问题最根本是老年人对数字技术的态度和信息技术实用性的认识。同一种行为在不同的认知水平下可能会产生不同的信息技术使用行为，一方面，网络购物为人们的生活带来了便利，日常生活用品更加丰富化，信息技术使用意愿增强；另一方面，网络购物存在信息泄露、账户安全的风险，容易造成部分老年人的数字排斥。这类老年人无法体会数字技术产品和服务带来的便利，反而更畏惧使用数字技术，进入无法破解的老年人“数字鸿沟”怪圈。

数字技术使用过程中最主要的问题就是易用性和适老性，根据老年人的信息技术使用能力，可以将老年人分为两种类别：一部分老年人愿意使用智能设备，但目前缺乏针对老年人智能技术使用的培训；另一部分老年人会使用智能设备，但是由于在使用过程中常常遇到使用麻烦、操作复杂等问题，加上老年人本身的数字素养和数字能力十分有限，无法适应瞬息万变的信息化时代。有调查数据显示，老年人在接触互联网过程中遇到困难时，50%的人会选择放弃，而主要原因就是网络的复杂性问题（原新，2021）。

老年人在已有的知识储备和认知能力下，学习使用数字技术的成本小于其收益是老年人坚持使用数字技术的前提条件。当技术与老年人的日常生活兼容，当他们评估技术的好处大于学习使用它的努力时，他们对技术的态度就会更加开放（Nedopil et al.，2019）。老年人特有的生理特征和心理特征将对老年人的需求及其使用技术或技术设备的能力产生影响（Farage et al.，2012；Tenneti et al.，2012）。技术对于老年人而言是一个敏感的问题，因为它具有侵入性、复杂性、尴尬性或环境破坏性的特点（Leonardi et al.，2009）。伴随老年人的认知能力下降，如选择性注意力和工作记忆（Lim，2010；Lesch et al.，2011），老年人在理解和学习方面可能更困难，在获得新技能方面比年轻人慢。年龄增长所带来的视觉和听觉障碍也会影响老年人对信息技术产品的使用，大多数老年人主要依赖于图形/文本（如手机和数码相机）或基于声音的（如MP3播放器和警报器）用户界面（Fisk，2009；Wu，2011）。由于触觉敏感性和精神运动性能的下降，老年人可能难以按照许多技术设备的要求进行准确的运动，如敲击非常小的目标、按下小按钮或用笔写字（Armbru et al.，2007；Cheong et al.，2013）。《老年人使用智能手机现状调查》结果显示，老年人不满意智能手机的主要原因分别是屏幕小（46.7%）、运行速度慢（42.7%）、存储空间不够（36%）等，而65.8%的老年人认为屏幕大是智能手机的重要性能。适老化设计本身也是为了提高易用性和满足老年人个性化的需求。设计和界面友好可以解决老年人的电子包容，老年人可以通过智能手机获得大量应用程序和产品，但这些并不是专门为他们的需要而创建的，缺乏友好感（Leonardi et al.，2008）。

三、数字内容识别困境

在数字化时代，信息获取者、技术使用者必须具有高度辨识力、深度学习力、快速吸收力等，尤其当前网络信息获取渠道多元化，一方面，微信公众号、短视频等大量推送健康养生、理财产品等信息，老年人并不具备甄别信息真伪的能力，容易被虚假信息欺骗，遭遇消费欺诈，将所有积蓄都用于购买保健品、购买非法理财产品，对身心健康产生严重的不利影响；另一方面，抖音、快手等短视频在部分老年网民中盛行，老年人沉迷于短视频，长时间观看手机，导致锻炼身体、与亲朋好友交流沟通的时间大幅下降，网络使用强度过大，从而对身心健康产生副作用。尤其对于一些子女不在身边、缺乏朋友的老年人，更容易用短视频娱乐来填补心理上的空虚，特别是当前智能算法下的精准推送，导致老年人接收到的短视频都是自己感兴趣的内容，让他们更容易沉迷其中。在信息化社会建设过程中，既要关注到那些因没有健康码无法出行的“走得慢”的老年人，也要关注到被互联网大潮卷入的“走得快”的老年人（张鹏禹，2020）。

自2020年11月起，为了解决老年人信息技术使用困难问题，促进老年人融入信息化、智能化社会，国家相关部门陆续发布了系列文件，国务院印发的《关于切实解决老年人运用智能技术困难的实施方案》，涉及方便老年人日常生活的出行、就医、消费等7个高频事项；全国老龄办开展“智慧助老”的专项行动；工业和信息化部印发了《互联网应用适老化及无障碍改造专项行动方案》。与老年人使用技术有关的问题可以通过改进设计和培训来解决（Iancu et al.，2017）。根据老年人的特点，智能设备应设置大按钮，更适合颤抖的手，在检测到紧急情况时发出警报；设备应易于清洗，具有防水显示器，显示良好的对比度，无眩光显示器，与其他接口/应用程序兼容；设备应有易于阅读的手册与图片和逐步说明，有大数据存储等（AAL，2013）。对于不会使用信息技术或数字技术的老年人，要充分发挥家庭、志愿服务等力量，发达国家十分注重依托社区图书馆和建立专门的网站来帮助老年人跨越数字鸿沟。适老化过程中更要考虑老年人思维方式的适应，不能仅仅停留在字体、声音大等表层问题，更要考虑人机交互等深层次问题，比如年轻人的思维是一种立体化思维，如操作系统时会同时打开多个标签窗口，但是老年人看报看电视的习惯思维是平面的（左美云，2021）。

第四节　老年人数字技术使用的影响因素分析

本章以数字技术接受与使用理论为基础，使用 2017 年 CGSS 调查数据，选取 60 岁及以上老年人作为研究对象。数据原始样本量为 12582 个，删除年龄在 59 岁及以下的样本观测值和主要变量缺失值后，最后获得来自 28 个省份的 4139 个有效样本。

一、研究设计

（一）计量模型

传统线性回归的被解释变量为连续变量，当被解释变量为分类变量时，一般采用一般化线性模型（Generalized Linear Models，GLMs），它是将回归模型扩展到非常态分布或非线性样本的一种统计方法。二分类被解释变量，如是否结婚、是否使用、是否就业等问题，所观测到的是某一事件是否发生，其结果变量一般为“是”（$y_i=1$）或“否”（$y_i=0$）的二分类变量，回归模型也被称为二值选择模型。

根据线性概率模型 $y_i=x_i'\beta+\varepsilon_i(i=1,\ \cdots,\ n)$，观测值可能出现 $\hat{y}>1$ 或 $\hat{y}<0$ 的不现实情形。为了使 y 的预测值为 [0, 1]，考虑 y 的两点分布概率：

$$\begin{cases} P(y=1 \mid x)=F(x,\ \beta) \\ P(y=0 \mid x)=1-F(x,\ \beta) \end{cases} \tag{3-1}$$

根据 $E(y \mid x)=1 \cdot P(y=1 \mid x)+0 \cdot P(y=0 \mid x)=P(y=1 \mid x)$，通过选择合适的连接函数 $F(x,\ \beta)$，可以确保 $0 \leqslant \hat{y} \leqslant 1$。当 $F(x,\ \beta)$ 为标准正态的累积分布函数，则 $P(y=1 \mid x)=F(x,\ \beta)=\Phi(x'\beta)=\int_{-\infty}^{x'\beta}\phi(t)\,dt$，该模型称为 Probit 模型。当 $F(x,\ \beta)$ 为逻辑分布的累积分布函数，则

$$P(y=1 \mid x)=F(x,\ \beta)=\Lambda(x'\beta)=\frac{\exp(x'\beta)}{1+\exp(x'\beta)} \tag{3-2}$$

该模型称为 Logit 模型。

二值选择模型的参数估计值不具可比性，需要计算平均边际效应。其中，$\ln\left(\frac{p}{1-p}\right)=x'\beta$，$\frac{p}{1-p}$为概率比或相对风险。$\hat{\beta}_j$ 表示解释变量 x_j 增加一单位引起对数概率比的边际变化。Logistic 回归模型中解释变量与被解释变量之间的影响关系用 $\exp(\beta)$ 或者风险比（Odds Ratio）来表示。

本节主要采用二分类 Logistic 回归模型检验老年人是否上网的影响因素。该模型公式为 $\text{Logit}(P)=\beta_0+\beta_1x_1+\beta_2x_2+\cdots+\beta_nx_n+\varepsilon_n$，其中，$P$ 表示老年人上网发生的概率，x 为解释变量，β 为偏回归系数，表示在其他变量不变时，该解释变量对老年人是否上网的影响。

（二）变量说明

1. 被解释变量

本书的被解释变量为是否使用互联网。CGSS2017 年问卷中提出“近半年，您上过网吗（包括电脑、手机、智能穿戴等各种设备）”，如果答案为 1，表示上过网；答案为 2，表示没上过网。这里上过网的老年人赋值为 1，没上过网的老年人赋值为 0。

2. 解释变量

本书的解释变量为个人及家庭特征变量、社会经济地位变量、设备技术条件变量。

（1）个人及家庭特征变量

个人及家庭特征变量包括老年人的年龄、性别、婚姻状况、城乡状况、居住方式等。年龄分为 60~69 岁、70~79 岁、80 岁及以上 3 类；婚姻状况分为有配偶和无配偶，其中将“同居”“初婚有配偶”和“再婚有配偶”归为“有配偶”一类，将“未婚”“离婚”“丧偶”归为“无配偶”一类。

（2）社会经济地位变量

社会经济地位变量包括收入、受教育程度、自评社会经济地位等。将老年人的受教育程度分为文盲半文盲、小学、初中、高中、大专及以上 5 类，赋值范围为 0~4。为了消除量纲的影响，收入采用个人年收入的对数。

（3）设备技术条件变量

根据问题“个人拥有多少上网设备（含台式机、笔记本电脑、平板电脑、智能手机手表、电子书等）”测量是否拥有上网设备，若答案为0，则表示没有上网设备，答案为1或者以上，则表示拥有上网设备。将没有上网设备的老年人赋值为0，而拥有上网设备的老年人赋值为1。根据问题“您家里能上网吗（通过电脑、手机等电子设备上网都算）”测量是否拥有网络接入条件，回答“不能”的老年人赋值为0，回答“能”的老年人赋值为1。

变量的描述性分析见表3-19。

表3-19 变量的描述性分析

变量	特征	类别	频数（人次）	比例(%)/均值	标准差
个人及家庭特征	性别	男	2018	48.8	
		女	2121	51.2	
	年龄（段）	60~69岁	2384	57.6	
		70~79岁	1245	30.1	
		80岁及以上	510	12.3	
	城乡	城镇	2427	58.6	
		农村	1712	41.4	
	婚姻	无配偶	1149	27.8	
		有配偶	2990	72.2	
	居住安排	独居	867	21.0	
		与他人同住	3272	79.0	
社会经济地位	个人年收入对数		3400	9.42	1.41
	受教育程度	文盲半文盲	995	24.0	
		小学	1369	33.1	
		初中	996	24.1	
		高中	497	12.0	
		大专及以上	282	6.8	
设备技术条件	智能手机等上网设备	没有	3802	91.9	
		有	337	8.1	
	网络接入	是	656	46.3	
		否	753	53.7	
	上网设备数量	个	4076	0.12	0.52

二、实证分析结果

本节将运用嵌套模型的形式，通过控制若干个体及家庭特征变量，逐步加入收入、受教育程度等社会经济地位变量，是否有上网设备、是否具备网络条件等设备网络条件变量，分析它们对老年人是否使用互联网的影响。模型一主要将个体及家庭特征变量纳入到模型中；模型二在模型一的基础上加入了社会经济地位变量；模型三在模型二的基础上加入了设备网络条件变量。

表 3-20　老年人是否使用互联网的 Logistics 回归分析

变量	模型一	模型二	模型三
人口学变量			
性别（男性为参照组）	0. 712 *** （-4. 27）	1. 169 （0. 82）	1. 249 （1. 24）
年龄（60~69 岁为参照组）			
70~79 岁	0. 420 *** （-7. 11）	0. 321 *** （-6. 01）	0. 341 *** （-7. 32）
80 岁及以上	0. 224 *** （-5. 36）	0. 158 *** （-6. 78）	0. 198 *** （-6. 89）
城乡 （城镇为参照组）	0. 096 *** （-4. 11）	0. 357 *** （-4. 16）	0. 387 *** （-4. 28）
婚姻 （无配偶为参照组）	1. 573 *** （3. 92）	1. 112 （1. 37）	1. 185 （0. 92 ）
居住安排 （独居为参照组）	0. 838 （-1. 01 ）	0. 982 （-0. 53 ）	1. 106 （-1. 12 ）
社会经济地位变量			
个人年收入对数	—	1. 776 *** （3. 23）	1. 730 *** （3. 17 ）
受教育程度 （文盲半文盲为参照组）	—		
小学	—	4. 078 *** （3. 66）	3. 659 *** （4. 28）

续表

变量	模型一	模型二	模型三
初中	—	9.528 *** (3.32)	7.198 *** (4.01)
高中	—	22.064 *** (6.12)	15.774 *** (5.73)
大专及以上	—	36.40 *** (6.68)	29.488 *** (7.23)
设备技术条件			
智能手机等上网设备（没有设备为参照组）	—	—	87.344 *** (11.20)
网络接入（不能接入为参照组）	—	—	4.565 *** (8.05)
上网设备数量	—	—	0.473 (1.12)
常数项	0.715	0.0002	18577
PseudoR^2	0.172	0.338	0.439

注：表中数据为 Odds Ratio；*** 代表 $P<0.001$；括号内表示 z 值。

Logistics 回归结果显示（见表 3-20），在模型一中，性别、年龄、城乡和婚姻变量对老年人是否使用互联网有显著影响。与男性老年人相比，女性老年人使用互联网的概率下降了 28.8%；与 60~69 岁老年人相比，70~79 岁老年人使用互联网的概率下降了 58%，80 岁及以上老年人使用互联网的概率下降了 77.6%。与城镇老年人相比，农村老年人使用互联网的概率下降了 90.4%。与无配偶的老年人相比，有配偶的老年人使用互联网的概率提高了 57.3%。在模型二中，年龄、城乡、个人收入和受教育程度变量对老年人是否使用互联网有显著影响。个人年收入越高、受教育程度越高的老年人使用互联网的概率越大。小学文化程度的老年人使用互联网的概率是文盲半文盲老年人的 4.078 倍，大专及以上老年人使用互联网的概率是文盲半文盲老年人的 36.40 倍。在模型三中，年龄、城乡、个人收入、受教育程度、是否拥有上网设备和家里是否能上网等变量对老年人是否使用互联网有显著影响。拥有智能手机等上网设备的老年人上网的概率是没有上网设备老年人的

87.344 倍，家里能上网的老年人上网的概率是家里不能上网的老年人的4.565 倍。

数字技术接受和使用理论表明，老年人是否使用互联网受到设备接入条件、使用意愿、使用能力、结果预期等因素影响。Logistics 回归结果基本与信息技术使用理论一致。设备接入条件对老年人使用互联网起关键作用，拥有智能手机等设备是使用互联网的前提条件，个人收入越高的老年人拥有上网设备的概率也越高，上网本身需要支付成本，这里包括购买智能手机、平板电脑等上网设备和接入网络的费用，对于收入较高的老年人，更有能力负担这些成本（丁志宏和张现苓，2021）。受教育程度影响老年人对互联网等信息技术的接受能力和学习使用能力，受教育程度越高的老年人，学习能力越强，网络使用强度起来相对容易。受教育程度越高的老年人对信息技术使用越熟练，他们可以更好地利用信息/数字技术为自己服务，以达到较好的网络使用预期效果。结果预期是老年人使用网络服务的强大动力（Niehaves and Plattfaut，2010），对于受教育程度较高的老年人使用互联网的结果预期往往越好，进而越倾向于使用（刘炜，2015）。年龄在一定程度上体现了老年人的网络使用强度意愿和使用能力，年龄越大的老年人越不容易接受互联网这样的新鲜事物，认知能力、反应能力、行动能力、记忆力等下降，会直接影响高龄老年人学习和使用互联网的能力，从而影响他们的使用意愿。城乡差异从侧面反映了老年人的互联网使用效果，相对于农村老年人，城市老年人的日常生活更多受到互联网渗透和冲击，在接触和使用过程中感受到互联网的便利性，从而更愿意接受和使用互联网。

综上，老年人的经济条件、受教育程度、年龄、居住地等对其数字技术接受与使用产生影响。政府资助、社会支持是解决数字技术可及性的重要路径。左美云（2021）针对老年人数字困境中老年人没有设备或者支付不起设备的问题，提出可以通过补贴、赠送等方式帮助老年人获得设备，健康监测远程问诊等产品和服务，政府进行一定使用费的补贴，免除老人的后顾之忧。在瑞典，辅助性技术设备和服务由政府资助，并侧重个人需求，其目的是提供支持，使老年人在日益虚弱时仍能留在家里或熟悉的环境中，同时保持或增加活动和参与水平。在瑞典，大约 10%的人口依赖辅助性技术设备，其中，

70%的用户为65岁及以上（Hjälpmedelsinstitutet et al., 2010）。除此之外，智能化社会的适老化应更加注重人文关怀，从家庭和社会组织的角度，需要在注重人文关怀、陪伴和支持的同时，帮助老年人形成终身学习的动力和习惯（原新，2021）。

第五节 本章小结

数字技术是科技变革的先导力量，数字化赋能成为老年生活、养老服务、养老产业等领域的重要抓手，数字友好环境构建、数字助老行动实施，帮助老年人跨越“数字鸿沟”，逐步融入数字生活，享受数字红利。在智慧生活方面，互联网为老年人提供了人际交往、代际互动、资讯获取、学习教育等平台，传感器、机器人等辅助技术弥补了老年人的身体缺陷和功能障碍。人工智能、大数据、云计算、物联网、智能信息产品等新一代信息技术与传统健康养老融合诞生了智慧健康养老这种新业态、新模式，智慧养老借助信息化、智能化手段，有助于缓解人口老龄化加剧带来的医疗、养老服务供不应求的矛盾，为老年人提供高效、及时、多元化的养老健康服务。健康信息平台是实现智慧养老的基础和保障，移动医疗、智能终端设备、机器人等智慧养老技术为智慧养老产业、智慧养老服务模式的推广和实施提供了技术支撑，有助于缓解人力资源紧张，提高医疗资源利用率，提高照料质量，改善老年人认知能力、抑郁情绪等，提高老年人的主观幸福感。

我国老年人的互联网使用比例呈快速增长态势，2022年，老年网民占老年人口的比例达54.6%。在老年人互联网使用特征方面，老年人的数字接入能力在城乡、年龄、受教育程度上存在显著差异。城市、低龄、受教育程度高的老年人拥有上网设备的比例高于农村、高龄、受教育程度低的老年人。男性、城镇、低龄、受教育程度高的老年人使用互联网的比例显著高于女性、农村、高龄和受教育程度低的老年人。老年人使用互联网主要用于社交活动、信息获取、休闲娱乐等，使用用途较为单一。使用强度与其他群体的差异较小，且有逐步增长的趋势。新冠疫情暴发以后，老年人的数字接入能力、网络使用能力有所提升。在智慧养老服务使用方面，我国智慧健康养老产业规模突破4万亿元，并呈现复合式增长态势。部分城市初步探索形成信息技术企业、健康养老机构、专业服务商及老年群体等多主体间的互利共赢机制和智慧养老发展模式，如杭州模式、上海模式、北京模式等。

老年人在数字技术可及性、使用意愿和使用能力、信息内容甄别等方面存在程度不同的困境。智能手机、平台电脑等互联网设备和网站对于老年用户的友好度不如其他群体，在我国，远程医疗、陪护机器人、智能轮椅等辅助性技术的普及率不高，产品无法满足老年人个性化需求。不愿意使用、不会使用、使用过程中困难重重等问题是老年人信息技术使用困境的主要体现，数字技术使用过程中最主要的问题就是易用性和适老性，在已有的知识储备和认知能力下，学习使用信息技术的成本小于其收益是老年人坚持使用信息技术的前提条件。数字化时代，老年人缺乏甄别信息真伪的能力，极易被虚假信息欺骗，对身心健康产生严重不利影响。还有部分老年人沉迷于短视频，长时间使用手机，挤占了锻炼身体、人际交往、代际互动的时间。

为了验证数字技术使用的影响因素，以数字技术接受与使用理论为基础，使用离散因变量模型进一步证实老年人网络使用强度受到设备接入条件、使用意愿、使用能力、结果预期等因素影响。从个体层面来讲，老年人的经济条件、受教育程度、年龄、居住地等是影响其数字技术使用的重要因素。政府资助、社会支持可以有效解决数字技术可及性。政府通过政策优惠或经济支持，以补贴、赠送等方式为老年人提供数字技术、智能终端设备、健康监测远程问诊等产品和服务。

第四章　数字化时代老年人社会参与特征与困境

促进社会参与是积极老龄化的重要举措（Aw et al.，2017；Douglas et al.，2017；原新等，2018）。罗和卡恩（Rowe and Kahn，1997）最初的 SA 模型定义了积极老龄化（Successful Aging）的 3 个核心组成部分："低概率"的疾病和疾病相关残疾、高认知和身体功能能力以及积极参与生活。社会参与通过提高社会联结和减少社会隔离、孤独感，实现身体和心理健康促进（Tao et al.，2020）。数字化生活的普及与渗透提高了老年群体数字使用机会和数字使用素养，在数字化时代背景下，老年人社会参与度、参与能力、参与环境等都会发生变化，亟须掌握数字化时代老年人社会参与的新特征以及面临的机遇和挑战，为促进老年人社会参与提供数据和思路。

第一节　老年人社会参与的测量

本书将老年人社会参与划分为经济参与、公益参与、政治参与、家庭参与、文化娱乐参与 5 类。鉴于数据的可获得性和完整性，本书使用 2014—2020 年中国老年社会追踪调查数据（China Longitudinal Ageing Social Survey，CLASS）分析老年人社会参与特征及其困境。CLASS 数据是由中国人民大学中国调查与数据中心实施的一项全国性、连续性的大型社会调查项目。调查对象为中国 60 周岁及以上老年群体，采用分层多阶段的概率抽样方法，调查范围覆盖全国 28 个省（自治区、直辖市）共 464 个村（居）委会。2014 年、2016 年、2018 年、2020 年样本量分别为 11424 个、11471 个、11419 个和 11398 个。

一、变量测量

（一）社会参与类型测量

依据CLASS数据的可获得性，不同类型社会参与变量测量方法如下：根据2014年、2016年、2018年和2020年CLASS问卷，经济参与根据问卷中“目前是否从事有收入的工作/活动（包含农业劳动，农业劳动获得的农产品也可以转化为收入）”问题测量，选择“是”表示老年人参与了经济活动，反之则表示未参与。政治参与根据“近三年是否参加过本地居民委员会/村民委员会的投票选举”进行测量，选择“是”表示老年人参与了政治活动，反之则表示未参与。公益参与是根据问卷中是否参与“社区治安巡逻、照料其他老年人或小孩（如帮助购物、起居照料等）、环境卫生保护、需要专业技术的志愿服务（如义诊、文化科技推广等）、关心教育下一代（不包括自己的孙子女）”等志愿活动进行测量，参与其中一项即表示参与了公益或志愿活动。家庭参与则根据“过去12个月，您多久帮助子女做一次家务”和“您是否曾经帮助子女照看过他/她的孩子”来进行测量，帮忙做家务或者帮忙照料孩子都视为家庭参与，这两项均未帮忙则表示未参与。2014年和2016年问卷没有询问是否帮子女照顾孩子，因而使用“您是否与这个子女的孩子生活在一起”来间接测量是否有帮助子女照顾下一代。文化娱乐参与是通过个人兴趣活动进行测量，2018年和2020年问卷中包括上老年大学、参加培训课程、打麻将、下棋、打牌、广场舞等社交活动，2016年问卷中包括个体是否参与打电脑、编织缝纫、开会、吃饭；观看比赛；打牌/麻将；浴盆洗澡；跳华尔兹，打保龄球；提举轻物（<25千克）快走、骑自行车（常速）；社区器械锻炼；太极、气功、扇子舞、舞剑、集体舞等活动。只要参与其中一项则代表有文化娱乐社会参与。2014年的问卷不涉及文化娱乐参与相关问题，故不做文化娱乐参与测量。

（二）核心变量测量

1. 人口学变量

人口学变量包括老年人的年龄、性别、婚姻状况、政治面貌、宗教信仰、城乡状况、居住方式、健康水平、受教育程度等。年龄分为60~69岁、70~

79 岁、80 岁及以上 3 类；婚姻状况分为有配偶和无配偶，其中“已婚有配偶”为“有配偶”一类，“未婚”“离婚”“丧偶”归为“无配偶”一类；政治面貌分为“共产党员”“民主党派”（含无党派人士）、“非党员”3 类；宗教信仰分为“是”“否”两类。居住方式分为独居、与配偶或未婚伴侣居住、与其他人共同居住 3 类；城乡状况分为城市（含城镇）和农村两类；健康水平由自评健康和心理健康测量，自评健康分为“很健康”“比较健康”“一般”“比较不健康”“很不健康”5 类；CLASS 数据库选取流调抑郁自评量表 CES-D 中的 9 个问题测量心理健康，包括 3 个正向问题和 6 个负向问题，选项为“没有”“有时”和“经常”3 类，对正向问题选项采用反向计分，得分越高，说明老年人的心理健康问题越严重。将老年人的受教育程度①分为文盲半文盲、初中及以下、高中、大专及以上 4 类。

2. 数字技术变量测量

数字技术方面主要从是否使用互联网、网络使用强度和使用动机三个方面测量。问卷没有直接测量是否使用互联网，而是测量网络使用强度频率，选项包括“每天都上网”“每星期至少上网一次”“每月至少上网一次”“每年上网几次”“从不上网”等，这里将“每天都上网”“每星期至少上网一次”“每月至少上网一次”“每年上网几次”归为一类，表示老年人使用过互联网；“从不上网”为一类，表示老年人没有使用过互联网。在网络使用强度上，将“每天都上网”归为高强度，“每星期至少上网一次”为中强度，将“每月至少上网一次”和“每年上网几次”合并为一类，表示低强度。

3. 参与环境变量测量

老年人社会参与环境是一个社区（村居）或社会中老年人参与社会活动、融入社区生活和社会交往的各种条件和因素。良好的社区环境有助于提高老年人的社会参与（靳永爱，2017）。本书主要从社区环境（包括社区服务和社区基础设施）、社区老年友好度、老年人老化态度评价三个方面对社会参与环境进行测量和分析。

---

① 本章对受教育程度的划分基于 CLASS 数据库，将受教育程度分为文盲半文盲、初中及以下、高中、大专及以上 4 类，与第三章的划分方法不同。

（1）社区环境

社区服务是社会参与环境的重要组成部分，是衡量社区对老年人关怀和服务程度的重要指标。CLASS 问卷中询问了社区为老年人提供的相关服务，包括上门探访、老年人服务热线、陪同看病、帮助日常购物、法律援助、上门做家务、老年饭桌或送饭、日托站或托老所、心理咨询 9 项社区服务，采用老年人是否使用过该服务为标准，使用过赋值为 1，没有则赋值为 0。将各项服务的赋值加总得到社区服务水平的评分，总评分为 0~9 分，得分越高，代表社区老年人服务水平越高，社会参与环境越好。社区基础设施在老年人的社会参与环境中起着至关重要的作用。根据问卷中“您所在的社区是否有以下活动场所或者设施”进行测量。其中包括老年活动室、健身场所/设施、棋牌（麻将）室、图书室、室外活动场地等，社区（村居）若有该项基础设施，则赋值为 1，若没有则赋值为 0。通过对各项基础设施赋值的加总得到关于社区基础设施水平的一个评分，该评分为 0~5 分，评分越高，则表明社区（村居）的基础设施越完善，社区环境越好。

（2）社区老年友好度

社区老年友好度是指社区对老年人的友好程度和关怀程度，是评估社区对老年人的尊重、照顾和支持程度的一个指标。对社区老年友好度主要从两个方面进行评估：主观评价和客观评价。主观评价利用问卷中“老年人对社区（村居）尊老敬老氛围的满意程度”来进行分析测量，客观评价主要用“老年人对本社区（村居）内的无障碍设施的满意程度”进行分析评价。评价赋值为 1~5，分别表示“非常满意”“比较满意”“一般”“比较不满意”“非常不满意”。

（3）老化态度

老化态度是影响老年人社会参与的重要因素。积极的老化态度有利于老年人积极生活，影响其内在成长、人际交往、心理变化及健康的生活习惯等。根据 CLASS 问卷中的“我觉得我已经老了”“在我看来，变老就是一个不断失去的过程”“老了以后，我发觉更难交到新朋友了”“因为我的年龄，我感到我被排斥在一边”4 个对访问的老年人自己处境的描述，以及“年龄越大的人，处理生活问题的能力越强”“智慧随年龄而增长”“变老也有许多令人愉快的事”“养儿（子）防老”4 个社会中普遍现象的判断的问题来测量。前 4 个问题是消极评价，采用反向赋值，“完全不同意”赋值为 5，“有点不同意”赋值为4，“无所谓”赋值为3，“有点同意”赋值为2，“完全同意”赋值为1；后4个问题属于积极评价，按照数据库本身的赋值方法，“完全不同意”赋值为1，以此类推，将8个问题的得分加总，得分越高，表明自我老化态度越积极。

为了深入剖析不同类型社会参与的发展及其变化趋势，本节将采用历年追踪数据纵向对比分析老年人社会参与度，并运用2020年CLASS数据重点分析不同类型社会参与基本情况及其在人口学特征、数字技术使用、参与环境特征等方面的异质性。

二、社会参与整体状况

如图4-1所示，老年人社会参与率整体呈上升态势，正式社会参与程度远低于非正式参与，其中经济参与和公益参与的参与程度最低，而超过一半的老年人都参与了家庭活动和文化娱乐活动，其中老年人的文化娱乐参与率最高，2020年达到83.04%。2014—2020年，老年人社会参与均呈现波动性变化趋势，除政治参与率出现1.51个百分点下降外，其他社会参与均呈现波动性上升，正式社会参与的变化幅度较小，经济参与率和公益参与率分别上升了6.87个和8.19个百分点，而家庭参与率和文化娱乐参与率分别上升了16.96个和12.02个百分点。这可能与老年人自身因素限制、社会参与活动的社会支持和资源链接能力不足、活动的广泛性和便利性不足、外部环境支持不足等因素密切相关，导致老年人主动或者被动地选择较为容易的文化娱乐活动和家庭照料等。

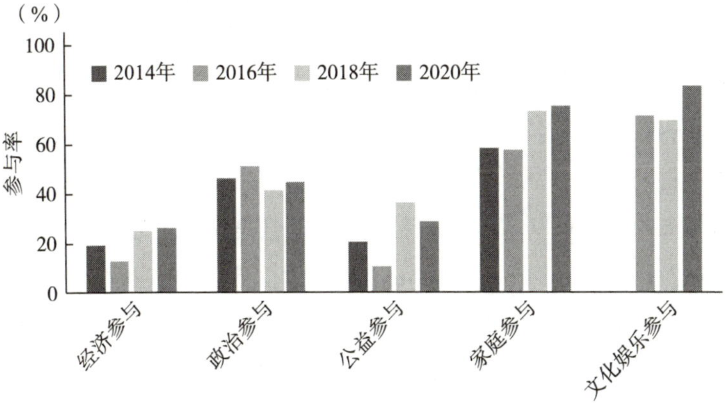

图4-1　2014年、2016年、2018年、2020年老年人社会参与基本情况

非正式社会参与度远高于正式社会参与度。非正式社会参与包括家庭参与、文化娱乐参与。正式社会参与包括经济参与、政治参与、公益参与，除了对老年人的知识储备、专业技能、身体素质等有一定要求，还需要外部环境和社会组织支持，比如，企业愿意接纳60岁及以上老年人，给予就业机会；公益活动开展需要志愿组织培育、志愿平台搭建、公益企业赞助等。外部资源链接不足、社会支持动力不足等都会直接阻碍老年人的正式社会参与。家庭参与和文化娱乐参与所需条件相对宽松，参与途径灵活、自由、快捷。老年人可以根据自己的兴趣和需求选择参与时间和参与方式，不受外界约束和限制。在外部环境不成熟、外部资源不充分的情况下，家庭参与和文化娱乐活动相对更容易适应老年人的生理和心理需求。

2014—2020年老年人社会参与基本情况如表4-1所示。

表4-1　2014—2020年老年人社会参与基本情况　单位：%

年份	经济参与	政治参与	公益参与	家庭参与	文化娱乐参与
2014	18.99	45.75	20.19	57.97	—
2016	12.47	50.85	10.24	57.26	71.02
2018	24.68	40.96	35.95	72.92	69.22
2020	25.86	44.24	28.38	74.93	83.04

从社会参与的城乡差异上（见表4-2），2014—2020年，农村老年人的经济参与和政治参与程度均高于城市老年人，这种差异有逐步扩大的趋势，这与农村民主选举制度有关，农村老年人有更多机会参与投票选举。2014年，农村老年人经济参与率比城市老年人高出20.3个百分点；到2020年，这种差异增加至30.25个百分点。城镇老年人享受城镇职工养老保险、医疗保险等待遇，保障水平远高于农村老年人，为老年生活提供了强有力的保障。城市老年人公益参与、文化娱乐参与的参与程度高于农村老年人，尤其是文化娱乐参与，城市老年人的参与率比农村老年人均高出10个百分点以上。城市公共基础设施配套相对完善，娱乐文化活动丰富，为城市老年人提供了参与活动的机会和选择。家庭参与上，农村老年人的参与率也低于城市，但是差异相对较小。

表 4-2　2014—2020 年老年人社会参与度的城乡差异　单位：%

参与类型	2020 年		2018 年		2016 年		2014 年	
	城市	农村	城市	农村	城市	农村	城市	农村
经济参与	12. 26	42. 51	12. 28	41. 58	11. 39	31. 87	10. 87	31. 17
政治参与	39. 72	49. 77	38. 32	44. 54	47. 55	55. 58	42. 33	50. 87
公益参与	30. 68	25. 58	39. 37	31. 29	12. 17	7. 63	20. 08	20. 35
家庭参与	76. 26	73. 31	74. 67	70. 53	58. 55	55. 41	57. 36	58. 88
文化娱乐参与	88. 09	76. 86	74. 13	62. 52	76. 04	64. 18	—	—

从社会参与的性别差异上（见表 4-3），2014—2020 年，男性在经济社会参与、政治参与和文化娱乐参与方面参与程度均高于女性。其中经济参与的差异幅度相对较大，除 2016 年外，男性老年人经济参与率比女性老年人均高出 6 个百分点以上。女性老年人家庭参与程度高于男性，这点与中国传统“女主内男主外”，家庭照料、家务活动等主要由女性承担比较相符。在公益参与上，性别差异并不明显，女性的参与率略高于男性，但是这种差异在统计学上并不显著。

表 4-3　2014—2020 年老年人社会参与度的性别差异　单位：%

参与类型	2020 年		2018 年		2016 年		2014 年	
	男性	女性	男性	女性	男性	女性	男性	女性
经济参与	29. 02	22. 65	27. 85	21. 47	14. 61	10. 24	24. 42	13. 97
政治参与	45. 89	42. 55	41. 64	40. 27	52. 07	49. 57	49. 17	42. 59
公益参与	28. 38	28. 39	35. 89	36. 01	10. 48	10. 01	19. 90	20. 46
家庭参与	72. 51	77. 40	70. 56	75. 31	55. 13	59. 46	55. 37	60. 37
文化娱乐参与	83. 23	82. 85	69. 50	68. 94	71. 71	70. 27	—	—

三、正式社会参与的基本特征

（一）经济参与的基本特征

2020 年，我国老年人经济参与的参与率为 25. 86%。老年人经济参与在性别、年龄、城乡、受教育程度、健康水平、政治面貌等方面存在异质性。男性老年人经济参与率为29.02%，高于女性6.37个百分点。60~69岁的低龄老年人经济参与率最高，达到31.41%，是80岁及以上老年人的2.22倍，结合第七次人口普查数据我国60岁以上人口超过2.6亿人中，55.83%的老年人属于60~69岁的低龄老人，因此，未来老年人力资源开发的重点将放在60~69岁的低龄老年人上。在城乡差异方面，农村老年人的经济参与度较活跃，为42.51%，是城镇老年人的3.47倍。城镇老年人拥有较完善的城镇职工养老保险或城镇居民养老保险等社会保障体系，以2021年为例，全国城镇职工养老金平均水平为3896元/月，全国居民基本养老金平均水平为1332元/月，依据各地区经济发展水平不平衡，养老金水平也有差异，比如北京、上海等经济发达城市城镇职工养老金水平均超过5000元/月，分别达到5806元/月和5400元/月，而农村老人养老金往往每月仅100多元，与城镇老年人养老金差异颇大，这直接导致农村地区老年人需要继续工作或从事经济活动来获取收入以维持生存。这与经济参与在养老保险变量的差异性结论一致，没有养老保险的老年人经济参与率为50.44%，比拥有养老保险的老年人高出26.4个百分点。非党员的经济参与程度高于党员，受教育程度越高的老年人经济参与程度相对越低，这可能是因为党员、受教育程度高的老年人退休收入相对较高，能够较好地保障其晚年生活，而不需要额外工作或再就业来增加收入。身心健康是老年人再就业或从事生产性活动的基本条件，自评健康越低的老年人，经济参与度也越低。对于使用互联网的老年人，使用强度越低的老年人，经济参与程度相对越高，这与网络替代效应论一致，网络使用强度较高的老年人可能会占用从事经济活动的时间。参与环境评价上，经济参与的老年人和经济未参与的老年人在社区基础设施、社区无障碍设施方面存在显著性差异，从事经济参与的老年人对社区基础设施和无障碍设施满意度均较低，这说明经济参与的老年人参与能力相对较强，因此对社区基础设施的要求较高。两者在老化态度、尊老氛围等方面评价的差异并不明显（见表4-4）。

表 4-4　经济参与在人口学变量、数字技术使用等方面的异质性　　单位：%

变量		参与	未参与	变量		参与	未参与
性别	男	29.02	70.98	受教育程度	文盲半文盲	30.77	69.23
	女	22.65	77.35		初中及以下	25.61	74.39
年龄	60~69 岁	31.41	68.59		高中	14.95	85.05
	70~79 岁	23.98	76.02		大专及以上	14.02	85.98
	80 岁及以上	14.14	85.86	健康水平	很健康	31.01	68.99
婚姻状况	有配偶	27.17	72.83		比较健康	29.41	70.59
	无配偶	21.87	78.13		一般	25.42	74.58
城乡	城市	12.26	87.74		比较不健康	16.54	83.46
	农村	42.51	57.49		很不健康	10.56	89.44
养老保险	有	24.04	75.96	网络使用强度	高强度	20.18	79.82
	没有	50.44	49.56		中强度	35.53	64.47
政治面貌	共产党员	13.03	86.97		低强度	38.89	61.11
	非党员	26.38	73.62		不使用	26.4	73.6
居住方式	独居	26.92	73.08	参与环境	社区服务评分	0.187 (0.013)	0.177 (0.007)
	与配偶居住	27.27	72.73		社区基础设施评分	1.244 (0.024)	1.757 (0.017)
	与其他人居住	23.78	76.22		老年友好度主观评价	2.263 (0.009)	2.234 (0.014)
宗教信仰	有	21.11	78.89		老年友好度客观评价	2.635 (0.017)	2.515 (0.010)
	没有	26.12	73.88		老化态度评价	21.39 (4.99)	21.47 (5.11)

注：政治面貌还包含民主党派及无党派一类，由于只有 5 个样本，这里没有单独列出来。参与环境变量均为连续变量，这里分别统计经济参与老年人和经济未参与老年人的参与环境评价，括号内为标准差，而分类变量主要统计不同类别下经济参与率与经济未参与率，表 4-5 至表 4-9 的统计方法一致，不再重复说明。

数据来源：CLASS 数据库。本章余同。

（二）政治参与的基本特征

2020 年，我国老年人的政治参与度为 44.24%，参与度较为活跃。老年人政治参与在年龄、城乡、政治面貌、健康水平、宗教信仰、网络使用强度等方面有显著性差异。不同性别、不同婚姻状况、不同居住方式和不同受教育程度的老年人的政治参与程度差异并不明显。60~69 岁低龄老年人的政治参与率比 80 岁及以上高龄老年人高 13.92 个百分点，农村老年人政治参与率为 49.77%，比城市老年人高 10.05 个百分点。中国城乡社会治理体系都是通过政府、社会组织、居民等多方参与而建立起来的完整社会治理机制。居民是城乡社会治理的基础，党的二十大报告提出要健全共建共治共享的社会治理制度，要求搭建非党员广泛参与的治理平台，健全非党员民主参与和监督的制度，这都为居民政治参与提供了制度基础和参与平台，唤醒公民参与意识，提升了居民的政治参与度。尤其在农村，《中华人民共和国村民委员会组织法》于 1998 年正式通过，农村基础选举制度逐步完善，村民通过集中民主参与，选举村委会干部，因此，农村老年人的政治参与程度高于城市老年人。党员身份的老年人政治参与率较高，为 52.81%，高于其他老年人；身体健康的老年人政治参与率高于身体不健康的老年人；有宗教信仰的老年人政治参与率为 53.81%，比没有宗教信仰的老年人高出 10.09 个百分点。经常使用网络的老年人政治参与率高于较少使用或者不使用网络的老年人。互联网时代背景下，网络成为投票选举、参政议政的媒介，因此使用网络的老年人拥有更多渠道和机会参与到投票选举等政治活动中。在参与环境评价上，政治参与的老年人和未从事政治活动的老年人在社区服务、社区基础设施、老年友好度评价和老化态度上均存在显著差异。政治参与的老年人对社区基础设施和老年友好度的评价低于未从事政治活动的老年人，这与经济参与的结论一致，但是政治参与的老年人对社区服务的认可度较高、对自我老化态度的评价比较积极，均高于未从事政治活动的老年人。这说明自我认同感高、自我效能感强的老年人更愿意参与投票选举等政治活动（见表 4-5）。

表 4-5 政治参与在人口学变量、数字技术使用等方面的异质性 单位:%

变量		参与	未参与	变量		参与	未参与
性别	男	45.89	54.11	受教育程度	文盲半文盲	45.3	54.7
	女	42.55	57.45		初中及以下	43.91	56.09
年龄	60~69 岁	48.86	51.14		高中	42.99	57.01
	70~79 岁	42.51	57.49		大专及以上	44.65	55.35
	80 岁及以上	34.94	65.06	健康水平	很健康	43.09	56.91
婚姻状况	有配偶	27.17	72.83		比较健康	52.32	47.68
	无配偶	21.87	78.13		一般	41.72	58.28
城乡	城市	39.72	60.28		比较不健康	31.69	68.31
	农村	49.77	50.23		很不健康	26.41	73.59
养老保险	有	44.56	55.44	网络使用强度	高强度	47.23	52.77
	没有	39.92	60.08		中强度	48.28	51.72
政治面貌	共产党员	52.81	47.19		低强度	38.27	61.73
	非党员	43.9	56.1		不使用	43.2	56.8
居住方式	独居	44.26	55.74	参与环境	社区服务评分	0.199 (0.010)	0.165 (0.008)
	与配偶居住	45.27	54.73		社区基础设施评分	1.582 (0.019)	1.678 (0.021)
	与其他人居住	42.9	57.1		老年友好度主观评价	2.136 (0.011)	2.351 (0.010)
宗教信仰	有	53.81	46.19		老年友好度客观评价	2.432 (0.012)	2.636 (0.011)
	没有	43.72	56.28		老化态度评价	22.12 (4.91)	20.92 (5.15)

(三) 公益参与的基本特征

公益服务是社会文明进步的重要标志，是社会成员参与社会活动的渠道，有利于增强社会凝聚力，为社会经济发展注入新的活力。老年人参与公益服务，可以发挥老年人余热，增加人际互动，提升其自我价值感。2020 年，我国老年人的公益参与率为 28.38%。公益参与在年龄、婚姻状况、城乡、政治面貌、居住方式、受教育程度、健康水平、网络使用强度等方面均存在显著差异。性别、是否拥有养老保险、是否有宗教信仰在老年人公益参与上没有明显异质性。年龄越小、受教育程度越高、健康水平越高的老年人公益参与程度越活跃。公益参与意识、参与能力与受教育程度、健康水平密切相关，部分公益服务需要专业技能和专业知识储备，受教育程度较高的老年人更有能力和信心参与到公益服务中。城镇老年人的公益参与率高于农村老年人，有配偶的老年人公益参与率高于没有配偶的老年人，与人共同居住的老年人比独居老年人的公益参与率高，使用互联网的老年人比没有使用互联网的老年人公益参与率高，但是与网络使用强度不相关。城市公益组织建设更为成熟，社区公益活动内容和形式丰富，为城镇老年人提供了更多公益参与的渠道和机会。与人居住、有配偶的老年人往往拥有更多的社会资源和社交网络，更愿意参与到公益服务中。党员身份的老年人公益参与程度最高，为45.17%，与受教育程度为大专及以上老年人的公益参与率基本持平，这说明作为共产党员的老年人，奉献意识、为民服务意识等已深入骨髓，时刻不忘发挥党员的先锋模范作用，因此公益服务动力和积极性较强。公益参与的老年人社区服务和社区基础设施的评价高于未从事公益活动的老年人，这与经济参与和政治参与的结论相反，但是对老年友好度的主客观评价较低。公益参与的老年人更注重社会价值、社会认同感、社会对老年人的关爱和尊重，因此他们对老年友好度的要求较高，迫切期望构建老年友好社区，提升老年人的生活质量（见表4-6）。

表4-6　公益参与在人口学变量、数字技术使用等方面的异质性　单位：%

变量		参与	未参与	变量		参与	未参与
性别	男	28.38	71.62	受教育程度	文盲半文盲	20.15	79.85
	女	28.39	71.61		初中及以下	30.38	69.62
年龄	60~69岁	34.51	65.49		高中	36.14	63.86
	70~79岁	26.62	73.38		大专及以上	45.02	54.98
	80岁及以上	14.51	85.49	健康水平	很健康	33.3	66.7
婚姻状况	有配偶	30.76	69.24		比较健康	27.87	72.13
	无配偶	21.09	78.91		一般	29.2	70.8
城乡	城市	30.68	69.32		比较不健康	26.44	73.56
	农村	25.58	74.42		很不健康	18.66	81.34

续表

变量		参与	未参与
养老保险	有	27.69	72.31
	没有	37.64	62.36
政治面貌	共产党员	45.17	54.83
	非党员	27.69	72.31
居住方式	独居	22.95	77.05
	与配偶居住	30.52	69.48
	与其他人居住	27.04	72.96
宗教信仰	有	29.58	70.42
	没有	28.32	71.68

变量		参与	未参与
网络使用强度	高强度	37.83	62.17
	中强度	30.88	69.12
	低强度	45.06	54.94
	不使用	25.24	74.76
参与环境	社区服务评分	0.229 (0.014)	0.160 (0.006)
	社区基础设施评分	1.890 (0.027)	1.519 (0.026)
	老年友好度主观评价	2.393 (0.015)	2.202 (0.009)
	老年友好度客观评价	2.641 (0.015)	2.509 (0.010)
	老化态度评价	21.26 (5.03)	21.52 (5.10)

老年人在公益参与项目上呈现一定差异（见表4-7），问卷中涉及的照料其他老人/小孩（如帮助购物、起居照料等）、调解邻里纠纷和需要专业技术的志愿服务（如义诊、文化科技推广等）、关心教育下一代（不包括自己的孙子女）的志愿服务等活动参与率较低，均有超过85%的老年人表示从未参加过。陪同聊天以及社区治安巡逻参与度相对较高，几乎每天参与的老人也较多，分别占5.11%和3.06%。

表4-7　公益参与各项目参与频率分析　　单位：%

项目	没参加	一年几次	每月至少一次	每周至少一次	几乎每天
社区治安巡逻	85.3	3.05	4.35	4.24	3.06
照料其他老人/小孩（如帮助购物、起居照料等）	89.10	4.76	4.01	1.64	0.48
社区环境卫生保护	84.01	6.39	7.26	1.37	0.97
调解邻里纠纷	87.37	9.41	2.06	0.93	0.24
陪同聊天	82.57	2.97	4.42	4.93	5.11
需要专业技术的志愿服务（如义诊、文化科技推广）	89.36	8.10	1.41	0.97	0.17
关心教育下一代（不包括自己的孙子女）	88.07	5.90	4.25	1.16	0.62

四、非正式社会参与的基本特征

（一）家庭参与的基本特征

中国老年人的隔代照料既是一种代际互助行为，也是在家庭代际传承等传统文化规范下的选择。老年人主动参与孙辈的日常照顾和养育、帮子女做家务等活动。因此，老年人的家庭参与度整体偏高，2020 年为 74.93%，即 2/3 的老年人在过去 12 个月内参与了家务活动或照顾孙辈。老年人家庭参与在性别、年龄、婚姻状况、居住方式、政治面貌、受教育程度、健康水平、宗教信仰、网络使用强度方面存在显著差异，在有无养老保险、城乡等方面差异较小。女性老年人比男性老年人更多地参与到家庭活动中，这与传统家庭中女性更多承担家务和照顾孙子女的责任有关。有配偶的老年人家庭参与率高于没有配偶的老年人，有配偶的老年人可以相互分担家务和经济负担，相对有余力去帮助子女，这点与居住方式的结论一致，与配偶居住和与子女等其他人一起居住的老年人家庭参与率远高于独居老年人，平均高出 20 个百分点以上，独居老年人家庭参与率仅为 53.06%。有宗教信仰的老年人家庭参与最高，达到 85.99%，比没有宗教信仰的老年人高出 11.65 个百分点。使用互联网的老年人相比没有使用互联网的老年人，家庭参与度更高，互联网缩短了老年人与子女间的空间距离，增进了与子女的感情，使用互联网的老年人与子女联系沟通更频繁，参与家庭活动的概率更高。但是高强度的网络使用强度会无形中挤占家庭照料等社会参与的时间，高强度网络使用强度的老年人家庭参与率低于低强度使用的老年人，因此，如何合理使用网络时间对于促进老年人社会参与至关重要。在老年人家庭参与活动的类别分布中，57.57%的老年人参与帮子女做家务，85.07%的老年人参与帮子女照顾小孩，老年人在家庭参与中更多承担隔代照料的责任，也有研究表明，隔代照料与老年人生活满意度显著正相关（李鹏和张奇林，2022）。在参与环境评价上，家庭参与的老年人和未从事家庭照料的老年人在社区服务和社区基础设施上均存在显著差异。家庭参与的老年人对社区服务和社区基础设施的评价均高于未从事家庭照料的老年人，这与公益参与的结论一致。家庭参与的老年人在照料孙子女以外，为了缓解孤独感和打发时间，期望通过社区棋牌室、娱乐室、体育设施等来丰富日常生活。因此，他们使用社区服务和社区基础设施的概率和频率相对较高，无形中提升了对社区环境的认同感（见表 4-8）。

表 4-8　家庭参与在人口学变量、数字技术使用等方面的异质性　　单位：%

变量		参与	未参与	变量		参与	未参与
性别	男	72.51	27.49	受教育程度	文盲半文盲	72.84	27.16
	女	77.4	22.6		初中及以下	75.17	24.83
年龄	60~69 岁	77.29	22.71		高中	79.02	20.98
	70~79 岁	74.42	25.58		大专及以上	78.6	21.4
	80 岁及以上	69.14	30.86	健康水平	很健康	74.97	25.03
婚姻状况	有配偶	76.56	23.44		比较健康	77.49	22.51
	无配偶	69.97	30.03		一般	74.39	25.61
城乡	城市	76.26	23.74		比较不健康	70.14	29.86
	农村	73.31	26.69		很不健康	68.66	31.34
养老保险	有	75.01	24.99	网络使用强度	高强度	78.11	21.89
	没有	73.89	26.11		中强度	80.06	19.94
政治面貌	共产党员	79.1	20.9		低强度	82.72	17.28
	非党员	74.76	25.24		不使用	73.49	26.51
居住方式	独居	53.06	46.94	参与环境	社区服务评分	0.20 (0.008)	0.119 (0.009)
	与配偶居住	71.62	28.38		社区基础设施评分	1.690 (0.017)	1.427 (0.026)
	与其他人居住	84.86	15.14		老年友好度主观评价	2.252 (0.009)	2.267 (0.014)
宗教信仰	有	85.99	14.01		老年友好度客观评价	2.551 (0.010)	2.532 (0.017)
	没有	74.34	25.66		老化态度评价	21.49 (4.99)	21.33 (5.33)

（二）文化娱乐参与的基本特征

文化娱乐参与是老年人社会参与中参与度最高的活动类别。2020 年，老年人文化娱乐参与率高达 83.04%。实现物质生活和精神生活共同富裕是满足人民非党员日益增长的美好生活的迫切需要，经济发展和社会进步在提升老年人物质生活的同时极大地改善了老年人的精神文化生活，诸如看电视听广播、读书看报、广场舞、打牌下棋等文化娱乐项目日益丰富和多元化，使晚年生活更加精彩，真正实现老有所乐。老年人文化娱乐参与在年龄、城乡、婚姻状况、受教育程度、居住方式、宗教信仰、网络使用强度等方面存在显著差异，低龄老年人、受教育程度较高的老年人文化娱乐参与率更高，低龄老年人的社会融合度较高，能够快速融入社区生活，参加各类文化娱乐活动，受教育程度高的老年人活动选择形式更加广泛。城镇老年人的文化娱乐参与率为 88.09%，比农村老年人高出将近 12 个百分点，这与城市公共服务设施完善、文化娱乐活动内容丰富、活动形式多元化有关。有配偶的、和他人共同居住的老年人比没有配偶、独居的老年人文化娱乐参与率高，这说明有他人陪伴能够更好地促进老年人积极参与文化娱乐活动。不同健康水平的老年人在文化娱乐参与上没有差异，这与其他类别社会参与不同，文化娱乐活动具有陶冶情操、愉悦身心、延缓衰老等作用，对老年人的健康水平没有过高要求，而且往往健康水平较差的老年人更有意愿通过这些活动来提升健康水平。使用互联网的老年人比没有使用互联网的老年人，文化娱乐参与率更高，且使用强度越高的老年人，文化娱乐参与率也越高。这里主要是没有区分线上参与和线下参与形式，因此不会出现线上参与对线下活动时间的占用，但是从一定程度上说明老年人的线上文化娱乐活动参与率较高。这与问卷中关于老年人网络使用强度程序的结论一致，使用互联网的老年人中有 70%使用了抖音、快手等视频应用程序，仅次于微信使用率。在参与环境评价上，文化娱乐参与的老年人和未从事文化娱乐活动的老年人在社区服务、社区基础设施、老年友好度客观评估、老化态度评价等方面存在显著差异。参与文化娱乐活动的老年人对社区基础设施、老年友好度客观评价、老化态度评价等方面均高于未从事文化娱乐活动的老年人，但是对社区服务评价较低。文化娱乐活动往往依托社区平台或社区基础设施，经常从事文化娱乐活动的老年人社区基础设施使用率高于其他老年人。健康中国、老龄友好社区建设等政策的实施，推动了社区环境尤其是城市社区环境的改善和优化，使用社区基础设施的老年人满意度也逐步提升。参与文化娱乐活动的老年人往往自我价值认同感强、身心愉悦，他们主动、积极融入社区活动，提升了自身的社会认同感，因此老化态度的评价也较为积极（见表 4-9）。

表 4-9　文化娱乐参与在人口学变量、数字技术使用等方面的异质性　单位：%

变量		参与	未参与	变量		参与	未参与
性别	男	83.23	16.77	受教育程度	文盲半文盲	75.41	24.59
	女	82.85	17.15		初中及以下	85	15
年龄	60~69 岁	86.21	13.79		高中	90.65	9.35
	70~79 岁	81.64	18.36		大专及以上	94.1	5.9
	80 岁及以上	77.28	22.72	健康水平	很健康	80.09	19.91
婚姻状况	有配偶	84.02	15.98		比较健康	83.48	16.52
	无配偶	80.05	19.95		一般	83.84	16.16
城乡	城市	88.09	11.91		比较不健康	81.89	18.11
	农村	76.86	23.14		很不健康	79.93	20.07
养老保险	有	82.9	17.1	网络使用强度	高强度	93.1	6.9
	没有	84.92	15.08		中强度	86.51	13.49
政治面貌	共产党员	88.76	11.24		低强度	86.42	13.58
	非党员	82.83	17.17		不使用	79.92	20.08
居住方式	独居	78.34	21.66	参与环境	社区服务评分	0.173 (0.007)	0.212 (0.013)
	与配偶居住	83.39	16.61		社区基础设施评分	1.766 (0.015)	0.931 (0.030)
	与其他人居住	83.81	16.19		老年友好度主观评价	2.256 (0.008)	2.255 (0.019)
宗教信仰	有	90.48	9.52		老年友好度客观评价	2.555 (0.009)	2.502 (0.021)
	没有	82.64	17.36		老化态度评价	21.51 (5.06)	21.18 (5.13)

在娱乐参与活动类别分布上，看电视、听广播、读书、看报、听戏是老年人中最为普遍的娱乐项目，有 60.79%的老年人几乎每天都会参与，11.30%

的老年人每周至少参与一次，只有 21.07%的老年人从不参与；其次是打麻将、下棋、打牌等，有 6.47%的老年人每天都会参与该类娱乐项目，有 15.32%的老年人每周至少会参与一次，9.43%的老年人每月至少参加一次；跳广场舞、唱歌等文化娱乐项目老年人参与较少，仅为 14.15%；老年大学的参与度最低，只有 5.4%的老年人参加（见表 4-10）。

表 4-10　2020 年老年人文化娱乐参与各项目参与频率　　单位：%

项目	没参加	一年几次	每月至少一次	每周至少一次	几乎每天
老年大学等	94.6	1.91	0.83	1.41	1.24
看电视、听广播、读书、看报、听戏	21.07	1.37	5.47	11.30	60.79
唱歌、弹奏乐器	82.44	6.03	4.03	4.98	2.53
打麻将、下棋、打牌等	63.79	4.99	9.43	15.32	6.47
跳广场舞、唱歌等	85.85	3.48	3.77	3.47	3.43

第二节　老年人社会参与模式

随着中国正式步入中度老龄化社会，老年人群体日益成为社会关注的焦点，其在社会结构中的地位和价值实现引发广泛关注。个体价值实现与其行动紧密相连，老年人社会参与行为与老年人社会价值实现之间的联系尤为重要。老年人的社会价值，既包括他们对社会的贡献，也涉及其生活和活动对社会的意义。老年人社会价值的内涵是多维的，姜向群（2001）指出老年人社会价值包括老年人对社会的效用性，以及他们的生命及其活动对社会的意义。著名老年学专家邬沧萍教授进一步阐释了老年群体社会价值在经济方面的体现，认为老年群体人力资源经济价值主要指老年人通过社会参与，实现再就业，或为社会公益事业服务。但是老年人从事家务劳动，比如整理家务或者照顾家人也是社会经济价值的体现，其行为能够为家庭减轻负担，使其他家人能够更加充分地投入工作中，为他们参与社会劳动创造必要的前提条件和提供坚强后盾。有研究基于隔代照料的视角，强调了老年人力资本在释放就业部门内年轻劳动力方面的积极作用，指出老年人在非市场劳动中的市场经济价值（何山和刘德浩，2021）。此外，姚远（2000）指出，在当代中国社会中，老年人的首要社会价值可能转向精神价值。随着生理条件的变化，虽然老年人的经济价值可能呈现下降趋势，但他们的精神价值不仅存在而且有所提升。老年人凭借其丰富的知识、经验和技能，能够为社会发展提供智力支持和道德维护力量，通过参与投票选举、社交、学习和休闲娱乐等活动，为社会注入活力。薛新东（2018）、李月和陆杰华（2018）进一步拓宽了老年社会参与的范畴，将表达个性的活动（如上网和体育锻炼）也纳入考虑范围。这些活动虽未直接体现社会价值，但对老年人的自我发展、社会适应和生活质量具有重要意义，且为社会增添了老年阶段的独特风貌，有利于社会的全面发展。

鉴于前文的讨论，本节旨在探索老年人的社会参与形式及其在社会价值实现中的作用。将老年人的社会参与分为经济参与和家庭参与，这两种形式被视为老年人实现经济价值的途径。同时，政治参与、公益活动参与以及文化娱乐参与等，则被认为是老年人精神价值体现的关键领域。本节进一步通过分析老年人参与这些活动的频率，并应用潜在类别模型，对我国老年人的社会参与模式进行了细致的分类和讨论。期望通过模式讨论来进一步阐释老年人在社会中的多元角色和贡献，强调社会参与在促进老年人自我价值实现和社会整体福祉中的重要性。此外，对老年人社会参与模式的深入分析有助于揭示潜在的社会政策调整方向，从而更好地满足老年人群体的需求，促进其更加积极的社会参与态度。这不仅有助于老年人的个人发展，对社会的和谐发展和进步也具有积极影响。

一、社会参与模式判别方法

本研究主要采用潜在类别模型（Latent Class Model）从经济价值和精神价值两个层面分析老年人社会参与模式。潜在类别模型是一种依据概率分布原理的统计方法，根据个体在各种外显变量上表现出来的反应模式，即不同的联合概率进行参数估计的统计方法（Lazarsfeld and Henry，1968）。该模型通过对概率参数进行精确的设定和构建，进而对模型进行参数估计与拟合优度的综合评价，最终实现对潜在分类的精确划分。潜在类别模型中两个要素尤为关键，即潜在类别概率和条件概率。潜在类别概率反映了不同类别群体在总体中的占比，条件概率则描述了属于特定潜在类别的个体在各外显指标上的反应概率。本研究所关注的外显变量包括经济参与、政治参与、公益参与、家庭参与、文化娱乐参与等，分别记为A、B、C、D、E。那么，潜在类别模型为：

$$\pi_{ijklm}^{ABCDE} = \sum_{t}^{T} \pi_{t}^{X} \pi_{it}^{\bar{A}X} \pi_{jt}^{\bar{B}X} \pi_{kt}^{\bar{C}X} \pi_{lt}^{\bar{D}X} \pi_{mt}^{\bar{E}X} \quad (4-1)$$

其中，π_{ijklm}^{ABCDE} 表示潜在类别模型的联合概率，是各潜在类别概率的总和。π_{t}^{X} 表示观察数据归属于某一个潜在变量 X 的特定类别 t 的概率，即 $P(X=t)$，$t=1, 2, \cdots, T$。$\pi_{it}^{\bar{A}X}$ 表示属于第 t 个潜在类别的受测者对于第 A（经济参与）个项目上第 i 种反应的条件概率，即 $P(A=i \mid X=t)$，$i=1, 2, \cdots, I$，以此类推。在对数据进行多次潜在类别拟合之后，根据模型拟合的适配的检验指标比较确定最优模型，然后对最优模型的分类结构进行分析讨论。通过详细的模型参数化与构建过程，以及对参数估计与拟合优度评估，有助于揭示老年人社会参与的多样性和复杂性，为进一步促进老年人在社会中发挥更积极作用提供数据支持和理论依据。

二、结果分析

对于老年人的不同社会参与活动，运用潜在类别分析方法进行多次拟合，以更加科学地反映老年人在不同活动之间的分配模式。潜在类别模型的拟合评价指标有Pearson卡方检验、似然比卡方 G^2 检验、信息评价指标AIC、BIC和ABIC等，这些统计指标都是通过比较期望值与实际值之间的差异进行拟合优劣的判断，因此统计估计数值越小，说明拟合得越好。林与代顿指出，当样本数达到数千人以上时，采取BIC指标较佳（Lin and Dayton，1997）。2020年CLASS数据库样本量为11398个，因此以BIC为模型适配性决策的标准，经过多次拟合分析，表4-11列出了5个模型的适配估计指标结果，比较5个模型的拟合估计结果可知，模型3-cluster的BIC的估计值最低，为67144.111，显示

3 个潜在类别模型是我国老年人社会参与模式拟合的理想结果。

表 4-11　1~5 类潜在类别模型的拟合优度

模型	χ^2	G^2	*df*	P-value	AIC	BIC	ABIC
1-cluster	1477.240	1404.048	5	0.000	68334.111	68370.817	68354.927
2-cluster	691.700	621.388	11	0.000	67563.451	67644.204	67609.247
3-cluster	65.525	65.249	17	0.000	67019.311	67144.111	67090.088
4-cluster	20.313	21.028	23	0.009	66987.091	67155.938	67082.847
5-cluster	5.911	6.049	29	0.052	66984.112	67197.006	67104.848

表 4-12 列出了各外显变量在不同潜在类别下的条件概率及各潜在类别的总概率。潜在类别概率值揭示了 3 个类别在总体中的相对比重，依次为 0.3711、0.1240 和 0.5049，总和为 1.0。这表明，第三类别占有最大的比例，紧随其后的是第一类别，而第二类别的比重最小。条件概率的增大表征了某潜在类别对应反应出现的可能性增高。第一个外显变量“经济参与”，在第一和第三个潜在类别中，其反应倾向为 0，即不参与工作，而在第二类潜在类别中，倾向为 1，即表现出参与工作的行为。在“公益参与”这一维度上，仅第一潜在类别的反应倾向为 1，即有公益参与行为，其他类别则为 0。家庭参与在第一潜在类别中反应倾向为 1，“政治参与”在第二潜在类别中倾向为 1。对于“文化娱乐参与”，所有类别中的倾向均为 1，这表明不同潜在类别中的受测者对于文化娱乐的参与无显著差异，因此在进行类别命名时，可以不考虑此变量显示出的高条件概率。条件概率的参数估计对于理解每个潜在类别的特性极为重要，因为更高的条件概率意味着受测者在该维度上的反应更为明显，这一点在类别命名时尤为关键。

本研究通过探讨老年人的社会参与模式，旨在揭示不同参与模式所体现的社会价值差异。基于潜在类别模型的分析，本书将老年人的社会参与模式细分为 3 种类型，每种类型均体现了老年人在社会参与中的不同价值取向和贡献。

表 4-12　社会参与模式的参数概率估计

外显变量	类别 1	类别 2	类别 3
经济参与	0. 265	0. 811	0. 103
公益参与	0. 603	0. 036	0. 055
政治参与	0. 498	0. 798	0. 295
文化娱乐参与	0. 970	0. 583	0. 771
家庭参与	0. 600	0. 504	0. 313
潜在类别概率	0. 37112	0. 12397	0. 50491

潜在类别条件概率分布如图 4-2 所示。

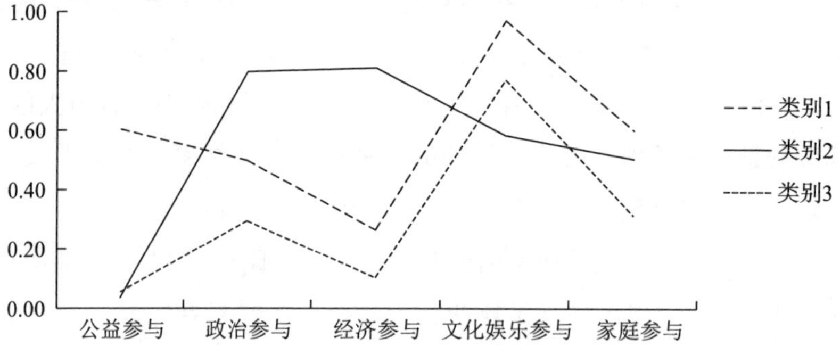

图 4-2　潜在类别条件概率分布

从表 4-12 中可以看出，第三种类型的老年人在各项社会参与活动中展现的条件概率普遍较低，表明这部分老年人在各项活动中的参与度较低。因此将此类模式命名为“低参与价值型”。结果显示，约有 50. 49%的老年人属于此类社会参与模式，这一比例凸显了低社会参与群体在总体老年人口中占比较高，此类群体在经济价值和精神价值方面的社会参与活动均显示出相对较低的参与概率，反映了其在社会贡献方面的局限性，也从侧面说明超过一半的老年群体的价值还有待挖掘。第一种类型的老年人在公益参与、文化娱乐参与、家庭参与等方面的条件概率普遍较高，分别为 0. 603、0. 970 和 0. 600，显著高于其他类型。基于这些参与活动的特性，将其定义为“高精神价值参与型”，该模式下的老年人占比为 37. 11%。这类老年人表现出对公益、文化娱乐及家庭照料的高度热情，其社会参与活动不仅丰富了个人的精神生活，也为社会发展和家庭和睦做出积极贡献。第二种类型的老年人在政治参与和经济参与等方面的条件概率较高，分别为 0.798 和 0.811，表明这类老年人的社会参与主要以经济利益和社会发展为导向。据此，将此类模式定义为“高经济价值型”，其中约 12.4%的老年人属于此类，他们的社会参与行为更多地体现了对经济价值的追求和贡献。

本研究依托潜在类别模型理论，旨在深入分析中国老年人在经济、政治、公益、家庭以及文化娱乐等多个维度的社会参与情况。基于数据挖掘和模型分析，将老年人的社会参与模式划分为三大类：低参与价值型、高精神价值参与型以及高经济价值参与型。研究发现，近一半的老年人属于低参与价值型，反映出当前老年群体的社会参与水平普遍偏低。对比显示，相较于经济价值型，更多的老年人倾向于精神价值型的社会参与，这一现象揭示了老年人的经济潜能尚未被充分挖掘和利用。此外，老年人的社会参与模式多呈现出以家庭为中心、文化娱乐活动单一化的特点。研究结论深化了对老年人社会参与模式的理解，同时也强调在促进老年人社会参与时，应考虑不同群体的价值取向和参与动机。识别和区分老年人的社会参与模式，有助于提升政策设计的针对性和有效性，以满足不同老年群体需求，促进老年群体的社会参与和价值实现。

面对人口老龄化趋势加剧以及人口负增长时代劳动力人数持续减少等挑战，积极地开发和利用老年人力资源显得尤为关键，不仅能有效缓解老龄化带来的社会和经济压力，还能为社会发展贡献宝贵的经验和智慧。我国低龄老年人口基数大，且总体健康状况有所改善，这为低成本开发人力资源创造了有利条件（曾红颖和范宪伟，2019）。低龄老年人口尤其是城市、受教育程度较高的低龄老年人，他们凭借多年的工作经验、扎实的专业知识和熟练的工作技能，在各自熟悉的领域中能迅速展开工作。这些老年人不仅责任心强、稳定性高，而且人力成本较低，具备了作为社会和经济发展力量的重要优势。建议通过加强顶层设计，完善政策支持体系，为老年人提供更多参与生产性、公益性活动的机会。同时也不应将老年人的角色局限于家庭抚养或文化娱乐参与，而应充分激发他们的潜能，让老年人口成为推动社会发展的积极力量。

通过合理有效的政策和社会支持，不仅能够为老年人提供有意义的参与机会，还能让他们的智慧和经验为社会带来更多的正面影响，真正激发老年人口红利。

第三节　老年人社会参与的现实困境

综合参与能力、制度环境、社会资源链接能力、参与平台发展等因素，分别从内部困境和外部困境来剖析老年人社会参与的现实困境，重点考察数字能力、制度保障、参与环境等对老年人社会参与形成的阻碍和制约，找寻促进老年人社会参与的积极因素。

一、个体、家庭等内部困境

（一）老年人“数字鸿沟”带来的信息困境与媒介困境

在数字化时代，互联网已成为老年人获取信息、人际交往、代际互动、文化娱乐等重要渠道，对老年人社会参与产生显著积极影响（董嘉杨，2023）。老年人由于生理和心理等因素在使用数字技术时存在使用焦虑、使用效能低下等困境，对感知技术有用性、易用性产生消极影响，从而排斥和抵触数字技术。数字化时代，数字技术改变了人们生产、生活和沟通方式，老年人排斥或不熟悉智能手机、电脑等技术工具，会直接影响到他们的社交、学习、信息获取等活动，从而制约了其社会参与过程中的信息获取和媒介利用。信息困境是指信息获取的有效性受限（王婷等，2017）。2020 年 CLASS 数据库的统计数据显示，仅有 27.36%的老年人具备互联网使用能力，47.79%的老年人对互联网设备的使用存在困难，42.51%的老年人对软件或应用程序的操作知之甚少。由于老年人数字素养有限，依然通过传统方式如报纸、电视等途径获取信息，时效低、信息量小，导致老年群体难以有效获取各类社会参与活动的信息，陷入信息桎梏的困境之中（王成玉，2021）。媒介困境是指无法有效使用信息化、数字化、智能化等技术提供的新媒介、新手段，使其社会参与效率、参与方式、参与程度均受到限制。互联网作为人际交往、代际互动的新媒介，为老年人参与社会活动提供了新路径、新方式。老年人数字技术使用能力不足，直接使他们失去了享受数字技术赋能社会参与的潜在红利，无法缩小空间距离、时间限制等对社会参与的限制。积极发挥家庭“数字反哺”功能、优化老年友好数字环境，提升老年人数字素养，以消除“数字鸿沟”带来的信息困境和媒介困境，是促进社会参与的重要手段。

（二）身体功能低下、知识技能不足等带来的能力困境

老年人的身心健康、受教育程度、专业技能等直接决定了其社会参与能力。老年人由于年龄的增长导致身体机能开始退化，加以社会角色转变，容易引发“老来无用”的消极情绪，认为自身对社会产生不了价值（徐婷婷，2021）。脱离理论也指出，老年人的身体功能障碍和心理不健全等会促使他们主动脱离社会，减少社会参与。2020 年 CLASS 数据分析显示，13. 37%的老年人认为，比较不健康甚至很不健康会降低老年人社会参与能力，使其无法参加社会活动等。社会参与特征分析中也证实，老年人的健康水平、年龄、受教育程度与老年人是否进行社会参与活动密切相关。受教育程度越高的低龄老年人，经济参与率越高。因此，老年人力资源开发的重点也应该放在这类群体。对于受教育程度较低的老年人，专业技能、知识储备都不足，可能出现“心有余而力不足”的现象，这严重制约了他们社会参与的积极性。2020 年 CLASS 数据显示，受教育程度为高中及以上的老年人仅占 9. 45%，有 29. 27%的老年人未受过教育，老年人的文化程度普遍偏低。在数字化、智能化时代，人才结构和人才需求都发生巨大转变，知识的更新迭代对劳动力的知识结构和专业技能等均提出了新要求，实践经验、熟练技能等是老年人口再就业的优势，受教育程度较低的老年人很难融入数字化时代的社会需求中。因此，挖掘老年人力资源、促进老年社会参与需要把握住老年人的能力供给和社会需求的平衡点，为老年人提供继续学习教育的平台和机会，提升他们的能力储备。

（三）社会参与活动的排他性带来的时间困境

有限的时间在不同类型社会参与活动之间相互排斥，某项活动参与必然挤占其他活动的时间分配，导致老年人社会参与内容和形式单一化，部分社

会参与的参与率偏低。李月（2018）指出，我国大部分老年群体普遍更喜欢并更容易参与娱乐性活动，而在那些更具发展性的活动方面，老年人的参与率相对较低。以家庭为中心的参与，对于开发老年人力资源，到底是互补还是冲突，值得进一步研究，但是两者在时间安排上是冲突的。CLASS 数据显示，老年人家庭参与从 2014 年的 57.97%上升至 2020 年的 74.93%，文化娱乐参与也从 71.02%提升至 83.04%。家庭照料负担和文化娱乐活动极大挤占了老年人正式社会参与活动（经济参与、政治参与、公益参与）的时间和精力。在 CLASS 调查问卷中，有关“不参加志愿服务类活动的原因”统计显示，约有 10.88%的受访者表示由于参与其他休闲娱乐活动。传统的尊老爱幼观念使得社会普遍认为老年人应该在家中享受天伦之乐，而非参与社会管理。这种观念限制了老年人在文化、社会、科教、志愿服务和就业等领域的活动（向倩雯，2019）。农村老年人没有退休保障，即使有农村基本养老保险，但是养老金过低也无法保障其基本生活，仍然需要通过从事农业等经济领域的活动来维持生计，这使得农村老年人在经济活动方面的参与比例较高。符合老年人参与意愿和参与需求的多元化社会参与更能够提升老年人的自我实现和自我价值。基于老年人的参与需求和参与意愿，优化配置老年人的社会参与类型和参与时间，提升老年人社会参与的自我赋能和社会价值，也是促进老年人社会参与问题中的关键一环。

二、制度、环境、社会支持等外部困境

（一）权益保障缺失、政策落实滞后等带来的制度困境

老年人社会参与缺乏法律支持，便无法真正意义上保障老年人社会参与的权益（田聪慧，2021）。我国关于老年人社会参与的相关法律还处在探索阶段，权益保障范围、权益保障机制等都没有清晰界定，导致老年人社会参与的相关权益得不到法律保障。许多政策制度之间缺乏统筹性。比如，2018 年我国修订了《中华人民共和国老年人权益保障法》，提出老年人参加劳动的合法收入受法律保护，但是我国的退休制度又明确提出 60 岁为退休年龄，到了年龄必须离开工作岗位，甚至一些志愿服务、教育培训等也人为地设置了年

龄上限，这种严格的年龄限制将许多有能力有意愿的老年人排除在社会参与范畴之外。另外，老年人相关的政策存在滞后性和限制性，政策体系尚未完善，不利于老年人社会参与的推进与落实。比如《中共中央 国务院关于加强新时代老龄工作的意见》中明确提出要促进老年人的社会参与，但是政策落实所涉及的谁来实施、谁来落实、如何落实以及经费配套等各种问题并未明确规定，直接导致政策的落实落细还需要很长时间。缺乏政策性的引导、政府及相关部门的缺位使得老年人社会参与缺乏必要的保障（王虹元，2019）。因此，从顶层设计开始就需要考虑到政策落实的可操作性和统筹协同性，要基于老年人社会参与的特征来探索灵活就业制度，提高政策的年龄包容性，使老年人社会参与的权利得到充分保障。

（二）社会组织、参与平台不完善导致的资源链接困境

社会参与需要相应的组织、平台来搭建和链接外部资源，共享传递信息资讯。通过成熟的社会公益组织，可以链接各类资源，构建社会各方共同参与的生态系统。与此同时，还可以构建资源共享共建平台，利用互联网将各类公益资源进行有机整合，提升公益参与活力。一方面，目前我国公益社会组织还处于起步阶段，机制不成熟，配套不完善，导致老年人有意愿参与，但是找不到组织和平台，最终无法实现社会参与。2020 年 CLASS 数据显示，有 20.86%的老年人不知道如何参与，而有 20.59%的老年人甚至不知道有这些志愿活动的存在。另一方面，我国目前也没有专门针对老年人社会参与的信息共享平台，老年人因无法及时获取社会参与的相关信息而失去社会参与机会。2020 年 CLASS 数据显示，有 27.5%的老年人未参加本地居民委员会/村民委员会的投票选举，其中一部分老年人之所以未参与，是因为并不了解有关选举活动的存在。信息共享平台可以优化配置老年人社会参与的需求和供给，协调各类社会参与资源，避免因能力不足或时间冲突而妨碍参与。

（三）配套设施不完善、参与环境适老化不足导致的老年友好困境

完善的社区基础设施建设有利于促进老年人社会参与。2020 年 CLASS 数据显示，有 57.76%的老年人所在社区缺乏老年活动室，70.64%的社区没有棋牌室，84.84%的社区缺乏健身室，79.34%的社区没有图书馆，45.17%的

社区没有室外活动场地，近30%的社区甚至没有提供以上任何活动场所或设施。公共基础设施的匮乏不仅减少了老年人社会参与的机会，也削弱了老年人社会参与的意愿。适老化社会参与环境也是老年人社会参与的重要影响因素。“老年歧视”现象在我国依然存在，老年人被视为社会负担，导致老年人群体的社会角色被边缘化（马倩，2015）。在消极的社会认知影响下，老年人自己也容易产生消极的老化观念，阻碍了他们积极参与社会活动的意愿和社会组织提供参与机会的意愿。与此同时，必须承认老年人在生理机能、学习能力方面与其他年轻群体存在不可忽视的差异，参与环境适老化不足会将部分身体功能受限但是社会参与意愿强烈的老年人排除在外。《关于开展示范性全国老年友好型社区创建工作的通知》推动了我国老年友好社区建设，积极为老年人提供安全、便捷、健康、有尊严的社区环境和服务，使社区更友好，养老变“享老”。但是，老年友好社区建设还处于起步阶段，社区环境适老化、友好度仍然不足。要从基础设施完善、社会观念构建、参与环境建设等方面营造老年友好参与环境，显著提高老年人社会参与的可及性，充分调动老年人参与社会活动的积极性和主动性。

第四节　本章小结

本节使用2014—2020年中国老年社会追踪调查数据，分别从经济参与、政治参与、公益参与、家庭参与、文化娱乐参与等方面深入剖析老年人社会参与在人口学变量、数字技术变量和参与环境等方面的特征和异质性，进一步考察我国老年人社会参与模式及其困境。

2020年，我国老年人经济参与、政治参与、公益参与、家庭参与和文化娱乐参与的参与率分别为25.86%、44.24%、28.38%、74.93%和83.04%。低龄、受教育程度较低、身体健康、没有养老保险、非党员的农村男性老年人经济参与率较高，低龄、党员、有宗教信仰的农村男性老年人政治参与率较高，低龄、受教育程度较高、身体健康、非独居的城市女性老年人公益参与率较高，低龄、身体健康、受教育程度较高、与他人一起居住、有配偶的城市女性老年人家庭参与率较高，低龄、受教育程度较高、与他人一起居住、有配偶的城市老年人家庭娱乐参与率较高。使用互联网的社会参与程度比没有使用互联网的老年人相对更高，网络使用强度对经济参与、家庭参与和文化娱乐参与有影响。不同类型的社会参与在社区基础设施、社区服务、老年友好度评价上均存在显著差异。从事经济参与、政治参与的老年人对社区基础设施评价较低，公益参与、家庭参与、文化娱乐参与的老年人对社区基础设施的评价高，政治参与、公益参与、家庭参与的老年人对社区服务的认可度较高，文化娱乐参与的老年人对社区服务评价较低。公益参与的老年人对老年友好度评价较低，文化娱乐参与的老年人对老年友好度评价较高，而政治参与、文化娱乐参与的老年人对自我老化态度的评价比较积极。

在老年人社会参与特征方面，拟合结果显示，3 个潜在类别模型是我国老年社会参与模式拟合的理想结果。其中，超过一半的老年人社会参与模式属于低价值参与型，相比于高经济价值型社会参与模式的老年人，高精神价值型社会参与模式的老年人更多，仅有约 12.4%的老年人为高经济价值型社会参与。老年人社会参与模式呈现家庭中心化、娱乐单一化、低参与型等特征，老年人力资源并未得到充分开发和利用，未来需要鼓励、支持、引导老年人从事经济参与和公益参与等活动。

老年人社会参与存在个体、家庭等内部困境和制度、环境、社会支持等外部困境，阻碍和制约了老年人社会参与意愿和参与机会。内部困境包括老年人“数字鸿沟”带来的信息困境与媒介困境，身体功能低下、知识技能不足等带来的能力困境，社会参与活动的排他性带来的时间困境；外部困境包括权益保障缺失、政策落实滞后等带来的制度困境，社会组织、参与平台不完善导致的资源链接困境，配套设施不完善、参与环境适老化不足导致的老年友好困境等，应探索促进老年人社会参与的积极因素。

第五章　数字化时代社会参与促进机理的实证检验

在数字化、智能化时代，技术改变了传统生活方式，老年群体逐步融入数字生活。2021 年 6 月底，我国网民数量已经达到 10.11 亿人，其中 60 岁及以上老年人口上网人数达到 1.21 亿人，占老年人口的比重为 45.83%。新冠疫情的暴发促使老年网民数量激增，与 2019 年相比，2020 年老年网民增加了 98.36%。在信息化时代，生活娱乐方式、社会交往渠道、公共服务供给等均发生了变化，数字化生活使老年人口可以更加便利地获取信息、参与活动，提高健康管理和医疗服务效率，促进老年社会参与水平。这些因素在不同类型社会参与的影响关系中的作用有所不同。本章将以数字化时代为背景，重点分析数字技术对老年人社会参与的影响，并进一步阐述不同影响因素在促进社会参与中的积极或消极影响。

第一节　不同类型社会参与的影响机制检验

社会参与界定与测量差异，会导致不同的社会参与分类。针对不同类型的社会参与，个体特征、社会环境、数字技术等对其影响也有所不同。本节将分别从不同类型的社会参与出发，考察社会参与的影响因素，检验个体特征、社区环境等重要变量在不同类型社会参与中的作用的差异性。由于 CFPS 数据库关于社会参与分类变量的测量不完整，缺少公益参与数据，因此本节将采用 CLASS 数据。调查内容包括老年人及其家庭的基本状况、社会背景、经济状况、身体状况、社会参与、日常生活照料、社区服务等，由于 2012 年和 2014 年部分变量统计口径不一致以及部分变量数据测量不完整等，这里主要采用 2016 年、2018 年和 2020 年 CLASS 的面板数据展开研究。为了保障面板数据的平衡性，这里将仅有 2 个年份追踪数据的样本剔除，最终得到 7625 个横截面样本，共计 22875 个混合样本。

一、计量模型

对于面板数据，如果被解释变量为二分类变量，则为面板二值选择模型（Binary Choice Model for Panel Data），具体模型为

$$y_{it}^{*}=x_{it}'\beta+u_i+\varepsilon_{it}\quad (i=1,\cdots,n;\ t=1,\cdots,T) \tag{5-1}$$

其中，u_i 表示个体效应；x_{it}'为解释变量，包括人口学变量、社会经济变量、数字技术使用变量、社会参与环境变量等；y_{it}^{*} 为不可观测的潜变量，个体选择规则为

$$y=\begin{cases}1 & 若\ y_{it}^{*}>0\\ 0 & 若\ y_{it}^{*}\leqslant 0\end{cases} \tag{5-2}$$

如果 $\varepsilon_{it}\sim N(0,\ 1)$，则 $P(y_{it}=1\,|\,x_{it},\ \beta,\ u_i)=\Phi(u_i+x_{it}'\beta)$ 为 Probit 模型。

如果 ε_{it} 服从逻辑分布，则 $P(y_{it}=1\,|\,x_{it},\ \beta,\ u_i)=\Lambda\ (u_i+x_{it}'\beta)\ =\dfrac{e^{u_i+x_{it}'\beta}}{1+e^{u_i+x_{it}'\beta}}$ 为 Logit 模型（陈强，2016）。

本节主要采用面板二值 Logistic 回归模型检验老年人社会参与的影响因素。模型公式为 $\mathrm{Logit}(P_{it})\ =\beta_{0t}+\beta_{1t}x_{1t}+\beta_{2t}x_{2t}+\cdots+\beta_{nt}x_{nt}+\varepsilon_{nt}$，其中，$P$ 表示老年人社会参与发生的概率，x 为解释变量，β 为偏回归系数，表示在其他变量不变时，该解释变量对老年人社会参与的影响。

二、变量说明

（一）被解释变量

被解释变量为是否进行社会参与活动，参与各类活动的老年人赋值为 1，否则赋值为 0。这里分别针对经济参与、公益参与、政治参与和家庭参与等社

会参与类型建立面板模型，检验不同类型社会参与的影响因素。

（二）解释变量

解释变量包括人口学特征变量、社会经济特征变量、数字技术变量、社会参与环境变量等。①人口学特征变量包括老年人的年龄、性别、婚姻状况、政治面貌、宗教信仰，城乡状况、居住方式、健康水平等。②社会经济特征变量包括收入、受教育程度[①]、养老保险类别、退休前的工作类型、是否拥有房产等。为了消除量纲的影响，收入采用个人年收入的对数。养老保险类别分为企业职工基本养老、机关事业单位养老、其他类型养老保险。③数字技术变量包括是否使用互联网和互联网使用动机。在互联网使用动机上，使用微信等应用程序表示社交类动机，使用抖音、快手、西瓜、其他视频观看类应用程序，归为娱乐类动机，使用新闻媒体类应用程序表示信息获取类动机，使用淘宝、天猫、京东等购物类应用程序表示网络支付类动机，使用交通出行、网络相册、视频制作等应用程序归为日常生活类动机。④社会参与环境主要采用社区环境和老年友好度测量，包括社区服务供给、社区基础设施、社区老年友好度等。打造老年友好社区，改善老年人的居住环境，对老年人生理缺陷与社会障碍进行技术与制度补偿，有助于提高老年人的生命和生活质量，尊重与满足老年人的社会性，从而提升老年人的社会参与度。由于 2016 年问卷中只有是否使用过该服务，为了统一口径，这里采用老年人是否使用过服务为标准，使用过赋值为 1，没有则赋值为 0。由于仅 2020 年测量了老年人的老化态度，因此在面板二值模型中未纳入该指标。

本节将采用嵌套模型，模型一仅纳入人口学和社会经济变量，模型二在模型一的基础上纳入数字技术变量和参与环境变量。各变量的描述性统计分析如表 5-1 所示。

---

① 表 5-1 至表 5-5 均采用 CLASS 数据库的分类方法，受教育程度分为文盲半文盲、初中及以下、高中、大专及以上 4 类。

表 5-1　变量的描述性统计分析

变量		混合样本	2016 年样本	2018 年样本	2020 年样本
人口学特征					
性别	男	50.65	50.62	50.62	50.62
	女	49.35	49.38	49.38	49.38
自评健康	从不健康到健康分别赋值 1~5	2.68 (0.9)	2.67 (0.94)	2.67 (0.87)	2.69 (0.89)
年龄（段）	60~69 岁	52.34	63.72	54.15	39.46
	70~79 岁	36.60	29.49	35.06	44.88
	80 岁及以上	11.06	6.79	10.79	15.66
城乡	城镇	55.38	57.60	55.86	53.08
	农村	44.62	42.40	44.14	46.92
婚姻	无配偶	26.50	24.85	28.72	26.05
	有配偶	73.50	75.15	71.28	73.95
居住方式	独居	10.88	11.46	11.51	9.70
	与配偶同住	48.08	44.50	50.81	48.93
	与他人同住	41.04	44.04	37.68	41.36
政治面貌	党员	2.75	2.56	2.52	2.99
	群众	97.25	97.44	97.48	97.01
宗教信仰	有	7.61	9.55	7.40	5.81
	没有	92.39	90.45	92.60	94.19
社会经济变量					
个人年收入对数		9.26 (2.45)	9.06 (1.50)	9.55 (3.24)	8.9 (1.11)
房产数量		1.01 (0.38)	0.96 (0.39)	1.01 (0.38)	1.05 (0.40)
受教育程度	文盲半文盲	29.27	30.65	31.07	31.06
	初中及以下	61.27	60.60	60.37	60.40
	高中	7.58	6.79	6.90	6.91
	大专及以上	82.86	89.85	81.77	76.85
数字技术变量					
是否使用互联网	是	17.14	10.07	18.11	23.23
	否	82.86	89.93	81.89	76.77
互联网使用动机（已使用互联网老年人的使用动机分布）	社交活动	79.90	64.71	86.10	81.43
	休闲娱乐	60.69	43.14	53.64	73.64
	信息获取	52.22	36.14	48.75	59.14
	网络交易	18.75	15.07	20.13	20.97
	日常生活	29.77	10.12	32.94	43.61

续表

变量		混合样本	2016 年样本	2018 年样本	2020 年样本
参与环境变量					
社区服务	社区是否为老年人提供相关服务	0.16 (0.70)	0.14 (0.76)	0.17 (0.71)	0.18 (0.63)
社区基础设施	社区是否为老年人提供基础设施	1.48 (1.50)	1.24 (1.40)	1.59 (1.55)	1.61 (1.52)
社区老年友好度	老年人对社区（村居）尊老敬老氛围的满意程度	2.31 (0.80)	—	2.37 (0.79)	2.27 (0.82)
	老年人对本社区（村居）内的无障碍设施的满意程度	2.32 (0.80)	—	2.68 (0.97)	2.56 (0.89)

数据来源：CLASS 数据库。

三、实证分析结果

（一）经济参与

面板二值模型估计方法包括混合回归估计、随机效应估计和固定效应估计，依据 F 检验、LR 检验和 Hausman 检验结果，确定使用随机效应模型，具体估计结果见表 5-2。未考察数字技术、社会参与环境等因素影响时，性别、年龄、婚姻状况、城乡、健康水平、退休前单位属性、收入、养老保险类型等因素对经济参与有显著影响，其中女性老年人经济参与的概率是男性的 0.609 倍，即女性老年人经济参与低于男性。没有配偶的老年人经济参与的概率是有配偶老年人的 0.680 倍，有配偶的老年人经济参与的概率更高。从健康转变为不健康，每增加一个等级，经济参与的概率比将会下降 34.4%，这说明健康状况越好，经济参与率越高。城市老年人经济参与概率低于农村老年人，70~79 岁、80 岁及以上老年人经济参与的概率分别为低龄老年人的 17.6%、14.7%，年龄越大，老年人经济参与的概率越低。以前就职于私营企业、个体工商户等企业或无工作单位的老年人相比机关事业单位老年人，经济参与概率更高。享受农村居民养老保险或者没有养老保险的老年人经济参与的概率分别是享受城镇职工养老保险老年人的 9 倍和 7 倍，这说明一部分老年人是因为没有经济收入或者经济收入较低而被动从事生产性活动，而不是为了发挥自我价值而主动参与。纳入数字技术、社会参与环境等变量后，性别、婚姻状况、健康水平、年龄、退休前单位属性、收入、养老保险类型等因素对经济参与仍然存在显著影响。数字技术变量中，是否使用互联网对经济参与有显著影响，使用互联网的老年人经济参与的概率是没有使用互联网的 6. 787 倍，使用互联网可以显著提升老年人经济参与的概率。在互联网使用动机中，仅社交动机对老年人经济参与有影响，但这种影响是反向的，即基于社交动机使用互联网的老年人经济参与的概率反而更低。老年人线上社交越来越频繁，在一定程度上说明老年人的社会网络支持相对较多，有机会或有能力从外界获取更多的经济支持，如子女、亲属等，从而降低了经济参与的可能性。在参与环境方面，社区基础设施对老年人经济参与有显著影响，其中基础设施越完善的社区，老年人经济参与的概率越低；社区尊老氛围满意度（反向赋分）越高，老年人经济参与的概率越高，但是社区无障碍设施满意度（反向赋分）越高，老年人经济参与的概率越低，这与社区基础设施变量的结论一致。这说明消除老年歧视、尊重老年人的社会价值，有助于提升老年人的经济参与概率。在不考虑经济因素影响下，基础设施完善的社区，可以为老年人提供丰富多彩的活动内容和多元化的活动场所，提升老年人的生活质量和幸福感，在一定程度上降低了老年人经济参与的概率。

表 5-2　老年人经济参与的影响机制检验

变量	模型一		模型二	
	系数 β	exp(β)	系数 β	exp(β)
性别（男性=0）	−0. 497*** (−4. 14)	0. 609***	−0. 456*** (−3. 79)	0. 633***
婚姻（有配偶=0）	−0. 386** (−2. 39)	0. 680**	−0. 369* (−2. 27)	0. 692*
政治面貌（党员=0）	0. 223 (0. 62)	1. 25	0. 276 (0. 76)	1. 317
宗教信仰（否=0）	0. 235 (1. 09)	1. 27	0. 181 (0. 82)	1. 198
健康水平	−0. 422*** (−6. 31)	0. 656***	−0. 479*** (−6. 92)	0. 619***

续表

变量		模型一		模型二	
		系数β	exp(β)	系数β	exp(β)
城乡（乡村=0）		-2.465*** (13.78)	0.085***	-0.942*** (3.37)	0.390**
年龄（60~69岁为参照组）	70~79岁	-1.604*** (-11.13)	0.201**	-1.543** (-10.46)	0.214**
	80岁及以上	-2.602*** (-10.26)	0.074***	-2.507*** (-9.78)	0.082***
居住方式（独居为参照组）	与配偶居住	-0.250 (-1.14)	0.779	-0.268 (-1.22)	0.765
	与其他人居住	-0.106 (-0.53)	0.899	-0.104 (-0.51)	0.901
受教育程度（文盲半文盲为参照组）	初中及以下	-0.352** (-2.67)	0.703**	-0.354** (-2.65)	0.702**
	高中	-0.274 (-1.02)	0.760	-0.308 (-1.12)	0.735
	大专及以上	-0.680 (-1.18)	0.507	-0.857 (-1.47)	0.425
退休前单位属性（机关事业单位为参照组）	国有集体企业	-0.146 (-0.38)	0.864	-0.156 (-0.38)	0.856
	其他企业	0.991** (2.68)	2.693**	1.078** (2.87)	2.938**
收入		-0.091*** (-5.06)	0.913***	-0.091*** (-5.12)	0.913***
房产数量		0.250 (1.81)	1.28	0.258 (1.82)	1.29
养老保险类型（城镇职工养老保险为参照组）	机关事业单位	1.427 (0.66)	4.165	1.266 (3.20)	3.548
	其他养老保险	2.233*** (9.78)	9.330***	2.270*** (9.49)	9.682***
	没有养老保险	1.969*** (7.32)	7.164***	1.867*** (6.77)	6.470***

续表

变量		模型一		模型二	
		系数 β	exp(β)	系数 β	exp(β)
是否使用互联网（否=0）		—	—	1.915*** (6.01)	6.787***
互联网使用动机	社交动机	—	—	-1.403*** (-4.77)	0.246***
	娱乐动机	—	—	0.280 (1.04)	1.324
	信息获取	—	—	-0.144 (-0.58)	0.866
	商务交易	—	—	-0.352 (-1.00)	0.703
	日常生活	—	—	-0.389 (-1.16)	0.678
	社区服务	—	—	0.079 (1.07)	1.082
参与环境	社区基础设施	—	—	-0.210*** (-5.18)	0.810***
	老年友好度主观评价	—	—	-0.281*** (-3.67)	0.755***
	老年友好度客观评价	—	—	0.484*** (7.14)	1.622***
截距项 *cons*		-5.558*** (-7.75)	0.004***	2.246*** (4.75)	9.450***

注：* 代表 $P<0.05$，** 代表 $P<0.01$，*** 代表 $P<0.001$；括号内表示 z 值。
数据来源：CLASS 数据库。

（二）政治参与

依据 F 检验、LR 检验和 Hausman 检验结果，确定使用随机效应模型，具体估计结果见表 5-3。模型一结果显示，婚姻状况、政治面貌、宗教信仰、城乡、健康水平、年龄、居住方式、退休前单位属性、房产、养老保险类型等因素对政治参与有显著影响。没有配偶、低龄、健康水平较高的老年人政治参与概率高于有配偶、高龄、健康水平较低的老年人，这个结论与经济参与的影响机制一致。但是，城市老年人政治参与的概率是农村老年人的 2.305 倍，曾就职于机关事业单位老年人的政治参与概率高于其他类型企业，享受城镇职工养老保险的老年人政治参与概率高于没有养老保险的老年人，这一结论与经济参与的影响机制相反。2014—2020 年，城市老年人政治参与概率低于农村老年人，但是在控制了相关变量后，城市老年人的政治参与概率高于农村老年人，这说明城市老年人对于投票选举等政治活动有较强的参与意愿，这也与城市老年人的受教育程度、参与机会等密切相关。政治面貌、宗教信仰、居住方式对政治参与也存在影响，政治面貌为党员的老年人、有宗教信仰的老年人政治参与概率高于非党员、无宗教信仰的老年人，独居老年人政治参与的概率高于非独居老年人。纳入数字技术、社会参与环境等变量后，模型二结果显示健康水平、年龄、退休前单位属性、政治面貌、养老保险类型等因素对政治参与仍然存在显著影响。数字技术变量中，是否使用互联网对政治参与有显著影响，使用互联网的老年人政治参与的概率是没有使用互联网老年人的 1.818 倍。在互联网使用动机中，社交动机、日常生活动机对老年人政治参与有正向影响，娱乐动机对老年人政治参与有反向影响，这说明，一方面，互联网提供了人际联结的新渠道、新媒介，有助于老年人融入社区、融入社会，积极参与社区活动，提升政治参与意愿；另一方面，老年人主动拥抱数字技术，有效利用互联网来便利日常生活，改变生活方式的同时也提升了利用数字技术实现政治参与的能力。但是，如果利用互联网只是沉迷于抖音、快手等短视频或其他娱乐视频观看，极大地挤占了老年人从事其他社会参与活动的时间，合理安排互联网使用功能和互联网使用时间对于促进老年人社会参与至关重要。在参与环境方面，社区服务、社区基础设施、老年友好度客观评价对老年人政治参与没有影响，但是老年友好度主观评价对老年人政治参与有积极影响，社区尊老氛围满意度（反向赋分）越高，老年人政治参与的概率越高。提升老年友好度，有助于增强老年人自信心，维护老年人的自尊心，提升老年人的自我效能感、自我价值感，提升老年人生活质量，进而提升老年人的政治参与概率，这与经济参与的结论一致。

表 5-3　老年人政治参与的影响机制检验

变量		模型一		模型二	
		系数 β	exp(β)	系数 β	exp(β)
性别（男性=0）		−0.027 (−0.34)	0.934	−0.175* (−2.05)	0.840*
婚姻（有配偶=0）		−0.396*** (−3.73)	0.673***	−0.011 (−0.08)	0.989
政治面貌（党员=0）		−0.515* (−2.43)	0.60*	−0.451* (−2.31)	0.637*
宗教信仰（否=0）		0.685*** (4.90)	1.983***	0.054 (0.26)	11.056
健康水平		−0.45*** (−10.48)	0.637***	−0.312*** (−5.66)	0.732***
城乡（农村=0）		0.835*** (9.27)	2.305***	0.724*** (5.64)	2.063***
年龄（60~69 岁为参照组）	70~79 岁	−0.501*** (−4.02)	0.606**	−0.306** (−3.25)	0.737**
	80 岁及以上	−0.942*** (−3.67)	0.390***	−0.323* (−2.29)	0.724*
居住方式（独居为参照组）	与配偶居住	−0.484** (−3.36)	0.616**	−0.128 (−0.63)	0.880
	与其他人居住	−0.284* (−2.14)	0.753*	−0.226 (−1.22)	0.797
受教育程度（文盲半文盲为参照组）	初中及以下	0.010 (0.11)	1.010	0.156 (1.27)	1.168
	高中	0.014 (0.09)	1.014	−0.007 (−0.04)	0.993
	大专及以上	−0.049 (−0.16)	0.952	−0.038 (−0.14)	0.963
退休前单位属性（机关事业单位为参照组）	国有集体企业	−0.491* (−2.40)	0.864*	−0.684** (−3.39)	0.505**
	其他企业	−0.648** (−3.20)	0.533**	−0.988*** (−4.71)	0.372***
收入		−0.020 (−1.58)	0.981	−0.137** (−3.02)	0.872**

续表

变量		模型一		模型二	
		系数β	exp(β)	系数β	exp(β)
房产数量		0.205* (2.44)	1.23*	-0.020 (-0.21)	0.98
养老保险类型（城镇职工养老保险为参照组）	机关事业单位	0.095 (0.43)	1.10	-0.177 (-0.71)	0.838
	其他养老保险	-0.080 (-0.75)	0.923	-0.004 (-0.04)	0.996
	没有养老保险	-0.978*** (-6.08)	0.376***	-2.529* (-2.24)	0.080*
是否使用互联网		—	—	0.598** (2.93)	1.818**
互联网使用动机	社交动机	—	—	1.138*** (4.61)	3.121***
	娱乐动机	—	—	-0.451* (-2.29)	0.637*
	信息获取	—	—	0.050 (0.35)	1.051
	商务交易	—	—	-0.354* (-2.03)	0.702*
	日常生活	—	—	0.415* (2.50)	1.514*
参与环境	社区服务	—	—	-0.017 (-0.29)	0.983
	社区基础设施	—	—	0.043 (1.47)	1.044
	老年友好度主观评价	—	—	-0.157** (-2.88)	0.855**
	老年友好度客观评价	—	—	0.052 (1.61)	1.053
截距项 *cons*		1.503*** (3.76)	4.493***	1.011 (1.56)	2.750

注：* 代表 $P<0.05$，** 代表 $P<0.01$，*** 代表 $P<0.001$；括号内表示 z 值。

数据来源：CLASS 数据库。

（三）公益参与

依据 F 检验、LR 检验和 Hausman 检验结果，确定使用随机效应模型，具体估计结果见表 5-4。

表 5-4　老年人公益参与的影响机制检验

变量		模型一 系数 β	模型一 exp(β)	模型二 系数 β	模型二 exp(β)
性别（男性=0）		0.194* (2.49)	1.214*	0.202* (2.27)	1.214*
婚姻（有配偶=0）		−0.231* (−2.15)	0.793*	−0.424** (−2.93)	0.654**
政治面貌（党员=0）		−0.986*** (4.66)	0.373***	−0.767*** (−3.88)	0.465***
宗教信仰（否=0）		−0.194 (−1.06)	0.823	0.462* (2.17)	1.587*
健康水平		−0.202*** (−4.89)	0.817***	−0.068 (−1.22)	0.934
城乡（农村=0）		0.552*** (6.18)	1.737***	0.055 (0.41)	1.057
年龄（60~69 岁为参照组）	70~79 岁	−0.473*** (−5.96)	0.623**	−0.517*** (−5.31)	0.597***
	80 岁及以上	−1.00*** (−7.53)	0.368***	−1.146*** (−7.20)	0.318***
居住方式（独居为参照组）	与配偶居住	−0.141 (−0.97)	0.869	−0.203 (−0.94)	0.816
	与其他人居住	−0.482*** (−3.57)	0.618	−0.222 (−1.11)	0.801
受教育程度（文盲半文盲为参照组）	初中及以下	0.057 (0.62)	1.058	0.374** (2.76)	1.453
	高中	0.666*** (4.13)	1.947***	0.623*** (3.54)	1.864***
	大专及以上	0.438* (2.04)	1.550*	0.556* (1.97)	1.743*

续表

变量		模型一		模型二	
		系数β	exp(β)	系数β	exp(β)
退休前单位属性（机关事业单位为参照组）	国有集体企业	-0.256 (-1.24)	0.774	0.463 (-0.10)	0.979
	其他企业	0.548 (1.71)	1.731	0.359 (1.66)	1.432
收入		0.113*** (8.87)	1.120***	0.186*** (3.95)	1.205***
房产数量		0.243** (2.92)	1.275**	0.094 (0.94)	1.099
养老保险类型（城镇职工养老保险为参照组）	机关事业单位	0.352 (1.60)	1.422	0.463 (1.84)	1.588
	其他养老保险	-0.40*** (-3.74)	0.670***	0.606*** (5.07)	1.833***
	没有养老保险	0.196 (1.27)	1.217	-1.043 (-1.52)	0.352
是否使用互联网		—	—	0.574** (2.98)	1.775**
互联网使用动机	社交活动	—	—	-0.401 (-1.71)	0.670
	休闲娱乐	—	—	-0.222 (-1.14)	0.801
	信息获取	—	—	-0.215 (-1.47)	0.807
	网络交易	—	—	-0.094 (-0.51)	0.910
	日常生活	—	—	-0.057 (-0.33)	0.945

续表

变量		模型一		模型二	
		系数 β	exp(β)	系数 β	exp(β)
参与环境	社区服务	—	—	0.145* (2.51)	1.156*
	社区基础设施	—	—	0.035 (1.14)	1.036
	老年友好度主观评价	—	—	−0.454*** (7.93)	0.635***
	老年友好度客观评价	—	—	−0.144* (2.59)	0.866*
截距项 *cons*		0.141 (0.36)	1.152	−4.125*** (−6.04)	0.016***

注：* 代表 $P<0.05$，** 代表 $P<0.01$，*** 代表 $P<0.001$；括号内表示 z 值。

模型一结果显示，性别、年龄、婚姻状况、政治面貌、城乡、受教育程度、健康水平、居住方式、收入、房产、养老保险类型等因素对老年人公益参与有显著影响。没有配偶、低龄、独自居住、健康水平较高的老年人公益参与概率高于有配偶、高龄、与他人合住、健康水平较低的老年人，这与经济参与、政治参与的结论一致。女性老年人的公益参与概率是男性的 1.214 倍，城市老年人公益参与的概率是农村老年人的 1.737 倍，性别对公益参与的影响与经济参与相关，城乡对公益参与的影响与经济参与结论一致，但是与政治参与结论相反。收入较高、享受城镇职工养老保险的老年人公益参与率高于收入较低、享受农村居民养老保险的老年人，这说明收入待遇对公益参与有正向影响。有退休金、退休待遇较高的老年人社会参与能力相对较高，自由支配时间相对较多，有更多意愿去追求社会价值和精神价值，更愿意参与社会公益活动和志愿活动等。政治面貌和受教育程度对老年人公益参与有积极影响，党员身份、高中及以上学历的老年人公益参与的概率更高。退休前企业单位属性对公益参与没有影响。纳入数字技术、社会参与环境等变量后，性别、婚姻、政治面貌、收入、年龄、受教育程度等因素对公益参与仍然存在显著影响。但是，健康水平、城乡、房产数量、养老保险类型等变量不再显著，而宗教信仰对公益参与有正向作用，拥有宗教信仰的老年人公益参与的概率是没有宗教信仰的老年人的 1.587 倍，但是仍小于政治面貌的影响。

数字技术变量中，是否使用互联网对公益参与有显著影响，使用互联网的老年人公益参与的概率是没有使用互联网老年人的 1.775 倍。不同类型的互联网使用动机对老年人公益参与均无显著影响。在参与环境方面，社区服务和老年友好度主客观评价对老年人公益参与有显著影响，社区基础设施对公益参与没有影响。老年人对社区服务的认可度越高、对社区尊老氛围满意度和无障碍设施评价（反向赋分）越高，老年人公益参与的概率也相对越高。社区服务和老年友好度评价高，说明老年人居住环境更具友好性，适老化设计明显提升，老年人在服务、环境、精神等方面都获得了尊重和社会认同感，推动老年人积极融入社区生活和社区活动，使不同年龄段群体彼此和谐，提升社会凝聚势能，调动老年人参与公益的积极性。

（四）家庭参与

依据 F 检验、LR 检验和 Hausman 检验结果，确定使用随机效应模型，具体估计结果见表 5-5。

表 5-5　老年人家庭参与的影响机制检验

变量	模型一		模型二	
	系数 β	exp(β)	系数 β	exp(β)
性别（男性=0）	0.378*** (3.92)	1.459***	1.056** (3.25)	2.874**
婚姻（有配偶=0）	-0.518*** (-3.86)	0.596***	-0.939 (-1.78)	0.391
政治面貌（党员=0）	-0.618* (-2.25)	0.539*	-0.778 (-1.02)	0.459
宗教信仰（否=0）	0.843*** (4.47)	2.324***	-0.140 (-0.18)	0.869
健康水平	-0.278** (-2.61)	0.758**	1.597** (3.00)	4.938**

续表

变量		模型一		模型二	
		系数β	exp(β)	系数β	exp(β)
城乡（农村=0）		-0.224*** (-4.46)	0.799***	-0.514* (-2.55)	0.598*
年龄 （60~69岁为参照组）	70~79岁	0.072 (0.75)	1.075	-0.014 (-0.04)	0.986
	80岁及以上	-0.412** (-2.77)	0.663**	-0.394 (-0.75)	0.675
居住方式 （独居为参照组）	与配偶居住	0.501** (2.96)	1.650**	2.499** (2.74)	12.171**
	与其他人居住	2.339*** (13.63)	10.368***	4.892*** (5.54)	133.22***
受教育程度 （文盲半文盲为参照组）	初中及以下	0.048 (0.43)	1.049	0.106 (0.23)	1.111
	高中	0.074 (0.37)	1.077	0.341 (0.56)	1.406
	大专及以上	-0.525 (-1.41)	0.592	-0.601 (-0.61)	0.548
退休前单位属性 （机关事业单位为参照组）	国有集体企业	0.128 (0.51)	1.137	0.814 (1.18)	2.258
	其他企业	0.059 (0.24)	1.061	0.740 (1.02)	2.097
收入		0.038* (2.50)	1.039*	0.178 (1.03)	1.195
房产数量		0.166 (1.50)	1.181	0.343 (0.90)	1.409
养老保险类型 （城镇职工养老保险为参照组）	机关事业单位	0.165 (0.60)	1.180	0.889 (1.03)	2.432
	其他养老保险	-0.064 (-0.49)	0.938	1.172* (2.57)	3.229*
	没有养老保险	0.259 (1.32)	1.295	2.324 (0.86)	10.215

续表

变量		模型一		模型二	
		系数 β	exp(β)	系数 β	exp(β)
是否使用互联网		—	—	1.304 (1.75)	3.684
互联网使用动机	社交活动	—	—	0.684 (0.70)	1.982
	休闲娱乐	—	—	−0.683 (−0.83)	0.505
	信息获取	—	—	−0.408 (−0.75)	0.665
	网络交易	—	—	−0.782 (−1.19)	0.458
	日常生活	—	—	−0.859 (−1.33)	0.423
参与环境	社区服务	—	—	−0.037 (−0.17)	0.964
	社区基础设施	—	—	0.371*** (3.31)	1.449***
	老年友好度主观评价	—	—	0.346 (1.67)	1.413
	老年友好度客观评价	—	—	0.458* (2.28)	1.581*
截距项 *cons*		1.951*** (3.91)	7.036	−2.804 (−1.10)	0.061

注：* 代表 $P<0.05$，** 代表 $P<0.01$，*** 代表 $P<0.001$；括号内表示 z 值。
数据来源：CLASS 数据库。

模型一结果显示，性别、年龄、婚姻状况、宗教信仰、健康水平、城乡、居住方式、收入等因素对家庭参与有显著影响。有配偶、低龄、健康水平较高的农村女性老年人家庭参与概率相对较高。政治面貌为党员的老年人、有宗教信仰的老年人家庭参与概率高于非党员、无宗教信仰的老年人，与配偶或其他人一起居住的老年人家庭参与的概率高于独居老年人。纳入数字技术、社会参与环境等变量后，性别、健康水平、城乡、居住方式等因素对家庭参与仍存在显著影响。尤其是居住方式，与子女一起居住的老年人家庭参与的概率约是独居老年人的 133 倍。

数字技术变量中，是否使用互联网和互联网使用动机对老年人的家庭参与没有影响，这说明老年人使用互联网并未挤占老年人家庭参与的时间。在参与环境方面，社区服务和老年友好度主观评价对老年人家庭参与没有影响，但是社区基础设施、老年友好度客观评价对老年人家庭参与有正向影响，这一点与公益参与的结论恰好相反，这说明家庭参与的老年人比较关心社区基础设施建设，对基础设施配套要求较高。隔代照料的老年人大部分都是离开原来熟悉的生活环境来到子女身边，有部分还是异地流动人口，俗称“老漂族”。陌生的生活环境给他们的生活带来不适应和孤独感，完善的社区基础设施可以为他们提供活动的场所和交流的空间，促进他们与新环境的融合，从而缓解他们的不适和压力，让他们愿意待在子女身边，帮助他们照料孙子女和家庭。

第二节　数字技术对社会参与的影响

在数字化和人口老龄化双重背景下，如何依托数字技术促进老年健康是积极应对人口老龄化的应有之义。积极参与生活是罗和卡恩（1997）提出的 SA 模型中积极老龄化（Successful Aging）的核心组成部分之一，罗和卡恩（2015）从概念上扩展了 SA 模型，提出技术创新可能是影响老年人社会参与和生活方式最强大和最重要的宏观社会变化之一。促进社会参与是积极老龄化的重要举措（Aw et al.，2017；Douglas et al.，2017），社会参与通过提高社会联结和减少社会隔离、孤独感，实现身体和心理健康促进（Tao et al.，2020）。互联网作为数字化媒介，成为促进社会参与和社会交往的新渠道。在老年群体互联网普及率不断提高的背景下，有必要深入剖析网络使用强度如何通过社会参与影响老年健康，以更好地利用互联网技术创新来推动实现积极老龄化。

一、研究设计

（一）模型设定

社会参与属于二分类变量，因此采用离散因变量模型来检验数字技术对老年人社会参与的影响。模型公式为

$$\mathrm{Logit}(P)=\beta_0+\beta_1x_1+\beta_2x_2+\cdots+\beta_nx_n+\varepsilon_n \tag{5-3}$$

其中，P 表示老年人社会参与发生的概率；x 为解释变量；β 为偏回归系数，表示在其他变量不变时，该解释变量对老年人是否进行社会参与的影响，Logit 回归模型中解释变量与被解释变量之间的影响关系用 $\exp(\beta)$ 或者风险比（Odds Ratio）来表示。为了降低样本选择偏差，这里采用倾向得分匹配法来寻找控制组，达到控制混杂因素带来的偏差，更好地保持数字技术使用因素以外其他诸如样本个体特征等因素的一致性。倾向值是研究个体在一定可观测到的协变量（混杂）存在的情况下，接受某种干预的可能性。倾向评分法就是利用倾向值找出与处理组个体一个或多个背景特征相同或相似的个体作为对照组，使对照组和处理组的混杂因素的分布趋于均衡，实现类似于随机化设计中的随机分配的目标。基于活动理论、连续理论、网络个人主义理论等以及相关研究结论，使用互联网的老年人相比没有使用互联网的老年人，社会参与的参与度可能更高。不同网络使用动机对社会参与的影响也可能不同。下面将运用实证模型做进一步验证。

（二）变量选择

研究网络使用强度对老年社会参与的影响需要翔实的老年人互联网使用数据，CFPS 数据从 2014 年开始涉及手机和网络模板调查，又于 2016 年和 2018 年开展了追踪调查，除了涉及个人教育、收入、户口、健康状况以及家庭人均收入等数据外，还对老年人网络使用强度、使用动机等都做了非常详细的调查。因此，本节主要采用 2018 年 CFPS 数据进行实证检验。

1. 因变量

杨凡等（2021）根据 CFPS 问卷中“是否为宗教信仰团体成员”“是否为工会成员”“是否为个体劳动者协会成员”“是否向任何组织或个人捐过款”等维度考察老年人的社会参与，参与为 1，没有参与为 0。最后将老年人的社

会参与划分为参与和不参与两类，只要参与其中一项为参与，均不参与则为不参与。除此之外，本节还将“过去一周是否至少工作了 1 小时”以及“是否在村/居委会选举中投过票?”纳入社会参与测量范围，因此本节研究的社会参与主要指正式社会参与，不包含家庭参与和文化娱乐参与。

2. 自变量

伊琳娜采用使用频率、使用宽度和使用历史等维度来测量网络使用强度（Irina，2006）。使用频率采用使用时间和不同用途的使用频率进行测量；使用宽度是将是否进行 27 项互联网活动的测量结果加总得到宽度指数；使用历史采用上网年限来测量，分为上过网和从未上过网两类。邱根据互联网使用频率对其进行赋值（Chiu，2019），1 表示“从不”，4 表示“总是”，根据互联网活动将参与者经历分为两类：休闲娱乐类和信息搜寻类。休闲娱乐类（LR）包括沟通工具和应用程序，线上学习、网上购物、网上视频、社交网站；信息搜寻类（IS）包括金融经济、新闻、公共卫生、食品、社会福利和退休、医生检查。邱提出了 4 类互联网使用者行为：互联网热衷使用者（IS 和 LR 分都比较高）；工具性使用者（IS 分大于平均分）；休闲使用者（LR 分高于平均分）；零星使用者（IS 和 LR 分都比较低）。马克西米立安和马库斯从使用频率、使用时间和是否有社交网站账号来测量网络使用强度，使用频率采用两分类变量，每天使用=1，其他=0；使用时间采用每天使用互联网的时间来测量（Maximilian and Markus，2018）。模型中加入了互联网使用与年龄的交互项。达万将互联网使用分为整体使用和分类使用，分类使用包含社交娱乐、生产消费、财务管理和信息交换（Dhavan，2001）。

鉴于数据的不可获得性，核心解释变量采用互联网使用历史、互联网使用行为和互联网使用强度来测量互联网使用。互联网使用历史用“是否移动上网”或“是否用电脑上网”来测量，无论是移动上网还是电脑上网，都视为使用互联网，赋值为 1；对于不使用互联网的老年人，赋值为 0。网络使用强度用互联网使用时间来测量。CFPS 问卷中提出“使用互联网学习（如搜索学习资料、上网络学习课程）的频率”“使用互联网进行社交活动（聊天、发微博）的频率”“使用互联网娱乐（看视频、下载歌曲等）的频率”“使用互联网进行商业活动（使用网银、网上购物）的频率”等问题，答案包括“从不、几个月一次、一个月一次、一个月 2~3 次、1 周 1~2 次、一周 3~4 次、几乎每天”。本文将社交和娱乐归为休闲娱乐类 LR，学习和工作归为信息搜寻类 IS，如果互联网使用者同时属于 LR 类和 IS 类，则归为互联网热衷使用者（EG 类）。

除此之外，本书还将引入性别、城乡、年龄（分类）、婚姻、受教育程度、家庭收入等作为控制变量。年龄分为 60~69 岁、70~79 岁、80 岁及以上 3 类，婚姻状况分为有配偶和无配偶，其中将“同居”“在婚有配偶”归为“有配偶”一类，赋值为 1，将“未婚”“离婚”“丧偶”归为“无配偶”一类，赋值为 0。受教育程度[①]分为文盲半文盲、小学、初中、高中、大专及以上 5 类，分别赋值为 0~4。为了消除量纲的影响，收入采用个人年收入的对数。

变量的描述性统计如表 5-6 所示。

表 5-6　变量的描述性统计

变量	变量含义与赋值	全体（N=7872）	比例（%）或均值
性别	女性（参照组）	7872	49.77
	男性	—	—
年龄	60~69 岁（参照组）	5069	64.39
	70~79 岁	2279	28.65
	80 岁及以上	524	6.66
城乡	乡村（参照组）	7872	51.28
	城市	—	—
婚姻（未婚、离婚、丧偶为参照组）		1493	18.97
子女数	无子女（参照组）	596	7.57
	1 个子女	1826	23.20
	2 个及以上子女	5450	69.23
受教育程度	文盲半文盲（参照组）	3635	46.18
	小学	1906	24.21
	初中	1446	18.37
	高中	698	8.87
	大专及以上	187	2.38

① 表 5-6、表 5-8、表 5-9 均采用 CGSS2017 数据库的分类方法，受教育程度分为文盲半文盲、小学、初中、高中、大专及以上 5 类。

续表

变量	变量含义与赋值	全体（N=7872）	比例（%）或均值
收入		823	9.43
是否上网		—	12.58
上网类型	信息搜索型（IS）	—	34.89
	休闲娱乐型（LR）	—	53.64
	网络热衷型（EG）	—	11.47
上网时间		—	11.81（11.93）
社会参与		—	26.69

二、实证分析结果

（一）使用互联网的老年人相比没有使用互联网的老年人，社会参与更积极

表 5-7　互联网使用对老年人社会参与影响的 PSM 检验

样本	匹配方法	处理组	对照组	差异	T 统计量
未匹配	—	0.771	0.197	0.575	41.13
匹配	K 近邻匹配	0.771	0.262	0.509	29.19
	核匹配	0.771	0.257	0.514	29.03

从表 5-7 中可以看出，未进行倾向值匹配之前，使用互联网的老年人作为处理组，与没有使用互联网的对照组之间的差异性较大，这里可能存在样本选择等混杂因素影响。使用逐步回归法寻找影响互联网使用的主要变量，如人口学变量、社会经济变量、使用态度、健康变量等，使用 K 近邻匹配和核匹配等倾向值匹配样本后，处理组和对照组在社会参与上仍存在显著差异。使用互联网的老年人与未使用互联网的老年人相比，社会参与可能性存在显著变化，结果满足平衡性假设。

对使用倾向值匹配以后的样本和未进行匹配的全样本分别做回归分析（见表 5-8）。

表 5-8　互联网使用对社会参与影响的回归分析

变量		全样本	匹配样本
是否使用互联网（否为参照组）		0.307 *** (2.97)	0.255 ** (2.19)
年龄 (60~69 岁为参照组)	70~79 岁	-0.200 *** (2.71)	-0.275 ** (2.06)
城乡（农村为参照组）		0.014 (-0.20)	0.284 ** (-2.27)
受教育程度 (文盲半文盲为参照组)	小学	0.039 (0.52)	0.266 (1.46)
	初中	0.079 (0.84)	0.490 ** (2.55)
	高中	0.121 (1.00)	0.581 *** (2.85)
	大专及以上	0.548 *** (3.57)	0.996 *** (4.17)
自评健康		0.240 *** (3.85)	0.339 *** (3.38)
体育锻炼		0.249 *** (4.84)	0.242 *** (3.00)
R^2		0.35	0.38

注：①本章解释变量较多，限于篇幅，这里只将有显著作用的变量列入表中。
②* 代表 $P<0.05$，** 代表 $P<0.01$，*** 代表 $P<0.001$；括号内表示 z 值。

结果显示，是否使用互联网对社会参与都有正向作用，但是使用匹配样本后这种正向影响有所下降。这说明使用互联网的老年人比没有使用互联网的老年人，社会参与的概率更大。数字技术使用对老年人社会参与有一定积极促进作用。低龄老年人相对于高龄老年人更有意愿进行社会参与活动，匹配样本的城市老年人社会参与的概率显著高于农村老年人，受教育程度越高的老年人社会参与的概率越大。自评健康水平和体育锻炼等都会促进老年人社会参与。

（二）单一的社交娱乐或信息搜索动机的互联网使用行为更容易促进社会参与

除了是否使用数字技术对社会参与起作用外，数字技术使用动机、使用强度等更能够证实数字技术使用与老年人社会参与的内在影响机理。以往研究证实，过度使用互联网对社会参与可能产生消极影响。由于不同使用动机与互联网使用时间之间存在交互影响关系，本节在引入互联网使用动机、使用时间、网龄等变量的同时，还引入了它们的交互项。倾向值匹配结果见表 5-9。

表 5-9　互联网使用动机对老年人社会参与的影响

变量		模型一	模型二
年龄	70~79 岁	0. 145** (2. 51)	0. 176** (2. 99)
	80 岁及以上	0. 056（0. 70）	0. 147（1. 79）
受教育程度 （文盲半文盲为参照组）	小学	0. 078 (1. 12)	0. 091 (1. 29)
	初中	0. 209** (2. 68)	0. 162* (2. 03)
	高中	0. 324** (3. 36)	0. 231* (2. 31)
	大专及以上	0. 859*** (7. 28)	0. 593*** (4. 68)
体育锻炼		0. 262** (5. 59)	0. 242** (5. 14)
自评健康		0. 219** (4. 09)	0. 221** (4. 10)
上网类型	网络热衷型（EG）	-0. 328 (-1. 43)	-0. 218** (3. 26)
	休闲娱乐型（LR）	0. 111 (1. 65)	0. 074** (1. 65)
	信息搜索型（IS）	0. 018 (1. 92)	0. 066** (2. 42)
网龄×EG		—	0. 039** (3. 18)

续表

变量	模型一	模型二
上网时间×LR	—	−0.002* （−2.13）
R^2	0.41	0.45

注：①本章解释变量较多，限于篇幅，这里只将有显著作用的变量列在表中。

②* 代表 $P<0.05$，** 代表 $P<0.01$，*** 代表 $P<0.001$；括号内表示 z 值。

模型一中各类互联网使用动机对社会参与的影响并不显著，模型二加入了网龄和上网时间与使用动机的交互项，过于热衷互联网对社会参与有阻碍作用，但是单一的信息搜索型或休闲娱乐型互联网使用会促进社会参与，网龄对网络热衷型互联网使用与社会参与的关系有正向的调节作用，这说明网龄越大的老年人，互联网使用越理性，能够合理平衡互联网使用与社会参与的时间安排；上网时间对休闲娱乐动机与社会参与的关系有负向的调节作用，即随着上网时间的增加，休闲娱乐型互联网使用对社会参与也有阻碍作用。

第三节　本章小结

本章运用面板二值选择模型分别验证了影响老年人经济参与、政治参与、公益参与和家庭参与等的重要因素，重点分析了数字技术和参与环境变量对老年人社会参与的影响。性别、年龄、健康水平、城乡、婚姻状况、收入是影响不同类型老年人社会参与的共同因素，老年人退休前单位属性对老年人的经济参与和政治参与有影响，居住方式对老年人的政治参与、公益参与和家庭参与有影响，政治面貌、宗教信仰对老年人的政治参与和公益参与有影响。是否使用互联网对老年人经济参与、政治参与和公益参与有积极影响，对家庭参与没有影响。社区基础设施越完善，老年人的经济参与和家庭参与越积极；老年友好度主观评价对老年人政治参与、公益参与和家庭参与都有正向影响。

为了进一步考察数字技术对社会参与的影响，本书使用离散因变量模型和倾向匹配分析法分别检验了是否使用互联网和互联网使用动机对老年人社会参与的影响。倾向匹配值结果显示，低龄、受教育程度较高、自评健康水平较高、喜欢体育锻炼的老年人，社会参与更积极，这与前面分类讨论的结果一致。使用互联网的老年人与未使用互联网的老年人相比，社会参与可能性存在显著变化，互联网使用有助于促进老年人的社会参与。信息搜索类互联网使用行为有助于促进社会参与，但是，过于热衷使用互联网对社会参与有阻碍作用，网龄和上网时间对互联网使用与社会参与的关系具有调节作用。

第六章　数字化时代老年人社会参与对其健康影响的实证检验

WHO 将健康定义为身体、心理和社会功能上的全面良好状态，不仅仅是无疾病或虚弱。莫塔（Motta）等（2005）强调，即便是身体和认知功能保持良好的百岁老人，如果社会功能不佳，也不能被认为是“成功的老龄化”。成功老龄化的关键在于良好的社会功能。凯恩夫妇（Kane，2004）认为，社会支持、网络、资源、角色和活动是社会功能的五大构成要素。格林伯格（Greenberger，2006）则从个体所依赖的社会关系和支持以及对社会的积极参与与贡献两方面定义社会功能，涉及情感依恋（Attachment）、社会融合（Social Integration）、信赖联盟（Reliable Alliance，指让个体依赖并提供帮助的群体）、指导（Guidance，指个体从他人获得建议和信息）、工具性支持—获得帮助、工具性支持—提供帮助、志愿及工作等八个方面。因此，老年人的社会参与和融合不仅反映了其社会功能的健康，而且是评估成功老龄化的关键指标。这一点引发了一个重要的问题：老年人的社会参与如何具体影响他们的健康水平呢？在数字化时代的背景下，这一议题尤为复杂。社会参与不仅通过促进社会支持和减少孤独感直接影响老年人的健康，而且在数字技术普及的今天，它还间接地通过改变老年人接触和使用这些技术的方式，对他们的健康产生影响。

为了深入探索这一问题，本研究依托活动理论、连续理论和脱离理论的框架，采用面板模型检验了社会参与对老年人自评健康和心理健康的影响。更进一步，通过中介效应模型和广义结构方程模型，探讨了社会参与在数字技术使用和老年人健康之间扮演的中介角色。这样的分析不仅揭示了社会参与的重要性，还展示了在当今数字化时代，如何通过促进社会参与来优化老年人的健康结果。

第一节　老年人社会参与的健康效应

本节将实证检验社会参与对健康的影响，分别选取老年人自评健康和心理健康两个方面来综合测量老年人健康水平。自评健康为分类变量，包括健康和不健康两类；心理健康为连续变量，得分越高代表心理健康水平越低。因此，本节将运用2016—2020年CLASS追踪数据，分别采用面板二值模型、随机效应面板模型等检验社会参与活动对老年人的身心健康的影响，考察社会参与类型、个体特征、数字技术、社区环境等方面的异质性。前面已经对面板模型做了具体解释，这里不再针对模型设定做阐释。

一、变量选取

（一）被解释变量

本节的被解释变量为老年人身心健康水平，以往研究通常使用活动能力（受损）、患病情况、自评健康、抑郁情绪等对老年人的健康进行量化（胡宏伟等，2017；Webster et al.，2021；Fan et al.，2021）。本节主要通过自评健康以及心理健康来反映老年人的身心健康水平。武佳等（2022）将CLASS问卷中“您觉得您目前的身体健康状况怎么样?”考察老年人的身体健康，将自评健康作为对老年群体健康的主观评估。问卷中自评健康分为“很健康”“比较健康”“一般”“比较不健康”“很不健康”5类，这里将“很健康”“比较健康”和“一般”归为健康一类，赋值为1，将“比较不健康”和“很不健康”归为不健康一类，赋值为0。心理健康采用Cong和Silverstein（2008）修订的抑郁自评量表（Center for Epidemiological Survey，Depression Scale，CES-D）来测量。2020年CLASS问卷中CES-D量表询问被访者在过去一周中“心情很好”“孤单难过”“觉得日子过得不错”“不想吃东西”“睡眠不好”“觉得自己不中用”“没事可做”“生活中有很多乐趣”9种情绪的频率，其中包括3个正向问题和6个负向问题，选项为“无法回答”“没有”“有时”和“经常”4类，对正向问题选项分别赋值为0、1、2和3，负向问题采用反向计分，将9个问题的得分加总后得到抑郁量表得分，得分区间为0~18分，量表得分越高，说明老年人的心理健康问题越严重。

（二）解释变量

本节的核心解释变量为社会参与，具体定义和测量方法见第五章。以往研究发现，一些个体、家庭和社会层面的元素也会影响老年人的身心健康。除此之外，还包括人口学变量、社会经济变量、数字技术变量等。人口学变量包括老年人的年龄、性别、婚姻状况、城乡状况、居住方式、是否流动人口等。社会经济变量包括收入、受教育程度①、养老保险类别、是否拥有房产等。社区环境变量包括社区服务和社区基础设施评价。流动人口分为非流动人口和流动人口，根据问卷中老年人户口所在地进行划分，“本村/居委会、本乡镇街道其他村/居委会、本区县其他乡镇/街道、本区县其他乡镇/街道或本市其他区县”划为非流动人口，赋值为0，“本省其他市、外省、其他”为流动人口，赋值为1。

本章实证模型的变量与面板二值模型的变量部分重合，这里仅针对混合样本（N=22285）做描述性统计，结果见表6-1。

表6-1　变量的描述性统计分析

	变量	变量定义	变量赋值	比例(%)或均值
因变量	自评健康	对目前身体健康的评价	不健康=0	17.02
			健康=1	82.98
	心理健康	抑郁量表（CES-D）测量，9项抑郁测量指标相加	连续型变量（0~18）	15.04（3.96）
社会参与核心变量	经济参与	目前是否从事有收入的工作/活动	是=1	25.86
			否=0	74.14
	政治参与	近3年是否参加过本地居民委员会/村民委员会的投票选举	是=1	44.24
			否=0	55.76
	公益参与	过去3个月内是否参加过社区治安巡逻/环境卫生保护/专业技术志愿服务/照料其他老人等，参与任一项均为参与	是=1	28.38
			否=0	71.62
	家庭参与	过去12个月，您多久帮子女做一次家务；是否曾经帮子女照看过他/她的孩子	是=1	74.93
			否=0	25.07
	文化娱乐参与	上老年大学、打麻将、下棋、打牌、广场舞等活动，参与任一项均为参与	是=1	83.04
			否=0	16.96

① 表6-1至表6-4均采用CLASS数据的分类方法，受教育程度分为文盲半文盲、初中及以下、高中、大专及以上4类。

续表

	变量	变量定义	变量赋值	比例(%)或均值
人口学变量	性别	男性和女性	男=0	50.65
			女=1	49.35
	年龄	60~69岁；70~79岁；80岁及以上	60~69岁=0	52.34
			70~79岁=1	36.60
			80岁及以上=2	11.06
	婚姻状况	有配偶、无配偶	有配偶=0	73.50
			无配偶=1	26.50
	城乡状况	城市、农村	城市=0	55.38
			农村=1	44.62
	居住方式	居住方式分为独居、与配偶或未婚伴侣居住、与其他人共同居住3类	独居=0	10.89
			与配偶居住=1	48.08
			与其他人居住=2	41.04
	流动人口	本市（区）/本县/本镇/本乡人员	非流动人口=0	99.46
		外市或者外省人员	流动人口=1	0.54
社会经济变量	受教育程度	文盲半文盲	文盲半文盲=1	29.27
		初中及以下	初中及以下=2	61.27
		高中	高中=3	7.58
		大专及以上	大专及以上=4	1.87
	个人收入	取收入的对数		9.26 (2.45)
	养老保险类别	企业职工基本养老保险	企业职工基本养老保险=1	25.93
		机关事业单位养老保险	机关事业单位养老保险=2	4.00
		其他类型养老保险	其他类型养老保险=3	59.60
		没有养老保险	没有养老保险=4	10.47
	房产情况	有几套房产		1.01 (0.38)

续表

	变量	变量定义	变量赋值	比例(%)或均值
数字技术变量	是否使用互联网	使用	否=0	17.14
		不使用	是=1	82.86
	互联网使用动机	社交类		79.90
		娱乐类		60.69
		信息搜索类		52.22
		商务交易类		18.75
		日常生活类		29.77
社区环境	社区服务	社区是否为老年人提供相关服务	连续型变量	0.1 (0.66)
	社区基础设施	社区是否为老年人提供基础设施	连续型变量	1.62 (1.5)

注：百分值为所占比例，括号内为标准差。

二、实证分析结果

(一) 社会参与对自评健康的影响分析

考虑到社会参与与自评健康的双向因果关系而带来的内生性问题，这里社会参与变量采用滞后一期变量作为工具变量引入到模型中，由于文化娱乐参与缺失 2014 年数据，这里不考虑文化娱乐型社会参与。面板二值模型结果见表 6-2。

表 6-2　老年人社会参与的自评健康效应检验

变量	模型一		模型二	
	系数 β	$\exp(\beta)$	系数 β	$\exp(\beta)$
性别（男性=0）	-0.299^{*} (−2.56)	0.742^{*} (−2.56)	-0.295^{*} (−2.42)	0.744^{*} (−2.42)
婚姻（有配偶=0）	−0.067 (−0.45)	0.935 (−0.45)	0.043 (0.28)	1.044 (0.28)
城乡（城市=0）	−0.213 (−1.66)	0.808 (−1.66)	-0.472^{***} (−3.37)	0.624^{***} (−3.37)

续表

变量		模型一		模型二	
		系数β	exp(β)	系数β	exp(β)
年龄（60~69 岁为参照组）	70~79 岁	−0.773*** (−6.41)	0.461*** (−6.41)	−0.588*** (−4.68)	0.556*** (−4.68)
	80 岁及以上	−1.249*** (−7.03)	0.287*** (−7.03)	−0.904*** (−4.87)	0.405*** (−4.87)
居住方式（独居为参照组）	与配偶居住	0.667** (3.24)	1.949** (3.24)	0.757*** (3.51)	2.133*** (3.51)
	与其他人居住	−0.555** (−3.00)	0.574** (−3.00)	−0.577** (−2.95)	0.562** (−2.95)
流动人口（否=0）		−0.236 (−0.30)	0.790 (−0.30)	−0.227 (−0.28)	0.797 (−0.28)
受教育程度（文盲半文盲为参照组）	初中及以下	0.290* (2.22)	1.336* (2.22)	0.326* (2.38)	1.385* (2.38)
	高中	0.388 (1.56)	1.475 (1.56)	0.362 (1.40)	1.437 (1.40)
	大专及以上	1.500** (2.87)	4.482** (2.87)	1.463** (2.69)	4.321** (2.69)
收入		−0.086*** (−4.82)	0.918*** (−4.82)	−0.094*** (−4.98)	0.911*** (−4.98)
房产数量		−0.697*** (−5.53)	0.498*** (−5.53)	−0.759*** (−5.78)	0.468*** (−5.78)
养老保险类型（城镇职工养老保险为参照组）	机关事业单位	0.153 (0.55)	1.165 (0.55)	0.006 (0.02)	1.006 (0.02)
	其他养老保险	0.025 (0.18)	1.025 (0.18)	−0.058 (−0.41)	0.944 (−0.41)
	没有养老保险	−0.991*** (4.20)	0.371*** (4.20)	0.952*** (3.87)	2.592*** (3.87)
是否使用互联网（否=0）		0.246 (0.78)	1.279 (0.78)	0.078 (0.24)	1.082 (0.24)

续表

变量		模型一		模型二	
		系数 β	exp(β)	系数 β	exp(β)
互联网使用动机	社交活动	-0.003 (-0.01)	0.997 (-0.01)	0.136 (0.43)	1.145 (0.43)
	休闲娱乐	-0.356 (-1.42)	0.701 (-1.42)	-0.420 (-1.60)	0.657 (-1.60)
	信息获取	0.711** (2.80)	2.035** (2.80)	0.808** (3.07)	2.242** (3.07)
	网络交易	-0.083 (-0.25)	0.921 (-0.25)	-0.063 (-0.19)	0.939 (-0.19)
	日常生活	0.635* (2.09)	1.887* (2.09)	0.586 (1.86)	1.796 (1.86)
社区环境	社区服务	-0.514*** (-8.09)	0.598*** (-8.09)	-0.587*** (-8.77)	0.556*** (-8.77)
	社区基础设施	0.212*** (5.74)	1.236*** (5.74)	0.223*** (5.75)	1.250*** (5.75)
社会参与	经济参与（否=0）			0.857*** (5.50)	2.356*** (5.50)
	政治参与（否=0）			0.888*** (7.61)	2.431*** (7.61)
	公益参与（否=0）			0.650*** (5.24)	1.916*** (5.24)
	家庭参与（否=0）			0.475*** (3.71)	1.607*** (3.71)
截距项 *cons*		6.369*** (12.79)	583.6*** (12.79)	5.793*** (11.21)	327.84*** (11.21)

注：* 代表 $P<0.05$，** 代表 $P<0.01$，*** 代表 $P<0.001$；括号内表示 z 值。

由表6-2可知，性别、年龄、居住方式、收入、养老保险类型、互联网使用动机、社区环境等对老年人的自评健康有影响，与以往的研究结论基本一致。是否使用互联网对老年人的自评健康没有影响，但是，基于信息获取动机、日常生活动机的互联网使用对老年人的健康有正向影响。社区基础设施建设对老年人健康有促进作用，但是社区服务对老年人健康却有负向影响。社区服务供给目前还处于发展初期，服务供给内容单一化、碎片化，服务供给质量不高，导致真正使用社区服务的老年人很少。在 22614 个混合样本中，有 20572 位老年人未使用过任何一项社区提供的服务项目，社区服务供给认同感低。加入社会参与变量以后，除以上变量外，城乡变量也对老年人自评健康有显著影响。农村老年人自评健康的概率低于城市老年人。不同社会参与类型对老年人自评健康都有正向影响，从事经济参与的老年人自评健康的概率是未从事经济参与老年人的 2. 356 倍，政治参与的老年人自评健康的概率是未进行政治参与的老年人的 2. 431 倍，公益参与、家庭参与等对老年人的健康也有正向促进作用。

为了分析社会参与对老年人自评健康影响在性别、城乡、是否使用互联网方面的异质性，分别选取男性和女性样本、城市和农村样本、使用互联网和不使用互联网样本做面板模型。实证结果见表 6-3。

表 6-3　社会参与对老年人自评健康影响在性别、城乡、互联网使用上的异质性分析

变量	男性	女性	城市	农村	不使用互联网	使用互联网
	exp(β)	exp(β)	exp(β)	exp(β)	exp(β)	exp(β)
经济参与	1. 722*** (3. 34)	2. 333*** (4. 88)	2. 375*** (3. 96)	2. 046*** (4. 97)	2. 430*** (6. 68)	1. 004 (0. 01)
政治参与	1. 908*** (4. 98)	2. 361*** (6. 92)	2. 707*** (7. 97)	1. 671*** (3. 80)	1. 788*** (5. 88)	5. 790*** (5. 58)
公益参与	1. 418* (2. 53)	1. 713*** (4. 18)	1. 770*** (4. 53)	1. 279 (1. 64)	1. 577*** (4. 25)	1. 524 (1. 45)
家庭参与	1. 576*** (3. 37)	1. 378* (2. 41)	1. 320* (2. 13)	1. 631*** (3. 40)	1. 555*** (4. 21)	0. 967 (−0. 10)

注：①为了节约篇幅，这里只展示社会参与变量的实证分析结果。
②* 代表 $P<0.05$，*** 代表 $P<0.001$；括号内表示 z 值。

由表 6-3 可知，不同性别、城乡样本的回归结果与整体样本一致，社会参与有助于提升自评健康的概率。在性别上，从事经济参与的女性老年人自评健康的概率是未从事经济参与的老年人的 2. 333 倍，自评健康的概率高于男性老年人；性别在政治参与和公益参与对自评健康的影响差异与经济参与一致，但是从事家庭参与的女性老年人自评健康的概率低于男性老年人。在城乡差异上，除家庭参与外，城市老年人社会参与健康促进的概率高于农村老年人，农村老年人家庭参与健康促进的概率高于城市老年人。在数字技术使用上，对于不使用互联网的老年人，不同类型社会参与对健康均有正向促进作用，其中经济参与的正向影响概率最大，对于使用互联网的老年人，仅政治参与对自评健康有正向影响，且影响大于不使用互联网的老年人。综上，提升女性、城市老年人经济参与、政治参与和公益参与的参与度，更有可能促进老年人自评健康，互联网使用在政治参与促进自评健康上有积极影响。

（二）社会参与对心理健康的影响分析

面板二值模型结果见表 6-4。

表 6-4 老年人社会参与的心理健康效应检验

变量		模型一	模型二
性别（男性=0）		0.188* (2.24)	0.170* (2.02)
婚姻（有配偶=0）		0.192 (1.73)	0.207 (1.86)
城乡（城市=0）		0.417*** (4.61)	0.483*** (5.19)
年龄（60~69 岁为参照组）	70~79 岁	0.029 (0.36)	−0.001 (−0.01)
	80 岁及以上	0.252 (1.90)	0.227 (1.69)
居住方式（独居为参照组）	与配偶居住	−0.551*** (−3.78)	−0.598*** (−4.10)
	与其他人居住	−0.467*** (−3.50)	−0.576*** (−4.24)
流动人口（否=0）		−0.547 (−1.59)	−0.484 (−1.40)

续表

变量		模型一	模型二
受教育程度（文盲半文盲为参照组）	初中及以下	0.085 (0.91)	0.082 (0.88)
	高中	−0.383* (−2.42)	−0.382* (−2.41)
	大专及以上	0.236 (0.87)	0.267 (0.99)
收入		−0.093*** (−7.04)	−0.092*** (−6.97)
房产数量		−0.005 (−0.06)	−0.018 (−0.20)
养老保险类型（城镇职工养老保险为参照组）	机关事业单位	0.158 (0.91)	0.170 (0.97)
	其他养老保险	−0.228* (−2.41)	−0.199* (−2.09)
	没有养老保险	−0.615*** (−4.38)	−0.581*** (−4.10)
是否使用互联网（否=0）		−0.464* (−2.37)	−0.497* (−2.53)
互联网使用动机	社交动机	−0.358* (−2.37)	−0.356* (−2.35)
	娱乐动机	−0.309 (−1.67)	−0.341 (−1.84)
	信息获取	−0.314* (−2.24)	−0.306* (−2.19)
	商务交易	−0.372 (−1.91)	−0.359 (−1.85)
	日常生活	0.210 (1.23)	0.213 (1.25)
社区环境	社区服务	0.191*** (4.03)	0.183*** (3.85)
	社区基础设施	0.060* (2.49)	0.046 (1.91)

续表

变量		模型一	模型二
社会参与变量	经济参与（否=0）	—	-0.178 (-1.94)
	政治参与（否=0）	—	-0.001 (-0.01)
	公益参与（否=0）	—	0.142 (1.90)
	家庭参与（否=0）	—	0.343*** (4.45)
截距项 *cons*		15.837*** (57.49)	15.432*** (53.17)

注：* 代表 $P<0.05$，*** 代表 $P<0.001$；括号内表示 z 值。

由表6-4可知，性别、城乡、居住方式、收入、养老保险类型、是否使用互联网、互联网使用动机、社区环境等对老年人的心理健康有影响。心理健康评分越高代表心理健康水平越差，因此女性的心理健康水平低于男性，城市老年人心理健康水平高于农村老年人，与配偶或与其他人一起居住的老年人心理健康水平高于独居老年人。收入越高、拥有养老保险的老年人心理健康水平高于收入较低、没有养老保险的老年人。这些结论与自评健康的研究结果一致。使用互联网的老年人心理健康水平高于未使用互联网的老年人，社交动机、信息获取动机的网络使用强度对老年人的心理健康有负向影响，社区服务对老年人心理健康有正向影响。社会参与变量对老年人心理健康的影响与自评健康的结论完全不同，经济参与、政治参与和公益参与对老年人心理健康的影响不显著，家庭参与对老年人心理健康有负向影响，从事家庭照料的老年人心理健康评分越高，心理健康水平越差。心理健康评分越高，则心理健康水平越差。

表 6-5　社会参与对老年人心理健康影响在性别、城乡、互联网使用上的异质性分析

变量	男性	女性	城市	农村	不使用互联网	使用互联网
经济参与	−0.485*** (−3.97)	0.248 (1.80)	−0.299* (−2.22)	−0.169 (−1.27)	−0.012 (−0.12)	−0.744*** (−3.57)
政治参与	0.037 (0.38)	−0.072 (−0.71)	−0.082 (−0.99)	0.148 (1.17)	0.118 (1.46)	−0.375** (−2.83)
公益参与	0.137 (1.33)	0.062 (0.59)	0.100 (1.18)	0.128 (0.91)	0.225** (2.62)	−0.112 (−0.83)
家庭参与	0.246* (2.33)	0.455*** (4.02)	0.203* (2.21)	0.574*** (4.13)	0.352*** (4.00)	0.179 (1.14)

注：①为了节约篇幅，这里只展示社会参与变量的实证分析结果。

②* 代表 $P<0.05$，** 代表 $P<0.01$，*** 代表 $P<0.001$；括号内表示 z 值。

表 6-5 的实证分析结果显示，社会参与对心理健康的影响在性别、城乡以及是否使用互联网等方面存在显著差异。具体而言，经济参与对于男性、城市和使用互联网的老年群体的心理健康有显著正面影响，而对女性、农村和不使用互联网的老年人影响不显著。政治参与仅对使用互联网的老年人的心理健康有积极影响，而公益参与则对不使用互联网的老年人心理健康有显著负向影响。家庭参与对所有类别老年群体均有负向影响，尤其对女性、农村老年人和不使用互联网的老年人的影响最为显著。以上结果表明，促进男性和城市老年人的经济参与，减少女性和农村老年人的家庭照料负担，均有助于改善其心理健康状况。同时，互联网使用在调节老年人政治参与和经济参与对其心理健康的积极影响方面起重要作用。

第二节　老年人数字技术使用的健康效应

数字技术使用对老年人健康的影响还没有定论。一方面，数字技术使用促进老年人更多地扩展家庭或亲密社会关系。社会情绪选择理论指出了个体的社会交往路径。个体会根据当前的社会环境和目标来管理自己的社会网络。当个体退休以后，社会角色回归家庭，社会关系网络缩小，因此老年人更愿意增加与亲人朋友的互动。护航模型用同心圆的测量方法阐述了社会网络和社会支持对老年人健康的影响。网络增益效应提出互联网是维持现有社会关系或者建立新的社会关系的有效手段。数字技术通过影响老年人的社会交往、社会参与等进而对老年人的身心健康产生影响。数字技术使用通过影响老年人的健康素养/行为而影响其身心健康。健康信念模型阐述了健康行为的发生与改变，提出通过提高个体健康素养和主观认知能力来促进健康行为。另一方面，数字技术使用也有可能减少老年人的社会参与，缩小老年人的社交网络。替代效应是指互联网使用时间的增加会侵蚀老年人其他形式的社会交往。①

本章将采用计量模型实证检验数字技术使用与老年人自评健康、心理健康的关系及其社会参与在关系中的中介机制。为了验证模型的稳健性，这里先选取 2017 年 CGSS 微观数据实证检验数字技术对老年人健康的影响，然后采用 2018 年 CFPS 微观数据检验社会参与的中介效应，所有数据均选取 60 岁及以上老年人为研究对象。

一、变量选取

对于定序变量或者分类变量，需要采用离散选择模型进行回归分析。由于二值 Logit 和有序 Logit 模型的分析结构便于解释，本节将分别采用二值 Logit 和有序 Logit 模型来分析数字技术使用如何影响老年人的自评健康和心理健康。对于连续变量，考虑到互联网使用与老年人健康之间的双向因果关系，这里尝试采用工具变量法来检验数字技术使用对老年人健康的影响。

（一）变量说明

1. 被解释变量

被解释变量为健康资本，从自评健康和心理健康 2 个维度进行衡量。依据自评健康水平的 5 个等级，从“不健康”到“很健康”分别赋值 1~5；心理健康水平采用流调用抑郁自评量表 CES-D 来测量老年人的精神健康，得分越高，表明心理健康情况越差。

① Nie N H. Sociability, interpersonal relations, and the Internet: Reconciling conflicting findings [J]. American Behavioral Scientist, 2001, 45 (3): 420-435.

2. 核心解释变量

核心解释变量包括是否会使用数字技术、数字技术使用能力、数字技术使用用途。问卷中提出“近半年，您上过网吗（包括电脑、手机、智能穿戴等各种设备）”，如果答案为0，表示没有上过网。会上网的老年人回答了问题“我会使用电脑打开网站”“我会使用智能手机下载安装App”“在网上查找自己想要的信息并不难”，问题选项为“非常符合”“符合”“无所谓符合不符合”“不符合”和“非常不符合”。这里将选择“非常符合”“符合”的样本赋值为1，将“无所谓符合不符合”“不符合”和“非常不符合”的样本赋值为0，再将3个问题的得分加总，得分越高，表示老年人数字技术使用能力越强。数字技术使用用途可以用“在过去的一年里，您因为下列事情而上网的频繁程度”来衡量，包括社交活动（通过E-mail、QQ、微信、Skype等与人交流）、自我展示（如通过微信朋友圈、QQ空间、微博等记录与分享自己的心情）、网络行动（通过网络维护自己的权益或为他人伸张正义）、休闲娱乐（游戏、音乐、视频等）、获取信息（如搜索信息、浏览新闻等）、商务交易（如网上转账、支付、网购等）等项，答案选项有“从不”“很少”“有时”“经常”“总是”，分别赋值为0~4，6项得分总分也可以用来测量老年人数字技术使用能力。

3. 控制变量

控制变量包括老年人的年龄、性别、婚姻状况、居住地城乡状况、收入水平、医疗服务水平、受教育程度、社会经济地位、生活方式、居住安排等。控制变量的测量如下：居住安排采用老年人是否独居和拥有产权住房来度量居住模式，独居赋值为0，与配偶或子女一起居住的老年人赋值为1。医疗服务水平采用是否有医疗保险来度量，没有参加城市基本医疗保险/新型农村合作医疗保险/公费医疗/商业医疗保险的老年人赋值为0，参加医疗保险的赋值为1。社会经济地位使用问题“在目前这个社会上，您本人的社会经济地位属于”来度量，对答案“下层”“中下层”“中层”“中上层”“上层”分别赋值为1~5。生活方式用“每周锻炼次数”“与邻居、朋友社交娱乐活动的频繁程度”“读书报纸杂志”“参加文化活动”等来衡量，答案“从不”“一年数次或更少”“一月数次”“一周数次”“每天”分别赋值为0~4。

（二）对变量的描述性统计分析

对变量的描述性统计分析见表 6-6。

表 6-6　变量的描述性统计分析

变量名			均值/比例	标准差
被解释变量	自评健康（健康占比,%）		35.08	
	心理健康（分）		1.27	1.03
核心解释变量	是否会使用数字技术（%）		21.3	
	数字技术使用能力	我会使用电脑打开网站	4.01	
		我会使用智能手机下载 App	2.66	
		在网上查找自己想要的信息并不难	3.87	
	数字技术使用用途（%）	社交活动	74.8	
		自我展示	44.0	
		网络行动	12.8	
		休闲娱乐	61.4	
		获取信息	72.7	
		商务交易	24.8	
控制变量	年龄（岁）		69.5	7.39
	性别	男性占比（%）	48.8	
	婚姻状况	有配偶（%）	72.2	
	居住地城乡状况（%）	城市占比（%）	58.6	

变量名			均值/比例	标准差
控制变量	收入水平（元）		24590	159826
	医疗服务水平	参加医疗保险（%）	92.5	
	受教育程度（年）	文盲半文盲	24.0	
			9.07	4.83
	社会经济地位	下层	27.5	
		中下层	34.3	
		中层	32.7	
		中上层	5.16	
		上层	0.37	
	生活方式	每周锻炼次数	8.85	24.1
		社交娱乐活动（邻居）	85.4	
		社交娱乐活动（朋友）	70.7	
		读书报纸杂志	39.6	
		参加文化活动	21.7	
	居住安排	独居（%）	21.0	
		拥有产权住房（%）	23.2	

这里将自评健康中“一般”“比较健康”和“很健康”等划分为健康类

别，将“很不健康”“比较不健康”划分为不健康类别。在心理健康度量中，将“从不”“很少”抑郁划分为健康类别，将“有时”“经常”“总是”抑郁划分为不健康类别。

表 6-7　老年人健康水平与核心变量的相关分析

变量	自评健康（比例（%）/均值）		心理健康（比例（%）/均值）	
	健康（=1）	不健康（=0）	健康（=1）	不健康（=0）
性别***			性别***	
男性（=0）	51.8	43.2	52.0	43.8
女性（=1）	48.2	56.8	48.0	56.2
年龄*			年龄	
60~69 岁	59.0	55.1	57.2	58.2
70~79 岁	29.2	31.6	30.1	30.1
80 岁及以上	11.8	13.3	12.7	11.7
婚姻状况**			婚姻状况***	
无配偶（=0）	28.3	32.3	26.6	34.5
已婚有配偶（=1）	71.7	67.7	73.4	65.5
居住模式			居住模式**	
独居（=0）	20.9	21.0	19.6	23.0
与配偶或子女一起居住（=1）	79.1	79.0	80.4	77.0
城乡类型***			城乡类型***	
城市（=0）	65.4	46.4	65.6	48.0
农村（=1）	34.6	53.6	34.4	52.0
互联网使用***			互联网使用***	
否（=0）	73.6	88.0	91.8	95.3
是（=1）	26.4	12.0	8.2	4.7
互联网使用能力	0.14***	0.05***	0.14***	0.06***
每周锻炼次数	8.77***	9.01***	8.59***	9.25***
生活方式	6.33***	5.51***	6.44***	5.45***
个人年收入对数	9.67***	8.91***	9.69***	8.96***
受教育程度（年）	7.42***	5.34***	7.49***	5.44***
社会经济地位	2.31***	1.90***	2.32***	1.92***

注：* 代表 $P<0.05$，** 代表 $P<0.01$，*** 代表 $P<0.001$。

表6-7显示，性别、城乡类型、是否使用互联网、互联网使用能力、每周锻炼次数、生活方式、个人年收入、受教育程度、自评社会经济地位等变量与老年人的自评健康水平和心理健康水平在1%水平上显著相关。从卡方检验结果来看，性别、城乡、是否使用数字技术与老年人的自评/心理健康水平相关性较强，Gamma 系数分别为-0.17/-0.16、-0.37/-0.34、0.46/0.29。年龄与老年人自评健康水平在5%显著水平下相关，但是与心理健康不相关，这说明伴随着年龄的增长，老年人的生理能力随之衰退，身体功能下降，但年龄的增加并不会提高老年人的心理抑郁程度。居住模式与老年人的自评健康水平不相关，但与老年人的心理健康水平相关，这说明与配偶或子女一起居住有助于提高老年人心理健康水平，因为共同居住方便子女或亲属照料老年人，增加了老年人与子女情感交流的机会。

二、实证分析结果

（一）互联网使用对老年人自评健康水平的影响分析

考虑到模型可能产生的内生性问题，这里采用“个人拥有上网设备的数量”作为数字技术使用的工具变量，拥有上网设备的数量与是否使用数字技术、数字技术使用能力密切相关，但是与老年人的健康水平不相关，满足工具变量的相关性和外生性。这里将个人“是否拥有上网设备”和“拥有上网设备的数量”作为老年人网络使用的工具变量，没有上网设备的群体归为一类，赋值为0，代表不会使用数字技术的老年群体，将个人拥有1个及以上上网设备的群体归为一类，赋值为1，代表会使用数字技术的老年群体，以此设定变量“是否拥有上网设备”。将个人拥有2个及以上上网设备的群体归为一类，赋值为2，以此设定变量“拥有上网设备的数量”。

表6-8 老年人自评健康水平影响因素的Logit回归

影响因素	有序Logit回归		Logit回归	
	系数	标准误	系数	标准误
数字技术使用能力	0.11**	0.05	0.16**	0.08
数字技术使用强度	0.09	0.20	0.42	0.17

续表

影响因素	有序 Logit 回归		Logit 回归	
	系数	标准误	系数	标准误
性别（参照组：男性）	−1.20**	0.57	−1.12**	−0.51
城乡（参照组：城市）	2.88***	1.02	1.38**	0.62
居住方式（参照组：独居）	1.49	0.90	0.27	0.54
年龄	−0.30**	0.17	−0.09**	0.04
年龄的平方	−0.01**	0.005	−0.02*	0.01
婚姻状况（参照组：无配偶）	1.60**	0.73	0.61*	0.35
受教育程度	0.01	0.11	0.04	0.07
个人年收入对数	0.46**	0.24	0.61*	0.34
健康行为	0.13*	0.07	0.02**	0.008
社会经济地位（参照组：下层）				
中下层	0.73	0.58	1.14**	0.45
中层	1.70***	0.62	1.77***	0.49
中上层及上层	2.57***	0.79	2.23***	1.28
生活方式	0.06	0.05	0.11	0.08
是否参加医疗保险（参照组：否）	0.91	0.92	0.93	1.47

注：* 代表 $P<0.05$，** 代表 $P<0.01$，*** 代表 $P<0.001$。

从表 6-8 中可以看出，有序 Logit 回归和 Logit 回归的结果基本一致，数字技术使用能力、性别、城乡、年龄、婚姻状况、收入、健康行为、自评社会经济地位等变量对老年人自评健康水平有显著影响。有序 Logit 回归结果显示，数字技术使用能力对自评健康水平的影响系数为正值，说明当老年人数字技术使用能力提高以后，其自评健康水平从不健康到健康，从比较健康到很健康的概率会提高，数字技术使用强度对自评健康的影响并不显著。性别的系数为负值，说明女性老年人相对于男性老年人，自评不健康的概率较高，而自评健康的概率较低。城乡、婚姻状况和社会经济地位的系数均为正值，说明农村老年人相对于城市老年人，已婚有配偶的老年人相对于无配偶的老年人，自评经济地位为下层的老年人相对于中层及以上的老年人，其自评健康的概率较高，而自评不健康的概率较低。随着年龄增加，老年人自评健康的概率会下降，而随着收入的增加和健康行为的养成，老年人自评健康的概率会提高。根据 Logit 回归的结果，数字技术使用能力的回归系数为 0.16，其对应的概率比为 1.17，这说明在其他条件不变时，数字技术使用强度每增加 1 个单位，老年人自评为健康状态的概率将提高 17%。

（二）互联网使用对老年人心理健康水平的影响分析

心理健康水平根据抑郁得分分为 5 类，分别赋值为 0~4，0 表示从不抑郁，4 表示总是抑郁。抑郁得分越高，说明心理健康水平越低。分别采用有序 Logit 模型和工具变量法进行回归分析，回归结果基本一致。数字技术使用强度、性别、城乡、年龄、婚姻状况、居住方式、收入、健康行为、自评社会经济地位等变量对老年人心理健康水平有显著影响。有序 Logit 回归结果显示，网络使用强度对心理健康水平的影响显著为负，说明当老年人会熟练运用社交、娱乐、信息获取等网络功能，且使用频率提高时，老年人的抑郁倾向将会下降，心理健康的概率提高。控制变量性别的系数为正，城乡的系数为正，说明女性老年人相对于男性老年人、城市老年人相对于农村老年人进入更高等级的概率更大，心理抑郁的可能性要高一些，心理不健康的概率相对大一些。居住方式、婚姻状况和社会经济地位的系数均为负值，说明与子女或配偶一起居住的老年人相对于独居老年人、已婚有配偶的老年人相对于无配偶的老年人、自评经济地位为中层及以上的老年人相对于自评经济地位为下层的老年人，其心理抑郁的可能性偏低，心理不健康的概率相对小一些。年龄对心理健康呈负向影响，但是在统计学上并不显著。随着收入的增加和健康行为的养成，老年人心理抑郁的概率会下降（见表 6-9）。

表 6-9　老年人心理健康水平影响因素的 Logit 模型估计

影响因素	有序 Logit 回归		工具变量法	
	系数	标准误	系数	标准误
数字技术使用能力	0.10	0.19	-0.08**	0.03
数字技术使用强度	-0.12**	0.05	—	—
性别（参照组：男性）	0.54**	0.39	-1.20**	-2.11
城乡（参照组：城市）	1.46*	0.83	-0.14***	0.04

续表

影响因素	有序 Logit 回归		工具变量法	
	系数	标准误	系数	标准误
居住方式（参照组：独居）	−0.51**	0.24	−0.01**	0.005
年龄	−0.67*	0.36	0.02	0.04
年龄的平方	−0.01**	0.004	−0.0001	0.0002
婚姻状况（参照组：无配偶）	−0.67**	0.32	−0.12***	0.04
受教育程度	0.001	0.05	−0.02***	0.01
个人年收入对数	−0.36**	0.16	−0.14**	0.01
健康行为	−0.16**	0.06	−0.11**	0.05
社会经济地位（参照组：下层）				
中下层	−0.43	0.55	−0.26***	0.04
中层	−1.40**	0.59	−0.38***	0.05
中上层及上层	−2.44***	0.78	−0.50***	0.08
生活方式	−0.08**	0.04	−0.02***	0.007
是否参加医疗保险（参照组：否）	−1.94	1.28	0.03	0.08

注：* 代表 $P<0.05$，** 代表 $P<0.01$，*** 代表 $P<0.001$。

第三节　社会参与在数字技术与老年健康关系中的中介机制检验

一、计量模型

本节将分别采用中介效应模型和广义结构方程深入剖析数字技术使用对老年人健康影响过程中社会参与的作用。

（一）中介效应模型

中介效应指自变量能够通过一个或多个变量影响因变量，其中起中介作用的变量为中介变量（武松，2014）。即自变量 X 通过影响变量 M 来影响因

变量 Y，那么变量 M 就是中介变量。中介效应主要用来检验某一变量是否为中介变量。自变量 X 作用于因变量 Y 的总效应可以用系数 c 表示（见图 6-1）。

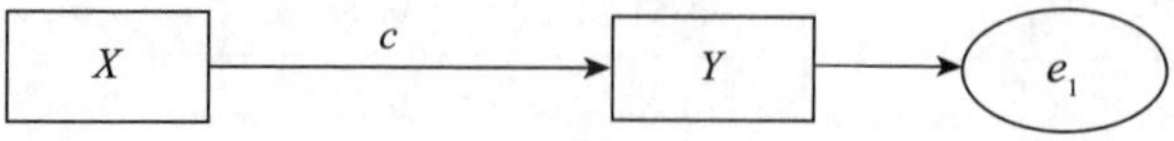

图 6-1 总效应分析

但是，在控制了中介变量 M 以后，自变量 X 对因变量 Y 的影响可以分为两部分，一部分是间接效应 ab，由自变量 X 作用于中介变量 M 的效应 a，以及中介变量 M 作用于因变量 Y 的效应 b 构成。另一部分是控制了中介变量后，自变量 X 对因变量 Y 的直接效应 c'，如图 6-2 所示。

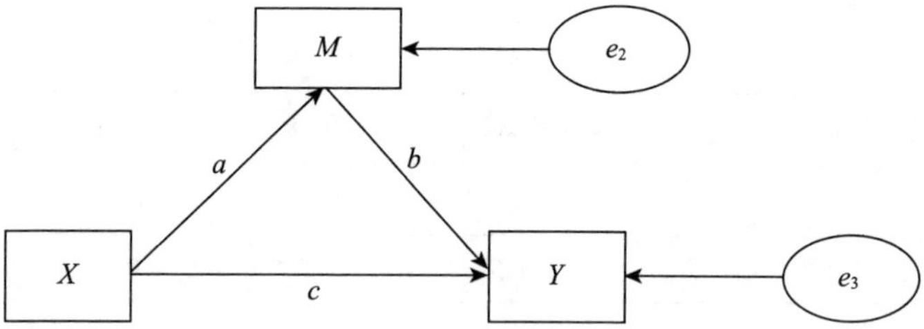

图 6-2 中介效应

总效应 $c=ab+c'$，ab 为中介效应。中介效应分析就是要检验 ab 是否显著不等于 0，以及 ab 在总效应中的占比。温忠麟等（2004）提出了逐步检验回归系数法，分三步来检验中介效应。具体见式（6-1）至式（6-3）：

$$Y=cX+e_1 \tag{6-1}$$

$$M=aX+e_2 \tag{6-2}$$

$$Y=c'X+bM+e_3 \tag{6-3}$$

第一步检验自变量 X 对因变量 Y 的总效应，第二步检验自变量对中介变量 M 的影响，第三步检验中介变量对因变量 Y 的影响和自变量 X 对因变量的直接影响。当 a 和 b 同时显著不等于 0、c 也显著不等于 0 时，中介效应存在。逐步检验回归法是检验中介效应最常用的方法，但是这种中介效应检验法也受到一些质疑，比如当中介效应较低时，逐步检验回归法无法对中介效应是否存在做出正确判断；再比如当直接效应和间接效应方向相反时，可能会出现完全抵消的情况，即由于中介效应导致总效应 c 不显著。

单一中介变量的效应称为简单中介效应，若被解释变量和解释变量之间存在多个中介变量起作用时，温忠麟（2005）等提出了多重中介模型，充分考虑了多个中介变量之间的相互作用。

（二）广义结构方程

广义结构方程模型是结构方程模型的延伸，可处理多分类的中介变量。其基本原理是将多个变量之间的关系表示为一个结构方程，包括测量模型和结构模型两部分，其中测量模型用来描述每个变量的测量方法和测量误差，而结构模型则用来描述变量之间的关系，这种关系包括直接效应和间接效应，其中间接效应表示一个变量通过中介变量对另一个变量产生影响。在结构方程模型中，中介效应可以通过路径分析来检验。通过中介效应检验，可以更好地理解变量之间的关系。

二、变量选取

（一）被解释变量

被解释变量为老年人的健康水平，使用自评健康、心理健康和认知能力 3 个维度综合测量。CFPS 问卷将自评健康分为“非常健康”“很健康”“比较健康”“一般”和“不健康”5 个等级，这里将“非常健康”“很健康”“比较健康”和“一般”归为一类，定义为“健康”，赋值为 1；将“不健康”归为一类，赋值为 0。根据流调用抑郁自评量表 CES-D 来测量老年人的精神健康。用 2018 年的 CFPS 问卷中 8 个 CES-D 量表中的问题来测量老人在过去 1 周的精神抑郁状况，其中 6 个是负向问题（如“我感到情绪低落”），另外 2 个是正向问题（如“我感到愉快”）。选项都为 4 个，分别是“几乎没有”（小于 1 天）、“有些时候”（1~2 天）、“经常有”（3~4 天）、“大多数时候有”（5~7 天）。对负向问题的 4 个选项编码为 0、1、2 和 3，正向问题均采用反向计分。因此，抑郁状况分值为 0~24 分。抑郁得分越高，表明老年人精神健康水平越低。根据简易精神状态检查量表（Mini-Mental State Examination，MMSE）计算老年人认知能力得分。MMSE 包含日常记忆、词语回忆、算术和画图等 30 个问题，回答正确赋值为 1，否则赋值为 0。总计 30 分，认知功能得分越高，说明受访者认知功能越强（薛新东，2018）。CFPS 问卷中关于认知能力只涉及词语和算术两部分，认知能力得分越高，表明老年人健康状态越好。

（二）核心解释变量

核心解释变量为互联网使用变量和网络使用强度。网络使用强度用互联网使用时间来测量。在 7872 位老年人中有 990 位老年人使用移动设备或者电脑上网，占比达到 12.58%。CFPS 问卷提出“使用互联网学习（如搜索学习资料、上网络学习课程）的频率”“使用互联网社交活动（聊天、发微博）的频率”“使用互联网娱乐（看视频、下载歌曲等）的频率”“使用互联网进行商业活动（使用网银、网上购物）的频率”等问题，答案包括“从不”“几个月 1 次”“一个月 1 次”“一个月 2~3 次”“1 周 1~2 次”“一周 3~4 次”“几乎每天”，汇总以上 4 个问题，只要其中一项上网内容满足“几乎每天”都进行的频率，就归为每天上网，在 990 位上过网的老年人中，有 645 位老年人几乎每天上网，占比 65.15%，平均上网时间为 11.7 小时。根据均值 *T* 检验结果，自评健康的老年人与自评不健康的老年人在互联网使用、社会参与、认知能力、心理健康水平等方面均存在显著差异（见表 6-10）。

表 6-10　核心解释变量的描述性统计　　单位：%

核心解释变量	不健康（比例/均值）	健康	全样本
是否使用互联网	9.28***	13.22***	12.58
互联网使用时间	11.45***	12.04***	11.81
社会参与	24.01***	29.08***	26.69
认知能力	16.25***	19.41***	17.91
心理健康	7.31***	4.54***	5.8

注：*** 代表 $P<0.001$。

（三）控制变量

老年人健康受到多重因素影响，本研究将个人及家庭特征变量、社会经济地位变量作为控制变量，包括老年人的年龄、性别、婚姻状况、城乡状况、子女数、个人年收入、受教育程度等。为了消除量纲的影响，收入采用个人年收入的对数。从老年人受教育程度①和年龄分布来看，文盲半文盲老年人占比 46.18%，而高中及以上文化程度的老年人占比 11.25%，60~69 岁老年人占比 64.39%，而 80 岁及以上老年人占比 6.66%。因此，在实证检验时，将受过教育的老年人归为一类，赋值为 1；将未受过教育的老年人归为一类，赋值为 0。将 60~69 岁老年人归为一类，赋值为 0；70 岁及以上老年人归为一类，赋值为 1（见表 6-11）。

表 6-11　控制变量描述性统计

变量	变量含义与赋值	不健康		健康		全样本	
		样本量	均值	样本量	均值	样本量	均值
性别	女性为参照组，赋值为 0	2058	55.83	1860	44.43	7872	49.77
年龄	（60~69 岁为参照组）	1480	63.09	3589	64.95	5069	64.39
	70~79 岁	704	30.01	1575	28.50	2279	28.65
	80 岁及以上	162	6.91	362	6.55	524	6.66
城乡	乡村为参照组，赋值为 0	1377	58.70	2660	48.14	7872	51.28
婚姻（无配偶为参照组）	将“同居”“在婚有配偶”归为“有配偶”一类，赋值为 1；将“未婚”“离婚”“丧偶”归为“无配偶”一类，赋值为 0	501	21.36	992	17.95	1493	18.97
子女数（无子女为参照组）		206	8.78	390	7.33	596	7.57
	1 个子女	464	19.78	1362	24.53	1826	23.20
	2 个及以上子女	1676	71.44	3774	68.30	5450	69.23
受教育程度（文盲半文盲为参照组）		1320	56.27	2315	41.89	3635	46.18
	小学	510	21.74	1396	25.26	1906	24.21
	初中	339	14.45	1107	20.03	1446	18.37
	高中	148	6.31	550	9.95	698	8.87
	大专及以上	29	1.24	158	2.86	187	2.38
收入	个人年收入取对数	122	8.93	701	9.52	823	9.43

① 此处采用 CFPS2018 数据库的分类方法，受教育程度分为文盲半文盲、小学、初中、高中、大专及以上 5 类。

三、互联网使用与老年人健康的中介效应检验

（一）互联网使用对老年人健康的影响

由于互联网使用与老年人健康水平之间存在双向因果关系，为了消除内生性，本节采用“是否拥有手机”和“每个月的电话费”作为工具变量。依据外生性和弱工具变量检验结果，将上述两个变量作为互联网使用的工具变量，同时具备相关性和外生性。根据 Hausman 检验结果，也再次验证回归模型应该采用工具变量法。考虑到互联网使用与社会参与、老年人精神健康之间可能存在双向因果关系，为了抑制变量间的相互影响，本书采用 2016 年的数据测量，而社会参与和健康变量采用 2018 年的数据测量。具体回归结果如表 6-12 所示。

表 6-12 互联网使用对老年人健康的影响分析

变量		自评健康	认知能力	心理健康
性别	女性=0	0.193* (2.11)	4.810*** (5.02)	-1.864*** (-4.81)
年龄（60~69 岁=0）	70~79 岁	-1.187** (-2.74)	-3.254** (-3.15)	0.997* (2.34)
城乡	乡村=0	0.099 (1.23)	1.138** (2.61)	0.157 (0.12)
婚姻	无配偶=0	0.316 (0.94)	-0.040 (-0.03)	-1.670*** (-3.38)
子女数（无子女=0）	1 个子女	0.023 (1.10)	2.837 (1.10)	-0.381 (-0.52)
	2 个及以上子女	0.161 (1.35)	2.283 (1.28)	0.434 (0.60)
受教育程度	文盲半文盲=0	0.554* (2.12)	6.908*** (19.98)	-0.398*** (-2.84)

续表

变量		自评健康	认知能力	心理健康
收入	个人年收入取对数	0.273*** (3.31)	0.092 (0.32)	-0.246* (-2.07)
与子女的关系	否=0	0.192** (2.59)	-0.907 (-0.82)	-1.910 (-4.27)
是否吸烟	否=0	0.005 (0.42)	0.005 (0.42)	0.088* (2.48)
是否喝酒	否=0	0.068* (2.11)	0.068* (2.11)	0.092 (1.16)
锻炼身体次数		0.023** (2.94)	0.065 (0.71)	-0.034 (-0.93)
互联网使用	否=0	2.616*** (5.27)	2.049 (1.56)	0.423 (0.62)
网络使用强度		0.121 (1.38)	0.109 (1.14)	-0.110* (-2.08)
网络使用强度平方项		0.005 (0.69)	0.008 (0.75)	0.003* (2.01)
社会参与	否=0	0.634** (2.64)	0.852 (1.84)	0.126* (1.97)
PseudoR^2/调整后 R^2		0.18	0.53	0.22

注：* 代表 $P<0.05$，** 代表 $P<0.01$，*** 代表 $P<0.001$。

从表 6-12 的回归结果可以看出，是否使用互联网对自评健康有显著正向影响，但是对心理健康和认知能力没有影响，使用强度对心理健康有负向影响，但是对自评健康和认知能力没有影响。这里采用的网络使用强度平方项对心理健康存在正向影响，这意味着合理安排互联网使用时间，适当使用互联网对老年人的心理健康有积极促进作用。与子女的关系、是否喝酒、锻炼身体次数、社会参与等变量对老年人自评健康有显著正向影响。社会参与对老年人心理健康也有一定的积极影响。

考虑到内生性的影响，这里采用倾向匹配法就互联网使用对老年人健康做进一步验证。首先使用逐步回归法寻找影响互联网使用的主要变量，如人口学变量、社会经济变量、使用态度、健康变量等，使用 *K* 近邻匹配、核匹配等方法均验证了前面的结论，使用互联网的老年群体和不使用互联网的老年群体在健康水平上存在显著差异，结果也满足平衡性假设（见表 6-13、表 6-14）。

表 6-13　互联网使用对老年人心理健康影响的 PSM 检验

样本	匹配方法	处理组	对照组	差异	*T* 统计量
未匹配		4. 40	6. 05	-1. 65	-10. 49
匹配	*K* 近邻匹配	4. 40	4. 86	-0. 46	-2. 04
	核匹配	4. 40	4. 93	-0. 53	-2. 31

表 6-14　互联网使用对老年人认知能力影响的 PSM 检验

样本	匹配方法	处理组	对照组	差异	*T* 统计量
未匹配		31. 57	16. 09	15. 51	33. 29
匹配	*K* 近邻匹配	31. 57	27. 39	4. 17	6. 31
	核匹配	31. 57	26. 80	4. 77	7. 24

（二）基于中介效应模型检验社会参与的中介效应

依据以往的研究结论，数字技术使用变量对自评健康影响过程中，社会联结（用与子女的关系来测量）、社会参与、健康行为（用是否吸烟、是否喝酒、身体锻炼次数来综合测量）等都有可能是两者的中介传导变量，具体关联机制如图 6-3 所示。

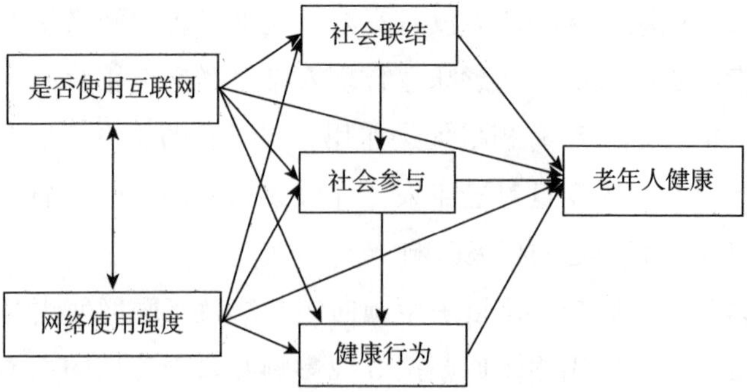

图 6-3　互联网使用对老年人健康影响路径

这里将运用中介效应模型来重点验证社会参与在两者关系中的作用。结合前面的理论分析和实证分析结果，在温忠麟等（2005）提出的多重中介模型基础上，提出了本研究的多重中介效应回归方程，具体为

$$Y'=\tau_1 X_1+\tau_2 X_2+\varepsilon_x \tag{6-4}$$

$$M_1=\alpha_{11}X_1+\alpha_{12}X_2+\varepsilon_1 \tag{6-5}$$

$$M_2=\alpha_{21}X_1+\alpha_{22}X_2+\beta_{21}M_1+\varepsilon_2 \tag{6-6}$$

$$M_3=\alpha_{31}X_1+\alpha_{32}X_2+\beta_{31}M_1+\beta_{32}M_2+\varepsilon_3 \tag{6-7}$$

$$Y''=\tau_1' X_1+\tau_2' X_2+\beta_1 M_1+\beta_2 M_2+\beta_3 M_3+\varepsilon_y \tag{6-8}$$

由于中介变量和被解释变量均为二分类别变量，故式（6-4）至式（6-8）不能使用通常的线性回归，而是用 Logistic 回归（MacKinnon，Lockwood et al.，2007；刘红云等，2013）。

$$Y'=\mathrm{Logit}P(Y=1|X_1,X_2)=\ln\frac{P(Y=1|X_1,X_2)}{P(Y=0|X_1,X_2)} \tag{6-9}$$

$$M_1=\mathrm{Logit}P(M_1=1|X_1,X_2)=\ln\frac{P(M_1=1|X_1,X_2)}{P(M_1=0|X_1,X_2)} \tag{6-10}$$

$$M_2=\mathrm{Logit}P(M_2=1|M_1,X_1,X_2)=\ln\frac{P(M_2=1|M_1,X_1,X_2)}{P(M_2=0|M_1,X_1,X_2)} \tag{6-11}$$

$$\begin{aligned}M_3&=\mathrm{Logit}P(M_3=1|M_1,M_2,X_1,X_2)\\&=\ln\frac{P(M_3=1|M_1,M_2,X_1,X_2)}{P(M_3=0|M_1,M_2,X_1,X_2)}\end{aligned} \tag{6-12}$$

$$\begin{aligned}Y''&=\mathrm{Logit}P(Y=1|M_1,M_2,M_3,X_1,X_2)\\&=\ln\frac{P(Y=1|M_1,M_2,M_3,X_1,X_2)}{P(Y=0|M_1,M_2,M_3,X_1,X_2)}\end{aligned} \tag{6-13}$$

上述多重中介效应回归方程中，M_1、M_2 和 M_3 分别表示中介变量社会交往、社会参与和健康行为，中介变量 M_1 用老年人与子女的关系来测量，M_2 主要用家庭外社会参与来测量，M_3 用老年人每周锻炼次数来测量。Y 为被解释变量老年人健康，用老年人自评健康水平测量。X_1、X_2 为核心解释变量数字技术使用，分别用是否使用互联网和网络使用强度来测量。中介效应分析结果见表 6-15。

表 6-15　网络使用强度与老年人健康关系的中介效应分析

步骤	回归方程	标准误	Z 值
回归（一）	$\hat{Y}=0.378X_1-$ $0.172X_2$	0.067 0.029	5.63 *** -5.93 ***
回归（二）	$\hat{M}_1=0.738X_1+$ $0.061X_2$	0.383 0.036	2.40 * 1.69
	$\hat{M}_2=0.548X_1+$ $0.028X_2+$ $0.162M_1$	0.247 0.020	2.22 * 2.65 **
	$\hat{M}_3=0.005X_1-$ $1.337X_2+$ $0.219M_1+$ $0.726M_2$	0.038 0.509 0.104 0.182	0.14 -2.70 ** 2.10 * 3.98 **
回归（三）	$\hat{Y}=0.216X_1-$ $0.121X_2+$ $0.192M_1+$ $0.634M_2+$ $0.023M_3$	0.041 0.019 0.074 0.240 0.008	5.27 *** -6.38 *** 2.59 ** 2.64 ** 2.94 **

注：* 代表 $P<0.05$，** 代表 $P<0.01$，*** 代表 $P<0.001$。

由表 6-15 可知，回归（二）中网络使用强度对社会交往的回归系数（路径 α_{12}）以及是否使用互联网对健康行为的回归系数（路径 α_{21}）不显著，借助 Sobel 检验进一步验证这一结果。

Sobel 检验统计量的计算公式为

$$z=\hat{a}\hat{b}/\sqrt{\hat{a}^2Sb^2+\hat{b}^2Sa^2} \tag{6-14}$$

根据表 6-15 的结果可知，$\hat{a}=0.061$、$Sa^2=0.036$、$\hat{b}=0.192$、$Sb^2=0.074$，计算得到 $z=0.293$，小于临界值，即中介作用不显著，同理可以推算路径 a_{31} 的中介作用也不显著，其他路径均显著。这说明社会联结和社会参与在互联网使用行为与老年人自评健康影响过程中具有部分中介作用。社会参与和健康行为在网络使用强度与老年人自评健康影响过程中具有部分中介作用。通过计算可以得到是否使用互联网及网络使用强度对老年人健康的总效应以及社会交往、社会参与中介效应占总效应的比例。

互联网使用行为对老年人自评健康的总效应包括使用互联网对老年人健康的总效应以及网络使用强度对老年人健康的总效应，具体计算结果见式（6-15）和式（6-16）。使用互联网对老年人健康有正向的积极作用，但是网络使用强度与老年人健康呈反向关系，说明过度使用互联网会对老年人健康产生消极影响。

$$\begin{aligned}\tau_1 &= \tau_1' + a_{11}\beta_1 + a_{21}\beta_2 + a_{11}\beta_{21}\beta_2 \\ &= 0.378 + 0.738 \times 0.192 + 0.548 \times 0.634 + 0.738 \times 0.162 \times 0.634 \\ &= 0.943 \end{aligned} \tag{6-15}$$

$$\begin{aligned}\tau_2 &= \tau_2' + a_{22}\beta_2 + a_{32}\beta_3 + a_{22}\beta_{32}\beta_3 \\ &= -0.172 + 0.028 \times 0.634 - 1.337 \times 0.023 + 0.028 \times 0.726 \times 0.023 \\ &= -0.185 \end{aligned} \tag{6-16}$$

社会参与在使用互联网和网络使用强度对老年人健康影响过程中均起中介作用，其中在使用互联网方面，社会参与中介效应占总效应的比例为 $(0.548 \times 0.634)/0.943 = 0.368$，社会参与在这一影响过程中的中介效应比社会联结更大。在网络使用强度方面，社会参与中介效应占总效应的比例为 $(0.028 \times 0.634)/0.185 = 0.010$，社会参与在这一过程中的中介效应相对较小，但是过度使用互联网可能会挤压老年人正常锻炼身体的时间，对老年人健康产生不利影响。

（三）广义结构方程法检验社会参与的中介效应

为了进一步研究社会参与在互联网使用对健康影响的中介作用，在自评健康的基础上，引入了心理健康和认知能力的测量变量，采用广义结构方程法来检验社会参与的中介效应。

互联网使用、社会参与和自评健康的中介效应检验结果如表 6-16 所示。

表 6-16　互联网使用、社会参与和自评健康的中介效应检验结果

效应		Estimate	SE	Z 值	*P-value*
互联网使用—自评健康	间接效应	0.024	0.008	2.96	0.003
	总效应	0.095	0.017	5.49	0.000

社会参与对互联网使用与自评健康关系的中介效应见图 6-4。

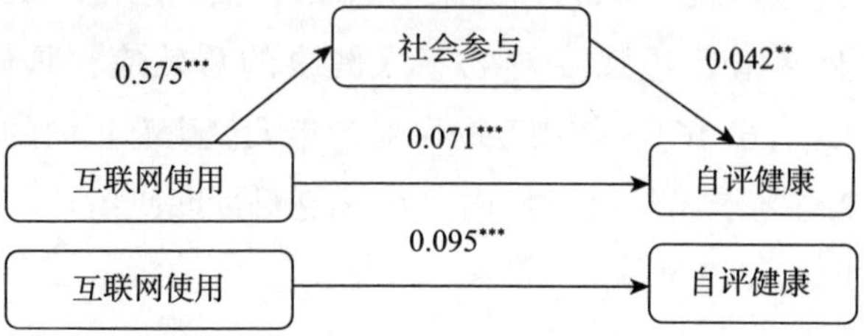

图 6-4　社会参与对互联网使用与自评健康关系的中介效应

互联网使用对老年人自评健康的总效应为 0. 095，其中直接效应为 0. 071，互联网通过社会参与进而影响到自评健康的中介效应为 0. 575×0. 042 = 0. 024，中介效应占总效应的比值为 25. 26%。

互联网使用、社会参与和心理健康的中介效应检验结果见表 6-17。

表 6-17　互联网使用、社会参与和心理健康的中介效应检验结果

效应		Estimate	SE	Z 值	*P-value*
互联网使用—心理健康	间接效应	-0. 378	0. 074	-5. 08	0. 000
	总效应	-1. 650	0. 157	-10. 49	0. 000

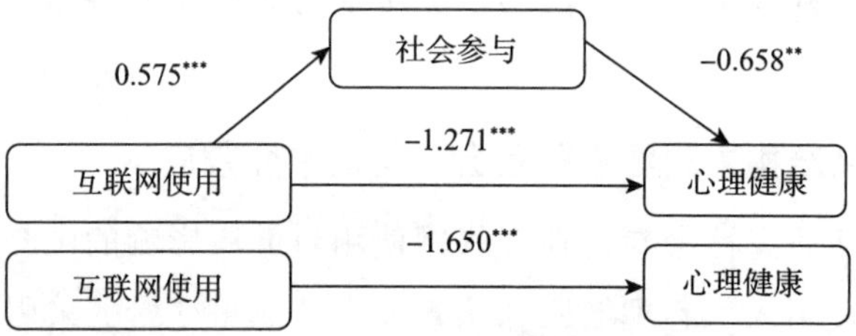

图 6-5　社会参与对互联网使用与心理健康关系的中介效应

如图 6-5 所示，互联网使用对老年人心理健康的总效应为-1. 650，其中直接效应为-1. 271，互联网通过社会参与进而影响到心理健康的中介效应为 0. 575×(-0. 658) = -0. 378，中介效应占总效应的比值为 22. 91%。

互联网使用、社会参与和认知能力的中介效应检验结果见表 6-18。

表 6-18　互联网使用、社会参与和认知能力的中介效应检验结果

效应		Estimate	SE	Z 值	*P-value*
互联网使用—认知能力	间接效应	2. 275	0. 222	10. 24	0. 000
	总效应	15. 507	0. 466	33. 31	0. 000

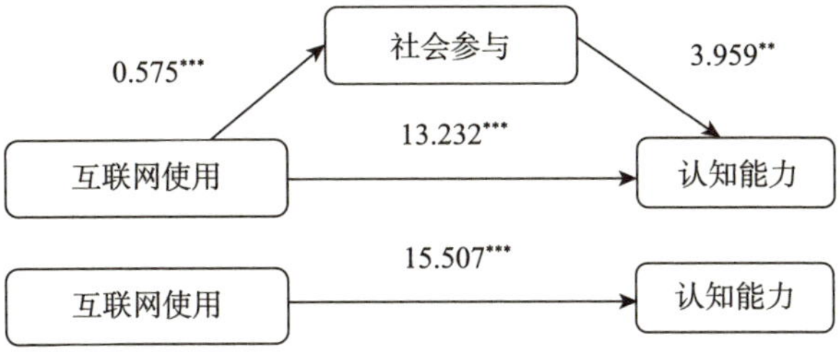

图 6-6　社会参与对互联网使用与认知能力关系的中介效应

如图 6-6 所示，互联网使用对老年人认知能力的总效应为 15. 507，其中直接效应为 13. 232，互联网通过社会参与进而影响到认知能力的中介效应为 0. 575×3. 959 = 2. 276，中介效应占总效应的比值为 14. 67%。

第四节　本章小结

本章通过比较发现，使用互联网的老年群体和不使用互联网的老年群体在心理健康、认知能力上均存在显著差异。信息技术使用有助于提高老年人的社会适应能力，老年人可以借助网络平台获取最新资讯，学习充电，促进社会融入和社会参与。

运用中介效应模型和广义结构方程进一步验证社会参与在数字技术与健康关系中的中介效应。中介效应模型结果显示，社会参与在互联网使用行为与老年人自评健康影响过程中具有部分中介作用，社会参与在这一影响过程中的中介效应比社会联结更大。社会参与和健康行为在网络使用强度与老年人自评健康影响过程中具有部分中介作用，社会参与在这一过程中的中介效应相对较小，但是过度使用互联网可能会挤压老年人正常锻炼身体的时间，对老年人健康产生不利影响。广义结构方程结果显示，社会参与在互联网使用与老年人自评健康、心理健康和认知能力的影响关系中均存在中介效应，中介效应占总效应的比例分别为 25.26%、22.91%、14.67%，社会参与在互联网使用对老年人自评健康影响过程的中介效应最大。

第七章　数字技术赋能老年人社会参与及其健康促进的实现路径

党的十九届五中全会首次明确提出“实施积极应对人口老龄化国家战略”。积极老龄化的核心是老年人的社会参与。2021 年中共中央和国务院印发了《关于加强新时代老龄工作的意见》，明确提出要“引导老年人树立主动健康和终身发展理念，鼓励老年人积极面对老年生活，在经济社会发展中充分发挥作用”，从 扩大老年教育资源供给、提升老年文化体育服务质量、鼓励老年人继续发挥作用等方面促进老年人社会参与。在数字化时代背景下，互联网等信息技术通过赋权、促进社会参与和延展社会网络等功能，成为实现积极老龄化和健康老龄化的重要手段。老年人的健康、社会参与和保障都需要数字能力的支持（杨菊华和刘轶锋，2022）。随着数字时代的快速发展，更需要激发老年人的数字潜能，掌握数字技术这一社会经济发展的重要手段，以丰富老年社会参与形式、提升老年社会参与质量，深度开发老年人力资源，促进老年健康水平。本章结合前文的研究结论，从顶层制度机制设计、跨越“数字鸿沟”、社会参与促进三个方面探寻发展措施，构建政府、社会、企业和家庭多方协同联动机制，促进老年人数字供给侧结构性改革，优化老年友好社会环境，提升老年人数字素养水平和社会参与能力，实现积极老龄化和健康老龄化。

第一节 优化顶层设计，构建多元共治的老龄化社会治理格局

一、政策支持，法规保障

人口老龄化导致了人口数量、质量和结构的根本变化，这不仅深刻地影响了社会治理的模式，也对社会治理的策略提出了新的要求。在老龄化社会的背景下，治理的理念、制度、政策和组织协调必须适应老年人口结构的变化，旨在促进老年人以及全体公民的福祉。完整的政策支持体系和保障机制是推进老龄化社会治理的前提条件。为了有效应对人口老龄化，促进老年人的社会参与成为一个关键领域。这不仅涉及多个政府部门的合作，也需要从顶层设计出发，加强政策支持和法律保护，确保老年人在参与社会活动中的权益得到充分的尊重和保障。中国已经实施了多项政策和法规来应对老龄化的挑战，包括《国家积极应对人口老龄化中长期规划》《关于加强新时代老龄工作的意见》以及《“十四五”国家老龄事业发展和养老服务体系规划》等。这些措施旨在引导和鼓励老年人参与社会活动，提升他们的生活质量。除了国家层面的政策引导，地方政府和相关部门还纷纷出台了针对老年人教育、解决老年人使用智能技术困难等问题的具体措施，如《教育部等九部门关于进一步推进社区教育发展的意见》和《关于切实解决老年人运用智能技术困难的实施方案》等。这些措施在加强老年人的社会联结和提升生活质量方面发挥了积极作用。然而，需要指出的是，在开发老年人力资源、鼓励老年人参与公益活动等方面，现有的政策和法规仍有待加强和完善。

面对人口老龄化带来的挑战，需要系统地优化和扩充现有的政策和法律框架，以更全面地促进老年人的社会参与和提升他们的生活质量。只有这样，才能够在保障老年人权益的同时，充分利用这一人口群体的潜力，为社会持续发展作出贡献。建立老年人力资源的中长期规划，并完善支撑老年人力资源开发与利用的政策体系。为了更好地引导和激励老年人积极参与社会活动，

政策应考虑老年人的文化背景、技能类型以及参与活动（参与生产性活动、公益性活动）的意愿等特征，并据此出台具有针对性的引导政策和激励措施。此外，积极鼓励企业或社区通过政策优惠，充分挖掘退休老年人的潜在人力资源优势。为了促进老年人更好地参与社会活动，关键在于消除现有的制度性障碍。这包括尝试探索更为灵活的就业和退休制度，增加就业年龄的灵活性和包容性，为老年人提供更多机会，使他们能继续从事符合自身兴趣和技能的工作。同时，应探索建立完善的老年志愿服务体系，促进老年人参与基层社区治理，完善家庭照护支持政策，并建立健全 0~3 岁婴幼儿托幼服务体系，从而为老年人提供更广泛的社会参与选择权，增强他们的社会归属感和提高他们的生活质量。

《中华人民共和国老年人权益保障法》是确保老年人有效参与社会活动的关键法律框架，然而，其适用范围相对有限，难以全面涵盖老年人参与社会活动的多元化和复杂性需求。尤其在数字化时代背景下，老年人的社会参与呈现出更为多样化和复杂的趋势。比如，在老年人力资源的开发领域，老年人重新进入劳动市场在我国是一个较为新颖的现象，伴随着许多挑战和问题。这包括如何有效打破对老年人再就业的年龄限制、消除对老年就业者的歧视以及确保老年人在再就业过程中享有平等的福利等。要解决这些问题，需要通过制定和完善相关的法律法规来保护老年人的权益。因此，进一步完善和扩充老年人社会参与相关法律法规就显得尤为迫切，这不仅能够更加全面地保护老年人的社会参与权益，也能鼓励和促进老年人更加积极地参与社会活动。此外，还应考虑到数字技术发展和应用带来的数字不平等问题，要依托老年人数字化技能培训和普及，使老年人能够更好地适应当前社会发展趋势，拓宽他们的社会参与渠道等。只有通过全方位系列化的政策举措，才能真正促进老年人的社会参与，提升老年人生活质量，为社会和谐发展作出贡献。

二、构建政府、社会、企业和家庭多方协同联动机制

国际社会的经验表明，政府、社会组织、家庭以及个人等多元化主体的共同参与对推进老龄化社会的治理至关重要。为此，建立一个政府、社会、企业与家庭多方面协同作用的联动机制显得尤为重要。这要求通过制定相应

的政策和法规来进一步明确政府的职责，并规范政府与社会各界力量的共同参与关系及其界限。通过明确和加强各方的责任分担，可以实现各参与方之间的良性合作关系，以及资源的有效整合。这样不仅能够共同构建一个积极、支持性强、融合度高的老年人参与环境，还能提供丰富的参与资源，促进老龄化社会的健康发展。从社会学、经济学、心理学以及管理学等多学科的交叉融合视角，探索更多创新的治理模式，不仅限于政策和法规的制定，还包括社会支持体系的构建、老年人参与社会的机会拓展以及家庭与社区环境的优化等，这些都是推动老龄化社会治理向更加人性化、高效化发展的重要方面，为老龄化社会治理提供更加全面和深入的视角。

政府在老龄化社会治理中扮演着极为关键的角色，不仅负责政策的制定和经济的支持，还需承担起平台搭建和资源协调整合的责任。为了促进老年群体的社会参与，政府必须强化政策间的协同发展，并适当调动老年人参与社会的积极性，满足其有效参与的需求。在多部门、多领域的老龄化社会治理过程中，各部门间的协调合作是必不可少的，这需要建立健全的政策机制作为支撑。

社会对老年歧视的观念对老年群体参与社会形成阻力，极大地挫伤了老年人社会参与的信心和意愿。社会对老龄化的态度需要一个积极的转变。通过举办有关人口老龄化的宣传教育活动，不仅可以消除对老年人的消极偏见，还能建立一个客观正确的老龄观。这种转变对促进老年人更好地融入社会，实现其价值具有重要意义。

社区作为老年人参与社会的重要载体，要积极为老年人提供多元化的活动参与机会，以老年人需求为中心，完善社区服务供给和基础设施建设，营造老年友好社区环境。但社区的角色不应仅仅停留在活动举办者或场所提供者，应该成为企业、组织和政府联系老年人的桥梁，充分利用其资源，提供多样化的参与机会。例如，建立老年人才库，汇集社区老年人的知识技能和工作经验，不仅能为老年人提供发挥自身技能的平台，还能为社会组织和企业带来宝贵的人才资源，实现信息资源的共享共建，为“老有所为”创造更多机会，让老年人发挥余热。

政府可以通过引导企业和公益组织积极参与老龄社化会治理，为积极参与老年人社会活动的企业和组织提供政策支持。这种做法不仅可以促进社会各界的积极参与，还能通过示范效应吸引更多的企业和组织加入老龄化社会治理。同时，政府应通过改善制度机制，比如推广时间银行模式，鼓励老年人参与志愿服务，以服务的方式积累“时间货币”，为自己或他人将来的需要储备资源。此外，增加政策资金投入，完善社会养老服务体系，建立健全婴幼儿托幼服务体系，让陷于家庭照顾和隔代照料的老年人有更多时间和精力开展其他社会参与，为老年人提供更多的社会参与机会和选择。这些措施不仅可以激发老年人参与社会的积极性，还能充分发挥其在社会发展中的作用，构建和谐的老龄化友好型社会。

第二节 跨越“数字鸿沟”，强化老龄化数字科技需求侧和供给侧结构性改革

一、构建促进老年人数字融入的多方联动机制

随着数字科技的迅速发展，老年人在享受数字化带来便利的同时，也面临着诸多挑战。因此，探索从“有条件使用”到“愿意使用”，再到“学会使用”乃至“主动使用”的发展路径变得尤为重要。要有效推动老龄化数字科技的发展，不仅需要从需求侧和供给侧进行结构性改革，构建政府、社会、家庭及市场的多方协同联动机制，还需要深化政策支持，促进老年人更加积极地运用数字化技术以提高其健康水平。

政府层面，应积极运用政策优惠和补贴措施，从公共服务数字技术产品入手，以老年群体为目标群体，积极鼓励和支持适老化数字技术产品的开发。这不仅包括注重产品设计中的人文关怀，更应关注老年人的实际需求和使用习惯，以确保技术产品能够真正为老年人带来便利。

企业层面，鼓励养老机构和社区康养中心等使用适老化科技产品，通过促进老年人健康的同时形成规模效应，吸引更多企业投入适老化科技产品的研究与开发。这不仅能够满足老年群体对数字技术产品的多元化和个性化需

求，更能激活银发经济，带动经济增长。

社会层面，为更好地营造支持老年人利用数字科技的社会环境，充分动员社会力量参与是关键，应发扬孝亲敬老的传统美德，营造一个积极的数字反哺社会氛围。同时，将数字助老项目纳入“三社联动”和政府购买服务的重要内容，鼓励慈善、社工、救助等基层服务力量进行制度创新和科技创新。这样不仅能够将数字技术产品有效地融入助老服务中，还能激励老年人熟悉和习惯数字化生活，营造数字化生活环境，从而更好地融入现代社会。

社会支持理论强调社区服务在提供情感支持、信息支持和实际帮助方面的重要作用，这些支持对于老年人学习和接受新技术尤为关键。社区服务依托其独特的优势，为老年人群提供了学习和接触数字技术的重要途径。比如，英美等发达国家通过社区图书馆、专为老年人设立的网站等方式，有效地缩小了老年人群体在数字技术方面的鸿沟。在我国经济发达城市，社区服务功能的持续完善也为老年人接触和学习数字技术创造了有利条件。社区不仅可以根据老年人的具体需求开展数字技术知识普及活动，还可以提供数字技术产品使用服务。老年人通过参与社区活动，不仅能直观感受到数字技术产品和服务的实用功能，还能学会有效地使用这些技术产品。通过知识普及和产品展示，缩小老年人与新兴技术产品之间的距离，进而提高老年群体数字技术的使用意愿以及使用能力。

家庭不仅是社会的基本单位，也是促进老年人数字化融入的关键环境。通过家庭成员之间的文化反哺与代际支持，能显著提升老年人的数字技能。随着年龄的增长，老年人可能会面临认知和学习能力的下降，这成为他们融入数字化生活的重要障碍。克服这一障碍，家庭和朋友的角色显得尤为重要，他们是老年人社会资本中最核心、最有效的支援力量。本书通过调查研究发现，老年人最希望得到家人或邻居在智能手机使用等数字技术知识上的指导。尤其在数字技术使用初期，家庭成员的文化反哺作用显得尤为关键。老年人对新生事物的包容性较差，对互联网、数字技术等持有警惕、防范乃至抵触的态度，此时家庭成员的情感激励和心理支持显得格外重要，这有助于鼓励老年人尝试并接受新技术。借助与老年人的近距离生活或频繁的见面机会，家庭成员能通过物质帮助和技术教育，反复向老年人传授互联网及其他信息技术产品的使用方法及相关知识，助力老年人从对技术的排斥到接受，最终达到熟练运用，真正融入数字化生活。在文化反哺过程中，家庭成员必须意识到老年人在学习能力、认知能力、反应速度等方面可能会随着年龄的增长而有所下降。因此，在帮助老年人学会如何上网、使用智能手机应用程序、体验网络互动游戏等过程中，需要表现出极致的耐心，采用循序渐进的方式进行讲解和示范，确保不伤害到老年人的自尊心，从而激发他们持续学习新技术的兴趣和热情。只有当传授方法得当，老年人才能从对技术的排斥转变为接受乃至热爱，这不仅是技术学习的过程，更是一种家庭亲情和代际沟通的深化。此外，鉴于数字技术日新月异，家庭成员还应该鼓励老年人定期更新他们的知识库，以适应不断变化的技术环境。同时，考虑到信息技术对提高生活质量的潜力，家庭成员可以介绍如何利用这些技术来增进健康管理、社会交往和生活便捷性，进一步强化老年人对技术学习的积极态度和长期兴趣。通过这些综合措施，家庭可以成为老年人成功步入数字化世界的坚强后盾，充分发挥其在老年人数字化转型过程中的关键作用。

通过探索多方联动机制，可以更好地理解各方在促进老年人数字技术接受和使用方面的作用机制，为老年人利用数字科技提供了多元化有效途径，为制定相关政策和实施方案提供科学依据。未来随着数字技术的不断进步和社会的全面老龄化，多方联动机制将成为促进老年人数字融入的重要内容。

二、革新数字认知理念，激发数字参与热情

提高老年人对数字信息的意识，消除对数字技术的恐惧，并持续推动他们的数字技术认知理念的创新，是一个多方面共同努力的过程。只有当数字技术与老年人的日常生活相融合，且他们认为技术带来的好处大于学习和使用技术所需的努力时，老年人才会对技术持更加开放的态度。通常，数字技术对于大多数老年人而言是一项挑战，这主要是因为它们可能显得侵入性强、过于复杂、尴尬，或是对环境造成破坏（Leonardi et al.，2008）。因此，转变老年人对数字技术的传统观念，鼓励他们愿意接受并使用数字技术显得尤为重要。自新冠疫情暴发以来，越来越多的老年人开始使用智能手机应用程序进行日常购物、处理事务、获取新闻信息和娱乐休闲等活动，这不仅极大地

丰富了他们的精神文化生活，也提升了他们的独立生活能力。然而，受限于老年人的认知能力和科技产品的适老化设计不足，部分老年人从物理到心理上仍对网络科技和智能技术持排斥态度，特别是在涉及资金支付等敏感应用场景时更是如此，心存戒备，畏缩不前，从而难以充分体验数字社会的便利和数字生活的乐趣。

为了解决这些问题，可以通过社区宣传教育、邻居和朋友的示范行为等多种渠道，向老年人展示数字技术带来的便利以及对老年健康的积极影响，以此激发他们使用数字技术的兴趣和意愿。此外，引导社区志愿者和邻居普及信息技术使用知识，为老年人打造一个友好的数字技术应用环境，将对促进老年人积极接受并使用数字技术产生积极效果。与此同时，政府相关部门需要加强对网络使用安全的教育，严厉打击网络犯罪行为，以消除老年人对数字技术的不信任感，全面消除他们对使用数字技术的恐惧心理，从而使他们能够更自信、更安全地融入数字化生活。

为了提升数字技术产品和服务的可及性，进而增加老年人的使用机会和使用意愿，必须关注老年人在这一转型过程中面临的各种挑战。虽然智能手机在城镇老年群体中的普及率相对较高，但是农村地区的老年人以及经济条件不佳的城镇老年人因经济负担而难以承担设备成本和使用费用。此外，尽管可穿戴设备、远程监控和机器人等先进的数字技术产品能够对老年人的日常功能进行有效补偿，并对他们的健康产生积极影响，但这些技术因价格高昂和用户体验不佳而未能广泛普及。政府和相关部门可以发挥关键作用，通过引导和激励企业开发以老年人需求为核心的数字产品，从而推动这一领域的创新和发展。通过降低生产成本和全面优化数字技术应用体验，可以促进老年人由“不愿意使用”和“无法负担”向“愿意并主动学习使用”数字技术积极转变。此外，国家层面的统筹规划和教育对提升老年人的数字信息技术素养至关重要。通过提供帮助和指导，以及广泛开展数字技术实践活动，不仅可以激发老年人对数字技术的兴趣和使用动机，还可以通过营造一个互助学习的社会氛围，增强老年人学习新技术的热情。政府和企业通过补贴政策或者成本控制措施，降低老年人获取这些技术设备的经济门槛。

三、加强数字技术老年友好设计，提升数字自信与自觉

内多皮尔等（2019）提出，为了满足老年人群体的需求，老年友好设计的产品和服务不仅需要提供额外的价值，如安全性和舒适性，还必须确保技术的适应性，以便支持老年人独立生活。此外，产品设计应追求极致的简洁与易懂，确保使用过程不仅方便快捷，而且能够带来愉悦的体验和积极的情感反响。尽管市场上已经有不少旨在服务老年人的应用程序和产品，但很多并未能精准对接他们的实际需求，更不是结合老年人特征专门创建的，缺乏足够的用户友好度，这在很大程度上导致了老年人对这些产品的抗拒和使用上的困难。设计满足老年人需求的产品过程包括 3 个主要阶段：理解、概念化和测试。首先，在理解阶段，要求设计者通过多种渠道，如自我文献研究、访谈、市场调研以及相关文献回顾，全面深入地收集关于老年人行为模式和需求的信息。其次，在概念化阶段，设计者需要基于前期收集到的信息，运用创新思维产生符合老年人实际需求的设计概念。最后，在测试阶段，通过将新概念和产品原型暴露给目标用户群体，收集他们的反馈，从而对产品进行迭代改进，确保最终的设计成果能够真正解决老年人的实际问题。为了增强老年友好设计的实际应用价值，还需要从老年心理学和社会学角度出发，深入探讨老年人的情感需求、社会互动的需求以及如何通过设计强化其社会参与感，从而提升他们的生活质量。比如，除了物理层面的易用性外，如何在产品设计中融入促进老年人情感表达和社会交往的元素，也是未来研究的重要方向。

为了适应数字化时代，国家应该加强对老年人在科技领域的支持与关怀，特别是在促进他们适应数字技术方面。政策制定者和数字技术生产企业需共同致力于创造一个对老年人友好的数字环境，这不仅包括产品设计的初衷，也涉及设计与开发的全过程。产品设计应以老年人的需求和认知能力为基础，注重发展符合老年人使用习惯的数字产品，如便于他们使用的信息交流、学习平台及社交网络。具体而言，可以通过调整字体大小、简化操作流程等方法，使网络平台对老年人更加友好，从而促进老年人通过线上教育提高自身的数字素养。同时，国家应该加大在公共服务场所、社区等地对数字基础设

施及数字文化环境进行适老化改造的投入。通过改善这些环境，使得老年人能够在一个更加舒适和便利的环境中接触和使用数字产品，从而享受到数字化带来的便利和益处。此外，通过提供一个易于使用且包容性强的数字环境，不仅可以提升老年人使用数字技术的能力，还可以增强他们的数字自信和自我效能感。当老年人能够有效地利用数字技术来满足自己的需求时，他们的数字应用自觉性也会随之增强。这种自信和自觉性的提升，将进一步促进老年人积极地参与到数字社会中，从而享受到数字化带来的红利。

在设计数字技术产品时，充分考虑到老年用户特有的认知和操作需求是至关重要的。加拿大公共卫生机构（Public Health Agency of Canada）2016 年报告指出，老年群体往往在灵活性、肌力、执行速度、手眼协调以及行动能力和敏捷性方面面临挑战，产品设计应以简洁性和易识别性为核心，努力实现功能的单一化，同时确保不同功能之间的切换既直观又便捷。针对老年人使用技术产品时可能遇到的具体挑战——例如，需要快速双击或同时按多个按钮的情境——设计应该具备一系列友好特性。这包括配备大号按钮以适应手部颤抖，紧急情况下能自动警报，易于清洁、具备防水功能的显示屏，提供良好对比度和无眩光的显示效果，以及能够与其他接口或应用程序无缝兼容。此外，考虑到用户可能对技术不太熟悉，配备图文并茂、步骤详尽的使用手册，以及足够的数据存储空间，也是设计时不可忽视的要素。为进一步提升老年用户的体验，设计过程中还应考虑老年人在视觉、听觉和触觉上的特殊需求。例如，设备可以通过不同颜色或图案来区分功能键，使用声音反馈和振动反馈来确认用户的操作结果，从而增强其互动的直观性和反馈的即时性。同时，开发者应当考虑到老年用户在学习和适应新技术时可能会遇到的困难，因此在产品开发的早期阶段就应该与目标用户群体紧密合作，以确保产品设计能够真正满足他们的需求和偏好。将这些设计原则融合于数字技术产品中，不仅能够提升老年用户的使用体验，而且有助于他们更好地融入数字化生活，提高他们的生活质量和独立生活能力。通过持续的研究和用户反馈，设计团队可以不断地优化产品，使之更加人性化，更贴合老年人群体的实际需求。

针对老年人特别是那些有特殊需求的群体，如生活不能自理的老年人，定制化的数字技术设备显得尤为重要。这种定制化不仅仅是对产品的个性化设计，更是一种以人为本的科技发展理念的体现。贡戈拉等（2018）指出，实现这一目标的有效途径是通过跨学科合作，整合最终用户、他们的护理者、开发人员乃至可能涉及的医生等多方的兴趣和需求，以此来设计真正符合老年人需求的个性化产品。随着信息技术的不断进步，利用这些技术来满足老年人的个性化需求，不仅可以帮助他们更好地应对老龄化带来的挑战，还能显著提高他们的生活质量。除了政策层面支持促进老年人数字技术的使用和普及，还应从法律法规层面对相关企业和机构进行约束和激励。创建有利于老年人数字融入的环境，不仅需要技术创新，还需要相关政策和法律的支撑，确保这些技术能够被广泛并合理地应用于老年人的日常生活中，从而帮助他们更加独立和健康地生活。

面对人口老龄化的挑战，老年人数字技术需要从多个层面入手，不仅要推动技术创新，构建一个适老化的数字环境，更要建立相应的政策和法律框架，这不仅能够帮助老年人更好地适应数字化时代，以保障老年人能够从数字技术的发展中受益，更是一种促进社会整体数字化进程的策略。同时，跨学科合作的模式提供了一个有效路径，通过汇聚不同领域的智慧和资源，共同探索和解决老年人在使用数字技术过程中面临的具体问题，这不仅能够促进老年人的健康和幸福，也将推动整个社会的和谐发展。

第三节　多路径促进老年人社会参与，提升老年人健康水平

一、消除老年歧视，营造老年友好互助氛围

WHO 于 2015 年强调，反对年龄歧视不仅是积极应对人口老龄化的关键策略，更是构建包容性社会的基石。年龄歧视源自对老年人群的偏见和误解，将老年人错误地标签化为社会问题的源头、社会资源的消耗者以及社会发展的阻碍。这种观点不仅缺乏事实依据，而且忽视了老年人在社会、经济和文化发展中所能发挥的积极作用。实际上，年龄歧视的根源在于对老年人社会

角色和资源获取能力的误读，以及社会各阶层对老年人的认知偏差。周露露（2022）指出，年龄偏见和歧视不仅是导致大多数老年人被剥夺自由的根源，而且对老年人的心理健康和福祉造成了显著的负面影响。老年人面临的社会孤立和排斥，加剧了抑郁情绪和社会参与度的下降。因此，打破年龄歧视的固化观念，促进社会各界对老年人的正确认识和尊重，不仅有利于老年人的福祉，也是社会整体进步与和谐发展的重要条件。为了有效地应对人口老龄化带来的挑战，必须从理论和实践两个层面提高对这一问题的认识。

首先，政策制定者需要实施包容性政策，为老年人提供充分的社会支持网络，包括健康保健、终身学习机会和社会参与平台，以确保他们能够充分发挥潜力，享有尊严和自主生活。在制度层面上，制定和完善保护老年人权益的法律法规是基础，但要真正提升老年群体的生活质量和社会地位，必须突破固有的观念限制，不仅要破除社会普遍存在的消极老化观念，而且要引导老年人实现自我认识和自我评价的正向转变。通过多方面的努力，降低和消除社会中对老年人的认知偏差和情感排斥，进而在全社会范围内营造一种积极的老龄观。这包括倡导尊重、理解和支持老年人的价值观，鼓励老年人积极参与社会生活，展现老年生活的多样性和丰富性。

其次，应加强公众教育，提高对老年人多元角色和贡献的认知，从而消除基于年龄的刻板印象。通过健康教育和健康促进活动，可以有效提升公众包括媒体工作者、政府职员、企业管理层以及老龄事业从业人员在内的老化观念和老龄化知识水平。这有助于增进社会对老龄化的积极接受和理解，形成全社会共同关心老年群体的良好风气。在现代社会，大众传媒及各种媒介的影响力日益增强，因此适当利用这些渠道进行积极宣传和正确引导，将极大地推动“老有所为”理念的普及。政府及相关部门应当统筹规划，积极宣传老年人参与社会的重要性，同时提高社会各界，包括企业、家庭及老年人自身对老年社会参与价值的认识。此外，加强对媒体的道德监管，确保传播内容的真实性和积极性，对于重塑老年人的社会形象、打破社会对老年人的刻板印象具有重要意义。这不仅有助于老年人积极地参与社会活动，还能够为他们的社会参与提供更为广泛的舆论支持和社会认同，进一步促进老年人的社会融合和自我实现。

最后，应当鼓励社会工作者、志愿者以及相关领域的专业人士主动引领思想变革，打破固有的认知壁垒，深刻理解并推广老年群体人力资源开发的重要性。这不仅涉及提高老年人参与社区事务的自觉性，还包括帮助他们构建“成功老龄化”的积极观念。通过充分利用老年人丰富的生活经验和智慧，设计具体的活动方案和项目，促使处于“年轻”老年人参与到公益活动中来，改变他们对老年生活的态度，确保他们能够高质量地持续参与社会活动。努力营造一个鼓励老年人积极参与社会活动的文化环境。通过报道老年人参与社会活动的优秀典型和事迹，展示他们的社会价值和示范作用，有助于加强社会各界对老年人内在价值的认可和尊重。这不仅能够提升老年人的自我认同感和自我价值感，还能为他们营造一个友好的社会参与氛围。通过从“逃避参与”到“积极参与”的心态转变，进一步提升老年人的整体健康水平。

反对年龄歧视不仅是道德呼吁，更是实现社会公正、推动包容性发展的必要条件。通过改变社会对老年群体的传统观念，促进他们积极参与社会事务，不仅能够发挥老年人的潜在能力，还能促进社会的和谐发展。这要求我们从政策、文化和社会实践等多个层面入手，有效地推动社会对老年群体的正面认识，鼓励老年人积极参与社会生活，为他们创造一个有尊严、活跃、健康的老年阶段，共同构建一个尊重和利用老年人力资源的社会环境。

二、加强老年终身教育，提升老年社会参与能力

《老年教育发展规划纲要（2016—2020 年）》明确指出，发展老年教育是积极应对人口老龄化的重要途径。前面研究结论表明，老年人受教育程度对老年人不同社会参与类型均有积极影响，受教育程度越高的老年人社会参与能力越高，参与概率和参与机会越大。进入数字化时代，对于老年人而言，对数字学习和数字产品的应用提出了更高的要求，因此，加快发展面向老年人的终身教育变得尤为迫切。根据《关于加强新时代老龄工作的意见》，老年教育应被纳入终身教育体系之中。教育部门应牵头研究和制定针对老年教育的发展政策和措施，并依托国家开放大学平台，筹建国家老年大学，以此搭建全国性的老年教育资源共享和公共服务平台。这一政策的出台，不仅为老年教育的未来发展指明了方向，同时也提供了实施的具体思路。2023 年，国

家老年大学的正式成立标志着我国在老年教育领域迈出了重要一步。然而，我国老年大学地区发展不平衡，空间分布不均衡，东部沿海地区省（市）平均有超过300所老年大学，西部欠发达地区则不足20所，后者还大多面临资金不足、运营困难等挑战，难以充分发挥老年大学的潜能和积极作用。因此，探索多方合作、社会组织的参与以及政府资金的补贴等多元化的办学模式，加快老年大学的建设和发展显得尤为重要。可以鼓励老年大学与高等院校、职业技术学院、养老机构或相关产业进行合作，共享优质的教育资源和师资力量，有助于提升老年教育质量，使之更加符合老年人的需求和期望。老年大学的教育内容设计应充分考虑老年人的认知能力、实际需求、兴趣爱好以及时代的需求，以帮助他们通过学习适应时代的进步，融入社会的发展，从而提高他们的社会参与机会和能力。

随着数字技术的快速发展，数字媒体的广泛应用不仅丰富了老年人社会参与的形式，而且为老年数字教育的进步提供了坚实的支撑。利用数字技术通过远程教育形式，将优质的老年教育资源分享给资源匮乏的地区，也是解决资源不均的有效途径。国家在《“十四五”国家信息化规划》中明确提出了开展终身数字教育、完善国家数字教育资源公共服务体系的战略目标。这一规划强调了为老年人提供终身学习机会的重要性，以及建立一个全面的数字教育资源共享平台，以满足他们不断增长的学习需求。通过创新老年群体教育模式，充分利用数字化技术和网络媒介，构建一个老年教育的数字化资源共享平台。依托平台将优质的课程资源进行数字化和网络化处理，使老年人能够在家中随时随地接受老年教育。这样不仅学习内容丰富化，学习形式也更加多元化，极大地激发了老年人主动学习的热情，提升了他们社会参与的积极性和自我效能感。这种教育模式的转变不仅有助于老年人更好地适应数字化社会的需求，也为他们提供了自我提升和实现个人价值的机会。通过学习新知识和技能，老年人可以更积极地参与社会生活，与不同年龄层的人交流互动，从而提高他们的生活质量和幸福感。老年数字教育内容、形式等也需要依据数字技术发展持续改革和创新。通过优化教育内容、拓宽学习渠道，创造一个包容性强、易于访问的老年友好学习环境，确保老年人在数字化时代能够持续学习、成长，进而更好地融入社会，为社会多元发展作出贡献。

社区不仅是老年教育的重要阵地，更是一个充满活力的学习交流平台。作为老年人生活的核心区域，社区提供了一个既熟悉又便捷的环境，使得各类教育活动能够直接且高效地接触到目标群体。为了充分发挥社区在老年教育中的作用，必须注重对基础设施与教学资源的全面升级，这包括但不限于教室、多媒体设备等硬件设施，以及课程内容和教学方法的创新。融合社区特色开展老年教育项目具有重要意义。例如，通过引入老年大学的课程资源，社区可以定期组织老年保健知识讲堂，不仅传授健康管理与生活技能，还可以提供数字技能培训，帮助老年人熟练掌握数字产品和服务的使用，从而提升他们的生活质量和自我管理能力。发挥社区老年人的资源潜力，邀请有经验、有知识储备的老年人担任教育活动讲师或导师，促进老年人知识和技能的传承，增强其社会参与感和自我效能感。社区可以举办一系列反映老年人兴趣和需求的课程，如防诈骗教育、太极拳、摄影技巧和音乐欣赏等，进一步丰富老年人的精神文化生活。作为老年教育的关键平台，社区的角色和功能不应仅仅局限于教育活动的举办地点。通过完善基础设施、创新教育内容和形式，以及合理利用老年人力资源，社区能够为老年人提供一个全方位、多层次的学习和交流环境，从而有效提高老年教育的覆盖率和参与度，促进老年人的终身学习和精神文化生活的丰富多彩。

三、优化资源配置，改善老年社会参与环境

搭建老年人社会参与信息资源共享共建平台。该平台不仅仅是信息的传递工具，更是一个连接资源供需、促进老年人才与生产性及公益性活动组织之间联系的桥梁。通过该平台，老年人可以轻松获得信息咨询服务，从而更积极地参与到经济活动和公益活动中去。信息平台还可以增设监测与评估老年人社会参与情况的功能，把握老年人社会参与基本态势和变化趋势。这不仅有助于深入理解老年人的参与意愿，还能把握社会组织和企业在人才需求方面的最新动态，为科学研判老年人在社会参与方面的表现提供坚实的信息支撑。同时，此平台的数据和分析结果还将为老年教育培训的内容和方向提供有价值的指导，从而更好地满足老年人的学习需求，促进其终身学习和社会参与。因此，这一信息资源共享共建平台的建立，不仅能够促进老年人的

社会参与，还将为老年人才的发掘和培养、社会服务的优化提供强大动力和宝贵资源。

加强对老年社会组织及相关机构的扶持与培育。首先，应充分挖掘老年协会等社会组织的潜力，增强它们在搭建老年人社会参与专业平台上的作用，以此为老年人提供更广阔的社会参与渠道。其次，推动老年大学的社会化进程，通过扩展老年教育的覆盖范围，致力于建立一个层次丰富、形式多样的老年教育体系，从而满足老年人不断增长的学习需求和精神生活追求。再次，引导和鼓励社会组织及相关机构积极组织各类老年社会参与活动，并加大对这些活动的宣传力度，特别是在农村地区。建议利用村委会的通知广播、宣传单页、互联网资源以及面对面访问等方式，广泛传播这些活动的信息。最后，利用家户之间沟通便利的特点，对那些已取得显著成效的活动进行深入宣传，旨在通过宣传活动影响年轻一代的思想观念，从而逐步放宽传统的养老观念束缚，促进老年人享有更加自由和丰富的社会生活。通过增强老年社会组织的功能，扩大老年教育的覆盖面，并通过有效宣传改变社会对老年人的观念，有助于构建一个更加包容、多元化的老年生活环境。

完善社区老年友好环境建设，积极发挥社区促进老年社会参与的优势。研究表明，老年人的主要活动空间是社区，在那些服务设施齐全、对老年人友好的社区，老年人参与社会活动的意愿和实际参与率均显著提高。因此，推进社区内道路和基础设施的无障碍改造、加速公共交通设施的智能化升级、为老年人设置专用通道和乘车区域、提供准确的到站提醒等措施，对于确保老年人的日常安全出行至关重要（朱耀垠，2020）。此外，社区应当利用其支持网络为老年人提供一系列软硬件设施，以此优化养老服务的供给。这包括增设图书室、体育健身设施、室内活动中心等基础设施，并定期举办医疗保健、兴趣爱好课程、专题沙龙等多种针对老年人的活动。通过这些措施，可以有效地提高老年人的生活质量和社会参与度。社区还应作为老年人社会参与活动的信息传播者和场地提供者，积极与外部世界建立联系。通过组织社区活动，社区可以将社会组织、老年协会、老年社团、政府相关部门等资源整合起来，协调社会各界与老年群体之间的互动，从而促进多方面的合作。

这样的合作不仅能增强老年人的社会参与能力，还能为他们提供更多参与社会的机会。通过多维度的改进和举措，构建一个更加老年友好的社区环境，从而增强老年人的社会参与度，提高他们的生活质量。在实践中，这需要社区管理者、政府相关部门、社会组织以及老年人本身的共同努力和配合。

参考文献

[1] Agahi N, Parker M G. Leisure activities and mortality: Does gender matter? [J]. Journal of Aging and Health, 2008, 20 (7): 855-871.

[2] Ahmed A. Open access towards bridging the digital divide - policies and strategies for developing countries [J]. Information Technology for Development, 2007, 13 (4): 337-361.

[3] Allcott H, Braghieri L, Eichmeyer S, et al. The welfare effects of social media [J]. American Economic Review, 2020, 110 (3): 629-676.

[4] Aquino J A, Russell D W, Cutrona C E, et al. Employment status, social support, and life satisfaction among the elderly [J]. Journal of Counseling Psychology, 1996, 43 (4): 480-489.

[5] Arai H, Nagatsuka M, Hirai K. The relationship between regular exercise and social capital among Japanese community residents [J]. International Journal of Sport and Health Science, 2008 (6): 188-193.

[6] Atchley R C. A continuity theory of normal aging [J]. The Gerontologist, 1989, 29 (2): 183-190.

[7] Attewell P. Comment: The first and second digital divides [J]. Sociology of Education, 2001, 74 (3): 252-259.

[8] Beech R, Roberts D. Assistive technology and older people [C] // Gerontechnologyresearch, practice, and principles in the field of technology and aging [M]. New York: Springer, 2016.

[9] Bemelmans R, Gelderblom G J, Jonker P, et al. Socially assistive robots in elderly care: A systematic review into effects and effectiveness [J]. Journal of

the American Medical Directors Association, 2012, 13 (2): 114-120.

[10] Berkman L F, Glass T, Brissette I, et al. From social integration to health: Durkheim in the new millennium [J]. Social Science & Medicine, 2000, 51 (6): 843-857.

[11] Brewer R N, Marie P A. Xpress: Rethinking design for aging and accessibility through a voice-based online blogging community [J]. Proceedings of the ACM on Human-computer Interaction, 2017, 1 (2): 1-17.

[12] Bilbao A, Almeida A, López-de-Ipiña D. Promotion of active ageing combining sensor and social network data [J]. Journal of Biomedical Informatics, 2016 (64): 108-115.

[13] Brims L, Oliver K. Effectiveness of assistive technology in improving the safety of people with dementia: A systematic review and meta-analysis [J]. Aging & Mental Health, 2019, 23 (8): 942-951.

[14] Buffel T, De Donder L, Phillipson C, et al. Social participation among older adults living in medium-sized cities in Belgium: The role of neighbourhood perceptions [J]. Health Promotion International, 2014, 29 (4): 655-668.

[15] Bühler C C, Penaz P, Miesenberger K. Computers helping people with special needss [M]. New York: Springer, 2016.

[16] Bukov A, Maas I, Lampert T. Social participation in very old age: Cross-sectional and longitudinal findings from BASE [J]. The Journals of Gerontology, 2002, 57 (6): 510-517.

[17] Cesta A, Cortellessa G, Giuliani M V, et al. Psychological implications of domestic assistive technology for the elderly [J]. Psych Nology Journal, 2007, 5 (1): 229-252.

[18] Changizi M, Kaveh M H. Effectiveness of the mental health technology in improvement of healthy behaviors in an elderly population—A systematic review [J]. Preventive Medicine, 2017, 12 (26): 93-110.

[19] Chen K, Chan A H. Use or non-use of gerontechnology—A qualitative study [J]. International Journal of Environmental Research and Public Health,

2013，10（10）：4645-4666.

［20］Chernbumroong S，ATKINS A，Yu H. Perception of smart home technologies to assist elderly people ［C］//4th international conference on software，knowledge，information management and applications. 4th International Conference on Software，Knowledge，Information Management and Applications，2010：90-97.

［21］Cialdini R B，Kallgren C A，Reno R R. A focus theory of normative conduct：A theoretical refinement and reevaluation of the role of norms in human behavior ［M］. New York：Academic Press，1991：201-234.

［22］Cohall A T，Nye A，Moon-Howard J，et al. Computer use，internet access，and online health searching among Harlem adults ［J］. American Journal of Health Promotion，2011，25（5）：325-333.

［23］Cotten S R，Ford G，Ford S，et al. Internet use and depression among older adults ［J］. Computers in Human Behavior，2012，28（2）：496-499.

［24］Cotten S R，Anderson W A，McCullough B M. Impact of internet use on loneliness and contact with others among older adults：Cross-sectional analysis ［J］. Journal of Medical Internet Research，2013，15（2）：39.

［25］Cresci M K，Yarandi H N，Morrell R W. The digital divide and urban older adults ［J］. CIN：Computers，Informatics，Nursing，2010，28（2）：88-94.

［26］Cullen R. The digital divide：A global and national call to action ［J］. The Electronic Library，2003，21（3）：247-257.

［27］Cumming E，Henry W E. Growing old：The process of disengagement ［J］. American Sociological Review，1962，27（4）：270-561.

［28］Czaja S J，Lee C C. The impact of aging on access to technology ［J］. Universal Access in the Information Society，2007，5（4）：341-349.

［29］Davis F D，Bagozzi R P，Warshaw P R. User acceptance of computer technology：A comparison of two theoretical models ［J］. Management Science，1989，35（8）：982-1003.

[30] Dijk J. The deepening divide. Inequality in the information society [M]. London: Sage Publications, 2005.

[31] Embarak F, Ismail N A, Othman S. A systematic literature review: The role of assistive technology in supporting elderly social interaction with their online community [J]. Journal of Ambient Intelligence and Humanized Computing, 2021 (12): 7427-7440.

[32] Fishbein M, Ajzen I. Belief, attitude, intention, and behavior: An introduction to theory and research [M]. Reading, MA: Addison-Wesley, 1977.

[33] Fukuyama F. The great disruption [M]. New York: Simon and Schuster, 1999.

[34] Galli R, Moriguchi E H, Bruscato N M, et al. Active aging is associated with low prevalence of depressive symptoms among Brazilian older adults [J]. Revista Brasileira de Epidemiologia, 2016 (19): 307-316.

[35] Gamberini L, Alcaniz M, Barresi G, et al. Cognition, technology and games for the elderly: An introduction to eldergames project [J]. Psychology-International OA Journal, 2006 (4): 285-308.

[36] Garçon L, Khasnabis C, Walker L, et al. Medical and assistive health technology: Meeting the needs of aging populations [J]. The Gerontologist, 2016, 56 (Suppl_2): 293-302.

[37] Gatti F M, Brivio E, Galimberti C. "The future is ours too": A training process to enable the learning perception and increase self-efficacy in the use of tablets in the elderly [J]. Educational Gerontology, 2017, 43 (4): 209-224.

[38] Gergen M M, Gergen K J. Positive aging: New images for a new age [J]. Aging International, 2001 (27): 3-23.

[39] Glaeser E L, Laibson D, Sacerdote B. An economic approach to social capital [J]. The Economic Journal, 2002, 112 (483): 437-458.

[40] Glass T A, Rasmussen M D, Schwartz B S. Neighborhoods and obesity in older adults: The baltimore memory study [J]. American Journal of Preventive Medicine, 2006, 31 (6): 455-463.

[41] Góngora Alonso S, Hamrioui S, de la Torre Díez I, et al. Social robots for people with aging and dementia: A systematic review of literature [J]. Telemedicine and E-Health, 2019, 25 (7): 533-540.

[42] Goodhue D L. Understanding user evaluations of information systems [J]. Management Science, 1995, 41 (12): 1827-1844.

[43] Goodhue D L, Thompson R L. Task-technology fit and individual performance [J]. MIS Quarterly, 1995, 19 (2): 213-236.

[44] Greenspan S, Granfield J M. Reconsidering the construct of mental retardation: Implications of a model of social competence [J]. American Journal of Mental Retardation: AJMR, 1992, 96 (4): 442-453.

[45] Grossman M. On the concept of health capital and the demand for health [J]. Journal of Political Economy, 1972, 80 (2): 223-255.

[46] Gusev M, Ristov S, Tasic J, et al. MindGym strategies for elderly people [J]. Special Session on Social Motivations and Social Benefits of ICT, 2015 (2): 319-324.

[47] Havighurst R J, Neugarten B L, Tobin S S. Disengagement and patterns of aging [C]//Neugarten B L. Middle Age and Aging [M]. Chicago: University of Chicago Press, 1968.

[48] Heart T, Kalderon E. Older adults: Are they ready to adopt health-related ICT? [J]. International Journal of Medical Informatics, 2013, 82 (11): 209-231.

[49] Hernández-Encuentra E, Pousada M, Gómez-Zúñiga B. ICT and older people: Beyond usability [J]. Educational Gerontology, 2009, 35 (3): 226-245.

[50] Hochschild A R. Disengagement theory: A critique and proposal [J]. American Sociological Review, 1975 (40): 553-569.

[51] Howrey B T, Al Snih S, Markides K S, et al. Frailty and diabetes among Mexican American older adults [J]. Annals of Epidemiology, 2018, 28 (7): 421-426.

[52] Ivanoff S D, Sonn U. Assistive devices in activities of daily living used by persons with age-related macular degeneration: A population study of 85-year-olds living at home [J]. Scandinavian Journal of Occupational Therapy, 2005, 12 (1): 10-17.

[53] Ivanoff S D, Sonn U. Changes in the use of assistive devices among 90-year-old persons [J]. Aging Clinical and Experimental Research, 2005 (17): 246-251.

[54] Jacobson T A, Thomas D M, Morton F J, et al. Use of a low-literacy patient education tool to enhance pneumococcal vaccination rates: A randomized controlled trial [J]. Jama, 1999, 282 (7): 646-650.

[55] Jimison H B, Klein K A, Marcoe J L. A socialization intervention in remote health coaching for older adults in the home [R]. 2013 35th Annual International Conference of the IEEE Engineering in Medicine and Biology Society, 2013: 7025-7028.

[56] Jones T, Kay D, Upton P, et al. An evaluation of older adults use of iPads in eleven UK Care-Homes [J]. International Journal of Human Computer Interaction , 2013, 5 (3): 62-76.

[57] Jun W. A Study on the current status and improvement of the digital divide among older people in korea [J]. International Journal of Environmental Research and Public Health, 2020, 17 (11): 3917.

[58] Kessler R C, Andrews G, Colpe L J, et al. Short screening scales to monitor population prevalences and trends in non-specific psychological distress [J]. Psychological Medicine, 2002, 32 (6): 959-976.

[59] Klimova B. Assistive technology for active and independent aging [R]. New York: The 21st HCI International Conference, 2019: 383-392.

[60] Kobayashi T, Katsuragi K, Miyazaki T, et al. Social media mediation system for elderly people: Message exchange learning type switching method [C] //2016 19th International Conference on Network-Based Information Systems (NBiS). IEEE, 2016: 286-291.

[61] Kobayashi T, Katsuragi K, Miyazaki T, et al. Social media intermediation robot for elderly people using external cloud-based services [C] //2017 5th IEEE International Conference on Mobile Cloud Computing, Services, and Engineering (MobileCloud). IEEE, 2017: 31-38.

[62] Kor A L, Yanovsky M, Pattinson C, et al. SMART-ITEM: IoT-enabled smart living [C] //2016 Future Technologies Conference (FTC). IEEE, 2016: 739-749.

[63] Kusama T, et al. Does the type of temporary housing make a difference in social participation and health for evacuees of the great east Japan earthquake and tsunami? A cross-sectional study [J]. Journal of Epidemiology, 2019, 29 (10): 391-398.

[64] Lampinen P, Heikkinen R L, Kauppinen M, et al. Activity as a predictor of mental well-being among older adults [J]. Aging and Mental Health, 2006, 10 (5): 454-466.

[65] Lawton M P, Moss M S, Winter L, et al. Motivation in later life: Personal projects and well-being [J]. Psychology and Aging, 2002, 17 (4): 522-539.

[66] Lee Y, Kozar K A, Larsen K R T. The technology acceptance model: Past, present, and future [J]. Communications of the Association for Information Systems, 2003, 12 (1): 50.

[67] Leonardi C, Mennecozzi C, Not E, et al. Designing a familiar technology for elderly people [J]. Gerontechnology, 2008, 7 (2): 151.

[68] Leonardi C, Mennecozzi C, Not E, et al. Knocking on elders' door: investigating the functional and emotional geography of their domestic space [C] // Proceedings of the SIGCHI conference on human factors in computing systems, 2009: 1703-1712.

[69] Lesthaeghe R, Van de Kaa D J. Two demographic transitions [C] // Van de Kaa D J, Lesthaeghe R. Population: Growth and Shrinkage [M]. Deventer: Van Loghum Slaterus, 1986.

[70] Li D, Wu T C Z. An exploration of the subjective well-being of the Chinese oldest-old [C] //Zeng Y, Poston D, Vlosky D A, et al. Healthy Longevity in China: Demographic, Socioeconomic, and Psychological Dimensions [M]. Dordrecht: Springer, 2008.

[71] Longino Jr C F, Kart C S. Explicating activity theory: A formal replication [J]. Journal of Gerontology, 1982, 37 (6): 713-722.

[72] Löfqvist C, Nygren C, Széman Z, et al. Assistive devices among very old people in five European countries [J]. Scandinavian Journal of Occupational Therapy, 2005, 12 (4): 181-192.

[73] Mars G M J, Kempen G I J M, Mesters I, et al. Characteristics of social participation as defined by older adults with a chronic physical illness [J]. Disability and Rehabilitation, 2008, 30 (17): 1298-1308.

[74] McDonough C C. The effect of ageism on the digital divide among older adults [J]. Journal of Gerontol Geriatr Medicine, 2016, 2 (1): 1-7.

[75] Moen E R. Education, ranking, and competition for jobs [J]. Journal of Labor Economics, 1999, 17 (4): 694-723.

[76] Moreno P A, Garcia-Pacheco J L, Charvill J, et al. iCarer: AAL for the informal carers of the elderly [J]. Student Health Technology Information, 2015, 2 (10): 656-678.

[77] Morrow-Howell N, Lee Y S, McCrary S, et al. Volunteering as a pathway to productive and social engagement among older adults [J]. Health Education & Behavior, 2014, 41 (Sl): 84-90.

[78] Nie N H. Sociability, interpersonal relations, and the Internet: Reconciling conflicting findings [J]. American Behavioral Scientist, 2001, 45 (3): 420-435.

[79] Nikou S, Agahari W, Keijzer-Broers W, et al. Digital healthcare technology adoption by elderly people: A capability approach model [J]. Telematics and Informatics, 2020 (53): 101-115.

[80] Nutbeam D. Health literacy as a public health goal: A challenge for con-

temporary health education and communication strategies into the 21st century [J]. Health Promotion International, 2000, 15 (3): 259-267.

[81] Obi T, Ishmatova D, Iwasaki N. Promoting ICT innovations for the ageing population in Japan [J]. International Journal of Medical Informatics, 2013, 82 (4): 47-62.

[82] Opalinski L. Older adults and the digital divide: Assessing results of a web-based survey [J]. Journal of Technology in Human Services, 2001, 18 (3-4): 203-221.

[83] Paasche-Orlow M K, Parker R M, Gazmararian J A, et al. The prevalence of limited health literacy [J]. Journal of General Internal Medicine, 2005, 20 (2): 175-184.

[84] Pearlman-Avnion S, Goldschmidt Y, Shamis N. Impacts of urbanization and ICT use on loneliness among the elderly in Israel [J]. Education and Urban Society, 2020, 52 (6): 962-983.

[85] Pénard T, Poussing N. Internet use and social capital: The strength of virtual ties [J]. Journal of Economic Issues, 2010, 44 (3): 569-595.

[86] Piau A, Campo E, Rumeau P, et al. Aging society and gerontechnology: A solution for an independent living? [J]. The Journal of Nutrition, Health and Aging, 2014, 18 (1): 97-112.

[87] Renaud K, Van Biljon J. Predicting technology acceptance and adoption by the elderly: A qualitative study [C] //The 2008 annual research conference of the South African Institute of Computer Scientists and Information Technologists on IT research in developing countries: Riding the wave of technology, 2008: 210-219.

[88] Rowe J W, Kahn R L. Successful aging [J]. The Gerontologist, 1997, 37 (4): 433-440.

[89] Shojaei S, Farhadloo R, Aein A, et al. Effects of the health belief model (HBM) -based educational program on the nutritional knowledge and behaviors of CABG patients [J]. The Journal of Tehran University Heart Center, 2016,

11 (4): 160-181.

[90] Simonds S K. Health education as social policy [J]. Health Education Monographs, 1974, 2 (Sl): 1-10.

[91] Sitkin S B, Pablo A L. Reconceptualizing the determinants of risk behavior [J]. Academy of Management Review, 1992, 17 (1): 9-38.

[92] Smith J, Gerstorf D, Li Q. Psychological resources for well-being among octogenarians, nonagenarians, and centenarians: Differential effects of age and selective mortality [C] //Vlosky A, Gu D. Healthy longevity in China: Demographic, socioeconomic, and psychological dimensions [M]. Dordrecht: Springer, 2008: 329-346.

[93] Stephanidis C, Akoumianakis D, Sfyrakis M, et al. Universal accessibility in HCI: Process-oriented design guidelines and tool requirements [R]. Stockholm: The 4th ERCIM Workshop on User Interfaces for All, 1998: 19-21.

[94] Steptoe A, Shankar A, Demakakos P, et al. Social isolation, loneliness, and all-cause mortality in older men and women [J]. Proceedings of the National Academy of Sciences, 2013, 110 (15): 5797-5801.

[95] Sum S, Mathews R M, Hughes I, et al. Internet use and loneliness in older adults [J]. Cyber Psychology & Behavior, 2008, 11 (2): 208-211.

[96] Sun Lim S, Ling Tan Y. Old people and new media in wired societies: Exploring the socio-digital divide in Singapore [J]. Media Asia, 2003, 30 (2): 95-102.

[97] United Nations. World population rospects: Comprehensive tables [M]. New York: United Nations, 1999.

[98] Utz R L, Carr D, Nesse R, et al. The effect of widowhood on older adults' social participation: An evaluation of activity, disengagement, and continuity theories [J]. The Gerontologist, 2002, 42 (4): 522-533.

[99] Van Boekel L C, Peek S T M, Luijkx K G. Diversity in older adults' use of the internet: Identifying subgroups through latent class analysis [J]. Journal of Medical Internet Research, 2017, 19 (5): 162-180.

[100] Van De Watering M. The impact of computer technology on the elderly [J]. Retrieved June, 2005, 29 (12): 1-14.

[101] Van de Kaa D J. Postmodern fertility preferences: From changing value orientation to new behavior [J]. Population and Development Review, 2001 (27): 290-331.

[102] Venkatesh V, Morris M G, Davis G B, et al. User acceptance of information technology: Toward a unified view [J]. MIS Quarterly, 2003: 425-478.

[103] Wang J, Liang C, Li K. Impact of internet Jse on elderly health: Empirical study based on Chinese General Social Survey (CGSS) data [J]. Healthcare, 2020, 8 (4): 482.

[104] Weissman M M, Sholomskas D, John K. The assessment of social adjustment: An update [J]. Archives of General Psychiatry, 1981, 38 (11): 1250-1258.

[105] Wellman B. An electronic group is virtually asocial network [C] // Kiesler S, Hillsdale N J, Erlbaum L. Research Milestones on the Information Highway [M]. Hillsdale: Psychology Press, 2014.

[106] Zhang Z. Gender differentials in cognitive impairment and decline of the oldest old in China [J]. The Journals of Gerontology Series B: Psychological Sciences and Social Sciences, 2006, 61 (2): 107-115.

[107] 敖玲敏，吕厚超，黄希庭．社会情绪选择理论概述 [J]. 心理科学进展，2011，19（2）：217-223.

[108] 曹博林．互联网医疗：线上医患交流模式、效果及影响机制 [J]. 深圳大学学报（人文社会科学版），2021，38（1）：119-130.

[109] 陈卉，甄峰．信息通信技术对老年人的社区满意度影响路径——以南京市锁金社区为例 [J]. 地理科学进展，2016，35（9）：1167-1176.

[110] 丁志宏．社会参与对农村高龄老人健康的影响研究 [J]. 兰州学刊，2018（12）：179-195.

[111] 丁志宏，张现苓．中国城镇老年人上网状况及其影响因素 [J].

人口研究，2021，45（2）：61-74.

［112］杜鹏，翟振武，陈卫．中国人口老龄化百年发展趋势［J］．人口研究，2005（6）：92-95.

［113］杜鹏，董亭月．促进健康老龄化：理念变革与政策创新——对世界卫生组织《关于老龄化与健康的全球报告》的解读［J］．老龄科学研究，2015，3（12）：3-10.

［114］杜鹏，汪斌．网络使用强度如何影响中国老年人生活满意度?［J］．人口研究，2020（4）：3-17

［115］杜鹏，韩文婷．互联网与老年生活：挑战与机遇［J］．人口研究，2021，45（3）：3-16.

［116］杜鹏，罗叶圣．网络使用强度能够提升老年人的社会适应水平吗——基于使用差异视角的考察［J］．人口研究，2023，47（6）：3-20.

［117］方嘉列，陈婉莉，王静雅，等．基于健康信念模型（HBM）的社区冠心病患者遵医行为影响因素的横断面研究［J］．复旦学报（医学版），2020，47（3）：378-384，391.

［118］高冰洁，张宁．老年人在线健康信息行为的研究现状与前沿展望［J］．图书馆学究，2020（6）：9-16，77.

［119］高丽，李树茁，吴正．社区贫困对老年人心理健康的影响及其城乡差异——基于2014中国老年社会追踪调查的分析［J］．人口与发展，2019，25（5）：38-49.

［120］Gerald Corey．心理咨询与治疗的理论及实践（第八版）［M］．谭晨，译．北京：中国轻工业出版社，2018.

［121］郭源生，王树强，黄纲，等．智慧医疗与健康养老［M］．北京：中国科学技术出版社，2017.

［122］郝丽，张伟健．基于大数据的“医疗—养老—保险”一体化智慧社区养老模式构建［J］．中国老年学杂志，2017，37（1）：226-228.

［123］何文炯，张雪，刘来泽．社会参与模式对老年人心理健康的影响——基于个人—家庭平衡的视角［J］．治理研究，2022，38（5）：12-24，124-125.

［124］何迎朝，邢文华．智慧居家养老技术采纳的影响因素及其使用效果研究：文献综述的视角［J］．信息资源管理学报，2020，10（2）：68-79.

［125］胡安安，许肇然，黄丽华．基于社会参与理论的为老服务网站活动模式研究：以上海老年人学习网为例［J］．山东财经大学学报，2017，29（1）：36-44.

［126］胡鞍钢，周绍杰．新的全球贫富差距：日益扩大的"数字鸿沟"［J］．中国社会科学，2002（3）：34-48，205.

［127］黄晨熹．老年数字鸿沟的现状、挑战及对策［J］．人民论坛，2020（29）：126-128.

［128］黄鲁成，张二涛，苗红．老人福祉科技需求实证研究［J］．科技管理研究，2016，36（13）：102-105.

［129］黄鲁成，李晋，苗红，等．基于老年人科技产品需求的研发［J］．技术经济，2019，38（1）：19-27.

［130］洪建中，黄凤，皮忠玲．老年人网络使用与心理健康［J］．华中师范大学学报（人文社会科学版），2015，54（2）：171-176.

［131］靳永爱，刘雯莉，赵梦晗，等．短视频应用平台的使用与中老年人生活——基于专项调查的探索性研究［J］．人口研究，2021，45（3）：31-45.

［132］雷晓康，汪静．健康中国背景下的智慧健康养老：战略目标、体系构建与实现路径［J］．西北大学学报（哲学社会科学版），2020，50（1）：131-139.

［133］李海峰，陈天勇．老年社会功能与主观幸福感［J］．心理科学进展，2009，17（4）：759-765.

［134］李思佳，倪士光，王学谦，等．社会辅助型机器人：探索老年心理健康护理的新方法［J］．中国临床心理学杂志，2017，25（6）：1191-1196.

［135］李文畅，胡宏伟，李斯斯，等．社会活动与老年健康促进——基于2005—2014年追踪数据的考察［J］．人口与发展，2018，24（2）：90-100.

［136］李月，陆杰华．我国老年人社会参与：内涵、现状及挑战［J］．人口与计划生育，2018（11）：14-17.

［137］李志宏．“十四五”时期积极应对人口老龄化的形势及国家战略对策［J］．老龄科学研究，2020（8）：3-21.

［138］刘生龙，郎晓娟．退休对中国老年人口身体健康和心理健康的影响［J］．人口研究，2017，41（5）：74-88.

［139］刘素素，欧阳铮，王海涛．老年人的社会关系研究概述——基于护航模型的视角［J］．人口与发展，2016，22（5）：90-97.

［140］刘洋，韩明友．基于互联网技术构建“医疗—养老—保险”一体化智慧社区养老模式［J］．劳动保障世界，2019（5）：22.

［141］刘咏梅，李梦宇，谢阳群．MEC 理论视角下老年用户在线医疗健康信息服务使用价值研究［J］．图书情报工作，2020，64（19）：71-79.

［142］刘远．以人权为基础的老年人社会参与：理念更新和行动方案［J］．人权，2022（6）：135-154.

［143］陆杰华，李月，郑冰．中国大陆老年人社会参与和自评健康相互影响关系的实证分析——基于 CLHLS 数据的检验［J］．人口研究，2017，41（1）：15-26.

［144］陆杰华，汪斌．居民网络使用强度对其自评健康影响机制探究——基于 2016 年中国家庭追踪调查数据［J］．中山大学学报（社会科学版），2020，60（3）：117-127.

［145］陆杰华，韦晓丹．老年数字鸿沟治理的分析框架、理念及其路径选择——基于数字鸿沟与知沟理论视角［J］．人口研究，2021，45（3）：17-30.

［146］吕明阳，彭希哲，陆蒙华．网络使用强度对老年人就业参与的影响［J］．经济动态，2020（10）：77-91.

［147］马俊达，刘冠男，沈晓军．社会福利视野下我国老年福祉科技及其发展路径探析［J］．中国科技论坛，2014（5）：130-136.

［148］马健囡，王德文．老年前期人群对老年人社会参与的态度与行为意向分析［J］．人口与社会，2015，31（4）：30-41.

［149］彭希哲，吕明阳，陆蒙华．使用互联网会让老年人感到更幸福吗——来自 CGSS 数据的实证研究［J］. 南京社会科学，2019（10）：57-68.

［150］宋士杰，宋小康，赵宇翔，等．网络使用强度对于老年人孤独感缓解的影响——基于 CHARLS 数据的实证研究［J］. 图书与情报，2019（1）：63-69.

［151］陶帅，吕泽平，谢海群．可穿戴步态辅助技术在康复养老领域中的应用［J］. 科技导报，2019，37（22）：19-25.

［152］王莉莉．中国老年人社会参与的理论、实证与政策研究综述［J］. 人口与发展，2011，17（3）：35-43.

［153］王金水，许琪，方长春．谁最能从社会参与中受益——社会参与对老年人精神健康的异质性影响分析［J］. 人口与发展，2021，27（4）：121-130.

［154］王宇．智能手机使用对老年人主观健康的影响研究——基于 2016 年中国老年社会追踪调查（CLASS）数据［J］. 人口与发展，2020，26（6）：65-75，112.

［155］王玉泽，罗能生．空气污染、健康折旧与医疗成本——基于生理、心理及社会适应能力三重视角的研究［J］. 经济研究，2020，55（12）：80-97.

［156］温忠麟，张雷，侯杰泰，等．中介效应检验程序及其应用［J］. 心理学报，2004（5）：614-620.

［157］武松，潘发明. SPSS 统计分析大全［M］. 北京：清华大学出版社，2014.

［158］席恒，任行，翟绍果．智慧养老：以信息化技术创新养老服务［J］. 老龄科学研究，2014，2（7）：12-20.

［159］夏恩君，张真铭．预防性技术采用元分析及其对创新鸿沟跨越的启示——以可穿戴医疗健康设备为例［J］. 技术经济，2020，39（2）：134-143，163.

［160］向运华，王晓慧．人工智能时代老年健康管理的重塑与聚合［J］. 武汉大学学报（哲学社会科学版），2020，73（2）：101-112.

［161］向运华，王晓慧．人工智能时代老年健康管理的重塑与聚合［J］．武汉大学学报（哲学社会科学版），2020（2）：101-112.

［162］谢立黎，汪斌．积极老龄化视野下中国老年人社会参与模式及影响因素［J］．人口研究，2019，43（3）：17-30.

［163］谢立黎，王飞，胡康．中国老年人社会参与模式及其对社会适应的影响［J］．人口研究，2021，45（5）：49-63.

［164］徐孝婷，杨梦晴，朱庆华．面向老年群体的智慧社区联动协作健康信息服务模式构建［J］．图书馆论坛，2020，40（12）：107-116.

［165］许肇然，胡安安，黄丽华．老年人互联网服务使用行为对社会参与的影响研究：孤独感和线下相关程度的调节作用［J］．信息系统学报，2017（2）：27-38.

［166］杨菊华，史冬梅．积极老龄化背景下老年人生产性资源开发利用研究［J］．中国特色社会主义研究，2021（5）：85-95.

［167］杨菊华，刘轶锋．数字时代的长寿红利：老年人数字生活中的可行能力与内生动力［J］．行政管理改革，2022（1）：26-36.

［168］杨菊华．农村老龄人口的数字鸿沟与智慧康养的现状、问题与应对思路［J］．社会科学辑刊，2023（4）：72-81，238.

［169］叶天瑜，王高玲．医疗健康大数据在慢性病管理中的应用研究［J］．卫生经济研究，2017（2）：67-69.

［170］原新．农村空巢老人的养老困境与化解之道［J］．人民论坛，2019（28）：69-71.

［171］原新，徐婧，金牛．再就业对低龄老年人生活满意度的影响——基于银发消费的中介效应检验［J/OL］．西北人口，（2019-01-13）［2024-03-28］．http：//kns. cnki. net/kcms/detail/62. 1019. C. 20240320. 1310. 002. html.

［172］曾毅，顾大男，等．社会、经济与环境因素对老年健康和死亡的影响——基于中国22省份的抽样调查［J］．中国卫生政策研究，2014，7（6）：53-62.

［173］曾毅，冯秋石，Therese Hesketh，等．中国高龄老人健康状况和死亡率变动趋势［J］．人口研究，2017，41（4）：22-32.

[174] 翟振武，陈佳鞠，李龙．中国人口老龄化的大趋势、新特点及相应养老政策［J］．山东大学学报（哲学社会科学版），2016（3）：27-35.

[175] 翟振武，陈佳鞠，李龙．2015—2100 年中国人口与老龄化变动趋势［J］．人口研究，2017，41（4）：60-71.

[176] 张博，韩俊江．“互联网+”下智慧健康养老服务研究［J］．宏观经济管理，2018（12）：40-44.

[177] 张文娟，赵德宇．城市中低龄老年人的社会参与模式研究［J］．人口与发展，2015，21（1）：78-88.

[178] 赵建国，刘子琼．网络使用强度对老年人健康的影响［J］．中国人口科学，2020（5）：14-26，126.

[179] 赵蕊菡．感知风险视角下网络健康信息利用行为研究进展［J］．信息资源管理学报，2018，8（2）：87-96，103.

[180] 周露露．老年人工作权的法律保障——基于反就业年龄歧视法的比较分析［J］．人权，2022（3）：82-101.

[181] 周裕琼．数字弱势群体的崛起：老年人微信采纳与使用影响因素研究［J］．新闻与传播研究，2018，25（7）：66-86，127-128.

[182] 祝仲坤，冷晨昕．网络使用强度对居民幸福感的影响——来自 CSS2013 的经验证据［J］．经济评论，2018（1）：78-90.

[183] 祝仲坤．过度劳动对农民工社会参与的“挤出效应”研究——来自中国流动人口动态监测调查的经验证据［J］．中国农村观察，2020（5）：108-130.

[184] 朱耀垠．完善数字化时代老年人社会参与的公共政策［J］．社会治理，2020（9）：30-39.

[185] 左美云．智慧养老的含义与模式［J］．中国社会工作，2018（32）：26-27.